JN096934

高畑勲をよむ

文学とアニメーションの過去・現在・未来

中丸禎子
加藤敦子
田中琢三
兼岡理恵
編著

三弥井書店

高畑勲をよむ　文学とアニメーションの過去・現在・未来

まえがき

この本はいったい、誰が、何のために書いた、どのような本なのか？本書を手にした読者は、まずそんな疑問を抱くかもしれない。

『高畑勲をよむ　文学とアニメーションの過去・現在・未来』は、高畑勲に詳しい人たちが知識を披露する場ではない。高畑作品が大好きな人たちが熱い思いをぶつける場でもない。執筆者の中には、高畑勲の大ファンもいるが、ふだんはアニメを見ない者もいる。アニメ論・映画論・高畑論の執筆経験者もいるが、大半は文学の研究者だ。わたし自身は、理系学生にドイツ語を教えながら、スウェーデン文学を研究している。授業で映像や音楽を扱うことはあるが、研究者としては文字（テクスト）に向き合う時間が圧倒的に長い。そんなわたしがこの論集の編者・執筆者たちとともに「高畑勲をよむ」に至った経緯は、東京理科大学で専任教員になった二〇一一年にさかのぼる。

学生生活を終えるということは、指導教員に向けてではなく、他の研究者や学生・院生に向けて研究成果を発表することを意味する。しかし、「スウェーデン文学」の専門研究に特化した学部・学科は極めて少なく、学会や研究会もない。文学研究は主に、「日本文学」「ドイツ文学」「フランス文学」など、言語や国・地域単位で組織される。わたしが北欧文学とドイツ文学双方を専門としてドイツ文学科で学んだ事情もそこにある。文学作品が言語によって書かれ、言語が国・地域と密接に結びつく以上、言語、国・地域による組織区分には充分な意味があるのだが、この区分はスウェーデン文学のようなマイナー言語文学の研究を困難にするだけでなく、ドイツ文学のように従来の枠で研究可能な文学についても、研究と読書生活の乖離をもたらすことがあるように思う。カフカやエンデが好きな学生たちが「ドイツ文学だけを研究したいわけではない」とドイツ文学科への進学を見送った話も耳にしたし、その気持ちもよく分かった。わたしたちは読書の対象を言語や国・地域（だけ）で選択するわけではないし、ドイツ文学が好きだからといって、フランス文学や日本文学を読まないわけでもない。作家が影響を受けるのも、与えるのも、同じ言語同士とは限らない。加えて、文学部で何をしているのか、読書と文学研究はどう違い、学術論文には感想文にないいかなる価値があるのか、わたしたち文学研究者が充分に周知できているとは言えない。こうした中で、文学研究に魅力を感じる人は、文学に魅力を感じる人よりもずっと少ないように見える。ドイツ文学研究の指導教員たちから学んだ研究方法と姿勢——どのような時代の作品を研究していても自分が今いる時代の動向に目を向けること、文化史を長いスパンと広い視野で俯瞰すること、一文一文、一語一語の原文テクストを厳密に分析することは、わたしには楽しかったし、その方法でしか出せない成果がたくさんあることも知っている。しかし、そうした研究成果を次世代につなぎ、発展させていくために、文学研究者は言語分析を中心とする手法と言語・国・地域を単位とする組織から、一歩外に出る必要があるのではないか。

一方では自分の研究場所を確保するため、もう一方では文学研究のあり方に一石を投じるために、わたしは異なる言語、国・地域の文学を対象とする研究者たちとともに共同研究グループ「プロジェクト人魚」を立ち上げた。共同研究の過程で気づいたのは、同じ「文学研究」でも、研究組織が違えば研究方法も関心領域も違うということだ。ドイツ文学研究ではあまり目にしない図像研究を、日本文学研究者は当たり前のように行っている。フランス文学研究では比較研究や受容研究が盛んで、フランスでオペラやバレエになったドイツ語作品がよく知られていた。共同研究を重ねることで、ひとつの文学作品の背後には、同じ言語や異なる言語の文学作品だけでなく、絵画・音楽・演劇といった他ジャンルの芸術が無数に存在することを痛感した。

他方、共通テーマの選定には難儀した。たとえば「日独交流」や「反ユダヤ主義」のような限定的なテーマでは、比較的近い時代・地域を対象とする研究者としか共同研究ができない。「身体」や「言語」のような抽象的なテーマや、「ジェンダー論」「翻訳論」といった方法論を通じてならば、広く連携することは可能だが、そのメンバーで共同研究をする意義や直接的に得られる成果が薄い。共通テーマを模索する過程で、「日本ハイジ児童文学研究会」と共同で公開シンポジウム「ヨハンナ・シュピーリと『ハイジ』の世界」を開催する機会があった。シンポジウムでは、同会の大谷泰三さんのご尽力で桜井利和さんのコレクションを展示し、ちばかおりさん（高畑さんを含め、「世界名作劇場」の関係者にインタビューを重ねてきた）のお声掛けで、小田部羊一さん、中島順三さんをはじめとするアニメ制作者を聴衆としてお迎えできた。この経験を通じ、良い企画を立てて高畑勲監督を招聘し、一般公開のシンポジウムを開催できないだろうかと考えるようになった。ちばさんに相談すると、アニメのファンや専門家の立場から「アニメ制作秘話」をうかがうのではなく、日本文学の研究者と日本文化について話す企画であれば興味を持ってくださるのではないか。実現すればこれまでにない話が聞ける、自分もそんな話を聞いてみたい、という返事が返ってきた。

高畑監督作品は、日本や欧米の文学作品から漫画まで幅広い原作を用い、原作を踏襲する度合いもさまざまだ（特定の原作のない作品もある）。影響を受けた作品も、内外のアニメから、フランス語の詩、日本の絵巻物に至るまで、多様なジャンルの視聴覚・言語芸術を網羅している。高畑監督が関わった作品や関心を抱いた事象をリスト化すると、わたしたちそれぞれの専門研究と直接的・間接的なつながりをいくつも見つけることができた。

「高畑勲」は、狭すぎず、抽象的すぎもしない、わたしたちの最適な共通テーマとなった。「高畑勲」をテーマとすることでもう一つ気づいたのは、アニメと文学の相関関係である。わたしの幼少期には、「世界名作劇場」シリーズをはじめ、欧米の児童文学を原作とするアニメが途切れることなくテレビ放映されていた。アニメの視聴が原作のイメージや解釈に与える影響ももちろん大きいが、アニメ放映に伴って原作や関連書籍が書店に並び、作品の存在が広く知られる読書環境は、「文学少女」から「文学研究者」になったわたしの形成に大きな役割を果たしたはずだ。そうだとすれば、アニメを文学研究の立場から「よむ」ことは、文学とアニメ双方に新しい視点をもたらすのみならず、現代の日本における文学のあり方をきちんと理解するために必要なことであるはずだ。

二〇一五年九月一日、東京・飯田橋。大学の夏休みはまだ続いていたが、研究室の一斉休業は終わり、にぎわいを取り戻しつつあった東京理科大学神楽坂キャンパスに、高畑勲さんは地下鉄を乗り継ぎ、一人でやってきた。満員御礼のシンポジウムで、予想をはるかに超える緊張感をもって語られたプロの仕事とともに、わたしの心に深く刻まれたのは、高畑さんが過去の栄光にひたるのではなく、未来を語ったことだった。

わたしが子どものころ、アニメは公然と「くだらない」「教育に悪い」と言われていた。しかし、そのような偏見やさまざまな制約のもとで、高畑さんや小田部さん、中島さんが新しいこと、面白いものを追求し続けた結果、アニメの評価は大きく変わった。文学研究の閉塞状況をこの本一冊で変えられるとは、もちろん思っていない。アニメの隆盛はアニメ制作者の努力と才覚だけで成し遂げられたわけではないし、影響力が強いがゆえに、高畑作品には「功績」だけでなく「功罪」があるとする向きもあるだろう。それでも、高畑さんの作品や言葉や足跡から垣間見える、新しい表現を常に模索する姿勢には襟を正される。つかの間ではあれ、高畑勲さんと接した者として、わたしは、人文学の衰退という現状に安住するのではなく、抵抗し続ける研究者でありたい。わたしたちが接した「高畑勲」を、わたしたちを満たした知的興奮も含めて、読者にお届けできれば幸いである。

中丸　禎子

二〇二〇年二月

【凡例】

・各論考執筆のために参照した書籍（参考文献）は、原則として文末脚註に記載した。
・引用方法、書誌情報の書き方、固有名詞の表記等については、学問分野ごとに慣習が大きく異なるため、本書全体での統一はせず、各論考内での統一にとどめた。
・論考の末尾に、論考のテーマに興味を持った読者に向けた「読書案内」を掲載した。

本書はＪＳＰＳ２５３７０３７４の助成を受けて刊行された。

シンポジウム「高畑勲の《世界》と《日本》」
高畑勲氏インタビュー

「新しい表現には、まだまだ先があるはずだ」

日時：2015年9月1日（火） 15：00～17：40
場所：東京理科大学神楽坂キャンパス 2号館
インタビュアー：加藤敦子、兼岡理恵
司会：田中琢三

シンポジウム「高畑勲の《世界》と《日本》」では、二本の研究発表に続き、「第一部」として日本文学研究者二名が高畑勲氏へのインタビューを行った。休憩をはさんだ「第二部」では、フロアからのコメントをもとに、質疑応答を行った。

なお、書籍化にあたり、高畑氏ご遺族の了承の下、場の雰囲気を再現するために口語的な表現を残す一方、発言者の意図を変えない範囲内で、発言内容の加筆・修正・統合・削除、話題の順番の変更などの編集作業を行った。

第一部 インタビュー

本質と現象

加藤　今日は高畑さんをお迎えして、われわれ二人が日本文学研究の観点を交えて高畑さんに質問をいたします。アニメーション映画ですので、「絵」と「ことば」という二つの大きなくくりでおうかがいしたいなと思っております。私は江戸時代の文学、特に歌舞伎や人形浄瑠璃を研究しています。テキストだけでなく、浮世絵など絵としての表現に関心を持っています。『かぐや姫の物語』を拝見したとき、高畑さんが絵巻物を強く意識されていて、アニメーションが絵巻物と行き来できる、そんなふうな感覚でいらっしゃるのかなと思いました。また、絵巻物に加えて浮世絵をとても強く感じました。具体的に言いますと、姫が里山で雨に降り込められているときの、雨の表現が、広重の「名所江戸百景　大はしあたけの夕立」——ゴッホが模写した浮世絵です——に、非常によく似ていると感じられました。また、都へ出てすぐのころ、かぐや姫

シンポジウムの様子。登壇者は向かって左から、高畑勲氏、加藤敦子、兼岡理恵

がきれいな着物がうれしくて跳ね回る場面で、羽織っている着物が透けています。アニメーションは制作の過程自体が絵巻物や浮世絵とよく似ています。高畑さんのアニメーションの絵の表現が、浮世絵と同じように展開しているように感じました。高畑さんご自身がどんなふうに考えながら、演出していらっしゃるのかをぜひおうかがいしたいのですが。

高畑　今のお話は、それはもう、やれば長くなります。一〇月に三鷹で、結構長い時間を使って、日本の伝統美術の特徴の話をします。アニメーションに引っ掛けるつもりはあまりないんだけれど、自分としては講義のつもりで、四回の講演会の形でいろいろな絵画資料

も使ってやるつもりなんです。(1)日本美術のことは話し始めたら切りがないので、ここではちょっと早く、短く話します。

僕が、というより、アニメーションに従事している人たちが、浮世絵をどれぐらい見てるかといったら、たいして見ていません。普通の人と同じぐらいしか見ていない。日本の伝統絵画、特に絵巻物なんてほとんど見ていないんです。それから美術館に行くような習慣は全く持ってない。今のアニメの人はみんなアニメを見て育ってるだけで、われわれ年寄りから見れば、ほかのものにどれぐらいの興味を持ってるかって心配になるぐらい。そういうこともあるんですが、僕の認識は、日本というところに住む、日本列島に住んで、そこで育ってきたこと自体が、一つの特徴を持っているということなんです。今「大はしあたけの夕立」をイメージされたとおっしゃったけど、たまたま共通しただけなんです。われわれのアニメは、あのようなことをずっと昔からやっているんです。(ヨーロッパでは)線で描くこと自体がないんですよ。ゴッホはオーヴェル・シュル・オワーズっていうところで死ぬんですけれど、そのときに描いてるんですよ、麦畑にバーッて降ってる雨を〔ゴッホ「雨のオーヴェル風景」(一八九〇)〕。ゴッホは「あたけの夕立」の模写をしただけじゃない、自分の絵にも降る雨を描いた。しかし、線で雨を描く習慣は、ヨーロッパには全くないんです。その後(ジャポニズムの流行後)も、それが主流になったりもしませんでした。

ところが日本の場合、現象を描いてみせる伝統は、ずっと古くからあるわけです。そのこととアニメは関係しているんです。波だってねえ、難しいですよ。火の表現も難しい。燃える火。そういうのは、ヨーロッパ人はできるようになるまで描かない。(ヨーロッパの画家は炎を)ほとんど描いていないです。バーッと赤くなっているのはあります、ブリューゲルなんか〔ブリューゲル「気狂いフリート」(一五六二)〕。だけど、炎がどう燃えているかなんてことは、もう、描けるようになるまで描かないです。それから波もそう。水に関して言えば、日本と対照的に西洋では、水に映っている投影を早くから描くんですよ。海があんなに鏡のごとくなるだろうかって、こっちは思わざるを得ないけどね。それから船の脇にちょっとした波なんかは立てますけど、波全体がうねっているなんてことはない。ところが日本の場合には昔からそれをやっているんですよ。平安の昔から。

アニメもそうでしょう。アニメも線で描いて色を塗っていた。そういうことはずうっと、伝統的な日本の感性そのものが受け継がれてるんですよ。今日は時間がないけど、もっと具体的な細かいことについて論証していくと、分かってもらえます。じゃあ、なぜそうやって線で描くことが、続いちゃってるのか？一つだけはっきりさせておきたいのは、日本の伝統的なものというか、もう哲学も何も全部そうでしょうけど、本質にあまり関心がない、日本のわれわれは。本質よ

DVD『かぐや姫の物語』19分28秒。里山に降る雨が斜めの黒線で表されている。

DVD『かぐや姫の物語』35分39秒。この直前の場面では、かぐや姫が桃色や青色などさまざまな色の透けた着物をまとって跳ね回る。

ゴッホ「雨の大橋」(Japonaiserie: pont sous la pluie、歌川広重「大はしあたけの夕立」模写)、1887年、ファン・ゴッホ美術館所蔵。

歌川豊国筆「風流三幅対・難波屋おきた」東京国立博物館所蔵。透けた着物を通して腕が見える。

り現象のほうがずっと大事。全部現象でしょ?雨が降るとか、なんとか。それから、滑った、転んだなんて絵は、ヨーロッパの場合ないんですよ。ひっくり返ってのけぞったとか。そんな場面を一二世紀から描いてる日本は、世界の中でも特殊です。(ヨーロッパでは)そんな絵は描かない。というのは、ポーズは次の瞬間に変わっちゃうんですよ。キャハハと笑っている顔なんかも、「信貴山縁起絵巻」なんかにあるんだけど、

「信貴山縁起絵巻　飛倉の巻」三紙(朝護孫子寺所蔵)高畑勲編『十二世紀のアニメーション―国宝絵巻物に見る映画的・アニメ的なるもの』徳間書店、1993、23頁。「振り仰ぎ飛び跳ねる人々。必要ならばこんな難しい姿態も捉えた。俯瞰アングルに適合している。」というキャプションがついている。

ヨーロッパの人から見ると品がないんです。ヨーロッパの人は、そういうのは描きません。だって、次のハーンとなった顔は、すぐ元に戻るからね。

(ヨーロッパでは、難しいポーズの人体を描くことを)確かにバロックのときにやり始めますけど、しかし、それでも、のけぞったポーズのすごく難しい絵なんてやらない、これはすごく大きなところです。「短縮図法」といって、マンテーニャの作品で、寝ているキリストを足のほうから見て描いた絵があります〔マンテーニャ「死せるキリスト」(一四八〇)〕。ヨーロッパで初めてそういうことがきちんと描けたのは一五世紀ですね。それだって足が小さすぎておかしいんですけれど。日本ではきちんと立体的な面を取ったりするわけじゃないけれど、ヨーロッパではちょっと描けないような、描きづらいようなポーズは〔平安時代から〕平気で描いているんです。それは世界的に驚くべきことなんです。そんな絵は、(ヨーロッパには)ないんですから。日本の人は、そのような日本の絵の良さを海外発信していないし、ヨーロッパを学ばないといかんと思って、西洋絵画の立体的な把握とか言っている

けれど、日本の場合、「現象を追う」ことだったら、世界的なんですよ。しかし、どこまで本質に到達してるかっていうようなことは問わない。ここが大事なところ。ついでに言いますけど……いや、言い過ぎですね。やめます?

加藤　いえいえ、どうぞどうぞ。

高畑　辞書を見れば分かる。日本の辞書って、やたら項目数が多いでしょ。西洋の辞書を見ると、項目は少ないけれど、一つの項目の意味がいっぱいなんですよ。ということは、それは本質なんです。たとえば英語では、ライフ（life）っていうのは、生きることそのもの、生ですね。生の中には暮らしも、一生も、それから、人生も、命も、全部含まれる。でしょ?だから一つの単語にいくつもの意味がある。それはライフの本質をみんなつかまなくちゃいけないからですよ。日本は全部分ける。現象一つずつ全部違うよね。暮らしと命は全然違う現象ですから。そんなことに非常に端的に表れているわけ。

ベタ塗りと余白

加藤　ありがとうございます。

今のお話と関連して、絵についてもう少しお聞きします。線で描いて、その中に色をつけるアニメ制作の方法は日本の伝統的な絵画の手法と同じだということでした。そのようにして作るアニメの中でも、高畑さんの作品は、日本的な要素が強いと思います。隙間なく全部塗りつぶして濃くべったりと色を塗るのではなく、白いままのところを残したり、あるいは『ホーホケキョ　となりの山田くん』のように、淡くぼかす水彩画風の手法もとられていたりします。

高畑　（僕のような）絵画ファンには耐えられないんですよ、線で描いて、そこにベタッと塗るのはね。しかしやむを得ずそうしてたわけですね、ほかに方法がないので。昔はアメリカだって、（アニメの絵は）ベタッと塗ってましたけれど、アメリカ人にとって耐えられないことの一つは、陰影がないことです。向こうの人は、「ものっていうのは立体的なもんだ」と思っているから。だから、コンピューターが導入された途端に、みんな立体感をつけるようになりました。あっという間に、みんな。それは耐えられないことの質が違うわけですね。

　僕がベタッと塗っていくことに耐えられなかったのは、要するにそれはベタだからなんです。たしかに、（日本美術でも）浮世絵なんかはベタなんですよ。しかしベタであるにも関わらず、わずかにマチエールとか、かすれとか、いろんなものがついて和らげてくれる。絵としての気品が生まれ始めるというかな。（ベタ塗りのアニメの絵には）それがない。作る方としては、ないことがたまらないわけですね。だから、そこからどうにかして脱却したいという気持ちはずっと持っていた。たとえば『おもひでぽろぽろ』なんかでも――やっていたことにお気づきになった方がいらっしゃるかもしれないけど――背景なんかはかなり白く塗っているわけです。意識のうえではずっとあったんですけれど、なかなかできないんですよ、やりたくても。だから少しずつそういう努力をして、『山田くん』と、『かぐや姫の物語』になったんです。上手にやってくれるスタッフがいなければ、これはなかなかできない。そういうすばらしい才能の持ち主たちと出会うことができたから、できたんです。

加藤　ベタッと塗る、埋め尽くしていくということと関連してもう少しお聞きします。高畑さんはご著書の中で、最近の日本のテレビアニメや映画が、「観客を映像の中に巻き込んで扇情し、興奮させるのだ。〔中略〕強引に言えば、すでに様式的展開の最終段階、バロック末期の様相を呈している」[2]と書かれています。観客が主人公に寄り添う形で主人公と同じものを見る。その世界に観客も入っているように見せる形で描く。観客は、主人公と一緒にハラハラドキドキしながら同じような感動を味わうことができて、ある種の快感やカタルシスを味わえる。高畑さんは、それに対して批判的な気持ちをお持ちで、ご自身の作品ではそうではないもの、作品と見る側との間にちょっと距離があるものをお作りになりたいということでした。そのお考えは、やはり絵の表現とも関わっているのかなと私は感じます。

高畑　そのとおりです。『かぐや姫の物語』について言えば、ヒントを得たのは日本の絵画じゃなくて、フレデリック・バックの『木を植えた男』〔L'Homme qui plantait des arbres, 1987〕とか、その前の『クラック!』〔CRAC! 1981〕です。今ドーッと動いてるものを一瞬のうちにスケッチすることなんかできないんだけど、しかし、まるで、ダーッと、こう踊っている人々を、バーッと、ザーッとスケッチしながら、もう何枚も何枚も重ねて、それをアニメーションとして出してる感じがしました。バックさんの場合は、『木を植えた男』でも余白がいっぱいあったんです。人間の動きによって、周りに空間が立ち現れるというかな。人間の動きおよび姿勢によって、どこから見てるかによって、周りに何も描いていないとしても、そこに空間を感じることができる。それが大きくヒントになった。だから(僕が『かぐや姫の物語』のヒントを得たのは)日本ではなかったんです。あれ、何の話でしたっけ。ちょっと待って、さっき質問されたことは?

加藤　はい、作品と見る側との距離感のことですね。

高畑　だから、スケッチしてるわけです。スケッチしてるというか、見つめているという行為が間に介在してるわけじゃないですか。僕は見つめているという行為の高ぶりというかなあ、興奮は一緒に味わってもらいたいんだけど、しかし、一緒になってやってほしいのは、見つめるという行為であって、同化することじゃないんですね。日本のアニメは、どんなにキャラクターがちゃっちくても構わないんですよ。背景がどうしてあんなくそリアルなのか。ね?背景ばっかりくそリアルでしょ、日本のアニメって。あれはね、その人物に同化してるからですよ。主人公に同化して、主人公を見つめる気はないわけ。一緒になっている。そうすると背景のほうは、主人公が見てるのとおんなじリアルなものでなきゃいけないからね。

　そうじゃなくて、全体として見つめながら、なおかつ感情移入する。僕は――時々誤解されちゃうけど――感情移入がいらないって言っているんじゃないです。感情移入しなけりゃ話にならんです、そりゃ人間だから。しかし、想像力を持って感情移入する必要がある。だけど、直接鼻面を引きずりまわされたいのが、今の観客なんで。そのためには少々のウソはみんな平気で受け入れる。少々どころじゃない、今は、大きなウソだって何だってみんな受け入れるじゃないですか。ヒットしてる作品を見て、僕なんかは――今ここ（にいらっしゃる方）でお年を召してる方は、恐らくそうじゃないかと思うのだけれど——とてもついていけないものだらけなんです。何でこんなことになるのって。ところが（ウソが許されるという）前提を平気で受け入れるから感情移入できる。ついていけて、一緒になってバーッと危機を突破した。あーよかった、って一緒に涙したりできる。

僕が「ファンタジー嫌いです」と言ったのは、ファンタジーを全部否定しているんじゃなくて、そういうリアル・ファンタジーっていうかな、リアルに見せかけることによって、みんな自分が住んでる場所と同じような空間、今言った「くそリアルな空間の中で生きてると思わせるもの」を否定しているんです。ファンタジーもいろいろあると思うんだけど、その中（リアルに見せかけたヴァーチャル空間）で、ウソをつくことで成立するファンタジーに対して、行き過ぎてるんじゃないのと言っているんです。最近そう思ったのは、『ビルマの竪琴』〔市川崑監督、一九五六／一九八五〕という、ものすごい名作と言われてる——かもしれない映画を見たときです。あれはひどいファンタジーでした、ほんとに。そういうもののはしりだと思うんですね。ほんとのリアリティがないし、観客の願望に基づいて、「日本には水島上等兵みたいなすばらしい人がいる。そんな人に心を救われたい」と思う人々に寄り添って作っているんですよ。だから僕は、最近久しぶりに見たんだけれど、くだらない映画だと思いましたね。しかし、大事なのは、くだらないと断罪することじゃない。ああいうところに、はしりがあったんだなあっていう。原作もそうですね。（『ビルマの竪琴』原作者の）竹山道雄は、別に戦争に行っているわけじゃない。日本人の気持ちを満たそうと思って書いたんだろうと。

「間（ま）」

兼岡　今、距離感の話が出ましたけれども、高畑さんの作品を見るといつも、空間にも時間にも「間（ま）」を感じます。実に絶妙な間をとっていらっしゃいますね。

高畑　まあ。〔会場・笑〕

兼岡　『赤毛のアン』では、アンが初めてマシュウとマリラの家に来て、「自分は引き取ってもらえるんだろうか」ということを全くしゃべらずに、ひたすら延々と待っています。今のドラマやアニメだったら、そこで何かしゃべっちゃったり、セリフで満ち満ちたりしたものを作ると思うんですけれど、そういったことも一切しない。また映像においても、『山田くん』は、背景も最小限で、居間と、「庭なんだよね」って分かるような線だけ残して、そして想像させる。空間においても、時間においても、間というものを非常に意識していらっしゃる。間は日本文化の特徴の一つですけれども、作品を作られる際に、間についてどのようにお考えになり、意識しながらお作りなんでしょうか。

高畑　僕はアニメを作ってはいるけど、気持ちとしては普通の映画を作ってるつもりなんです。だから時間的・空間的な間を作りたい。なかなか大変なんだけれど長いショットを作るとかね。そこでは、観客が主人公と時間と空間を共有してるわけなんです。カットを細かく割るのは、作り手がどんどん導いてやるっていうことでしょう。これも見なさい、これも見なさい、これも見なさい、と。ところが延々長回しといわれるやつね、それは要するに、見てる人と作り手が時間と空間を共有するわけじゃないですか。そこに真実があったとしたら、カットを細かく割ったものより、ずっと深いはずなの。そういうことで、「間」を「良い間」にしたいと思って作っています。うまくいってるかどうか、それは分かりませんけれど。

　テレビアニメをやったときから、そういうことについては確かに意識的だったかもしれません。たとえば、『母をたずねて三千里』の第一話目で、お母さんがアルゼンチンへ出稼ぎに行っちゃうんですね。その間(かん)、ふてくされたマルコが、全然何もしないんですよ。で、ボーッと汽笛が鳴って、ワッと駆け出すわけだけれど、それまでなんて、異常なことやってるわけです。一分ぐらいずうっと、ほとんど何も動かないで、横向きのショットだけにしてるとか。そのときは、「そういう作り方がひょっとしたら成り立つんじゃないか」と、意識してやりました。安上がりだし。〔会場・笑〕マルコに対してハラハラしてくれて、感情移入してくれるんだったら、一分くらい人物が動かなくても保つだろうということですね。意識的であったことは確かですけど、成功したかどうかはね、全然分かりません。

兼岡　待ってることで、視聴者も、だんだんだんだん、「何があるんだろう」「次に何が始まるんだろう」ってハラハラする。――ドキドキとハラハラは違うとおっしゃっていますけれども、そういった間（ま）は、すごく大事だと思うんです。それを一緒に意識なさっている。

高畑　まあ一応。

ことばと音

兼岡　今、「絵」のお話が、それから「間」の話も出てまいりました。アニメには絵とともに言葉も必要です。高畑さんはジャック・プレヴェールの詩の翻訳と注釈もなさっていて、特に音韻について関心をお持ちだと思います。日本の詩形には和歌があって、俳句があります。『山田くん』では俳句をお使いになりました。けれども、和歌についてはいかがでしょう。私、今回『かぐや姫』を見ていて、一番気になったことの一つに――一番というか、いっぱい気になったんですけど〔笑〕――和歌が使われてない。詠まない。

高畑　そうですね！すみません！

兼岡　いえ、いえ。

高畑　原作は和歌が出てきてね。駄洒落や文字遊びみたいな和歌とかね。和歌は、掛詞も含めて、すごい駄洒落文化ですから。でもねえ、結局それを理解する人は、今――僕も含めてです――いるんでしょうか。和歌を詠まれてもついていけないでしょう、皆さん。どうなんですか。『源氏物語』にはいっぱい出てくるけど分かるのかな？

兼岡　注釈がないとほんとに分からないと思います。

高畑　分からないもんですね。注釈が必要です。そういう人たちを相手にして作って――もちろん、自分も和歌は分からない。だから和歌は全部やめたんです。

兼岡　じゃあもう、はじめから意図的に使われなかったんですね。

高畑　そう。和歌をあの子〔かぐや姫〕が勉強するのはやめたんです。

兼岡　その中で唯一、和歌的な表現として童歌（わらべうた）があります。「まつとし聞かば今帰り来む」という表現をあそこで使ったのはどうしてですか。作曲も作詩も高畑さんがなさってますよね。

高畑　「まつとし聞かば今帰り来む」は、猫がいなくなったりしたときに詠むんです。脚本を書いた坂口理子さんが、使ったらどうかと提案してくれました。僕はほかに名案がなかったんで、それを取り入れた。あとはほとんど僕自身が書いた歌詞なんですが、「まつとし聞かば」を発想してくれたのは彼女なんです。まあ、でも（「まつとし聞かば」の句は一般の人に）知られてるから、いいんじゃないでしょうか、百人一首ですから。

兼岡　そうですよね。今、古典の話が出ましたけれども、冒頭の語りは宮本信子さんのナレーションで「昔、翁ありけり」という『竹取物語』の原文から始まっています。古典文学を専攻している人間としていつも悩むのが、現代語訳です。高校などで教えるときに、地の文も和歌も現代語訳しなきゃいけない。どうしても冗長になっていって、原文とはかけ離れてしまい、面白さが削がれて全然別のものになってしまうという悩みがあります。『かぐや姫』を作ったときに、原文でもう少しやりたかったということはありますか。

高畑　ないですね。必要なかった、ような気がしました。アタマのあれは、かっこつけるために、ちょっとやってみただけです。分かりやすいし。でもあとは……。大きくいえば、大事なところをほとんど変えてるでしょ。見かけは同じにしているけど、実際にはもう非常に大きくいろいろ変えている。とてもじゃないけど、（原文でやる）必要はないと思ってました。

ことばと仮名

高畑　さっき話題にのぼった「視覚」と関係があるんですけども、俳句も和歌も、ほんとに平安時代に音声として、聞かせて分かっていたのかどうか。このまま少し続けますが、後で答えてください。

　というのは、たとえば、俳句をどう発音していただろうか、と思うんです。「古池や蛙飛び込む水の音」を、松尾芭蕉は伊賀上野出身だから、関西弁でやるとしたらね、滑稽な聞こえ方しかしませんよ。〔関西ふうのアクセントで〕「古池や蛙飛び込む水の音」とか言ってね。〔会場・笑〕

兼岡　いいですね。

高畑　何か感じが出ないですよね。要するに情緒がない、情緒がなくなるんです。日本語はもともと高低（たかひく）があるからメロディーから逃れられない。〔詠唱ふうに〕「古池や蛙飛び込む水の音」って、メロディーがないと叙情的に聞こえたりする。そうすると短冊にすらすらっと書いて、交換し合うほうがずっと大事でね。（日本の詩歌は昔から）視覚的だと思うんですよ。

　さっき駄洒落って言いましたけれど、平安時代の和歌ももう、ひょっとしたら字でやりとりしてたんじゃないかと。「いとはれて」ってご存じですか。

兼岡　はい。

高畑　「いとはれて〔厭はれて（イトワレテ）〕」というのは、「あなたに嫌われていて」という意味ですね。それで、女性に対して、「その心は？」というような和歌なんだけど、「いとはれて〔厭はれて〕」を、「うんと空が晴れてる」っていう意味の「いとはれて〔いと晴れて〕」と掛けてるんです。もしも、平安の中期に、相変わらず「いとはれて」と読んでいたんだったら、成り立たないんですよ。ということは、あれは短冊か何かに書いてあって、それを字で見ることによって起こる駄洒落なんですね。そういうことがもう平安に行われている。日本の文学はやたら視覚的。だから漫画、アニメの祖先みたいなものもいっぱい発達したしね。(そのような視覚文化を)みんな好きで、しかも字を読むことのできる人たちがみんな享受したんですよ。絵巻物もそうです。外国だとたいてい、仏教美術の場合も、キリスト教絵画もそうだけれど、字が読めない人のために、絵によって絵解きをしたんですけど、日本の場合は違う。平安から、読める人のために絵巻を描く。「絵詞(えことば)」っていうように、ことばもちゃんとついてる。その絵と、言語の中に含まれてる視覚的な面白さということを……、これ長い?

兼岡　いえいえ、どうぞ。

高畑　言語の視覚的な要素がすごく大きい。質問に戻りますけど、『源氏物語』の書かれた平安時代に、なにかこう、歌っていたんですか?

兼岡　歌っていたものもあると思います。さっき文字の話が出てきましたけれども、たとえば『万葉集』の時代は漢字しかないですよね。そのときは漢字による遊び。「蜂音」と書いて「ブーン」だから「ぶ」と読ませるような遊び(3)が生まれるのが『万葉集』です。平安時代になると仮名が生まれる。そうすると仮名で先ほどの「いとはし」を見てすぐに二重の言葉が認知できる、というまた違った言葉遊びが生まれる。時代と文字に応じた言葉遊びを現代まで続けているのが、日本人のことば、言語感覚なのかなあ、というふうに、お話をうかがって思いました。

高畑　和歌が特にそうですけど、掛詞は、二重像をつくることによって、たった三一文字しかないのにすごく膨らんでるんですね。意味が二重に引っ掛かってくるから。あれはすごい発明ですよねえ。

兼岡　はい。あれを現代語訳するときのまどろっこしさ、あるだろうと思うんですね。

高畑　そうですね。

兼岡　五七五七七という極めて限定された空間で、いかにイメージを膨らませられるか。映画もですけど、限定された中でイメージを膨らませる。そういう意味で、余裕があるもの、見る側に考えさせる余裕があるところにつながってくるのではないでしょうか。

高畑　日本人の遊び心。江戸時代になるとどんどん字を読むことのできる人が増えてくるから、遊びも一緒に増えてくるわけだけれど、すごい遊びですね、江戸文化は。だけれども、もっと早い段階から遊んでいる。びっくりしたのは『万葉集』の「恋」ですね。「恋」という字で——専門家がいるのに、例を僕が言うのもなんですけど——「恋」という字を使っておいて、そのあと「こひ」って、孤独の「孤」という字と「悲しい」という字書くんですね。で「孤悲」。もうすごいですよね、うまくて。駄洒落ですよ。すばらしい。

兼岡　そういう豊かなことができる、あれを見てほんとに恋に落ちてしまう。「恋」って一人で悲しいんだなってね。

高畑　外から見れば感情移入が複雑になっている。だからすばらしいと思うんです。その伝統がすごいと思うんですね。なんていうかなあ、今までやってきたのは、簡単に——今のアニメみたいに——こうなって初めて成立するっていうんじゃなかったんじゃないかと。

視覚的言語

加藤　今、江戸の話が出ました。江戸になるとさまざまな遊びの要素が爆発的に増えます。(4)最近の高畑さんは、絵巻物、浮世絵、それから草双紙にもご関心をお持ちだということです。

高畑　草双紙はすごい量があって、とても見ておれない。漫画を論ずるときだって、僕は漫画はほとんど読

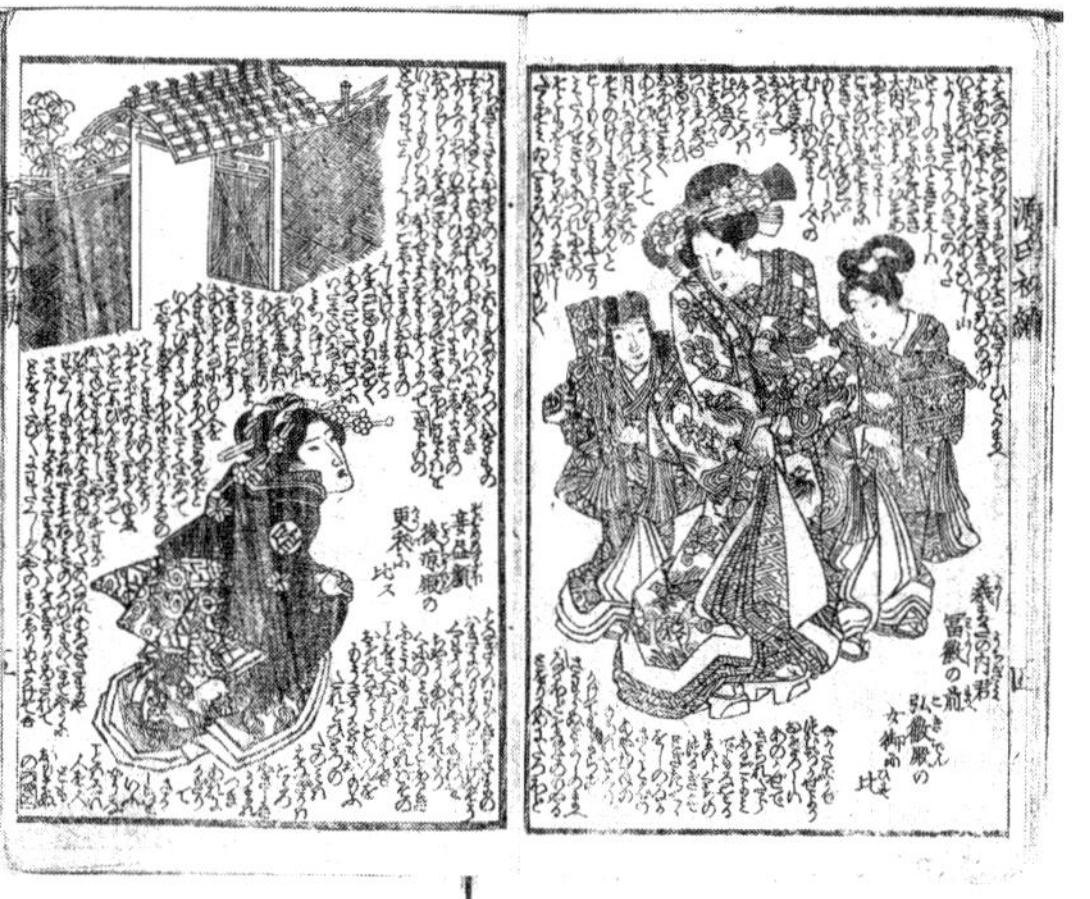

合巻『偐紫田舎源氏』国文学研究資料館所蔵。

んでないですから、大づかみに漫画はどういうものなのかということを考えます。同じように草双紙一般を、合巻も含めて大づかみにとらえているのだけれど、草双紙というのは、ページごとにみんな絵があるんですよ。絵があるなら、活字を作るより、字も彫っちゃえばいいっていうことでね。日本の場合、活字文化が発達しないように見えるけれど、絵と一緒に字も彫っちゃうせいですね、それも版木に。（ページごとに、絵と字のレイアウトを）パッと、パッと変える。実に見事にモンタージュが行われていたりするんですね、僕が知っている限りでも。すごい文化です。だから劇画も江戸時代に既に準備されているわけだ。戦後になって起こったことじゃなくてね。そういう昔からのものとしての草双紙に関心がある、ということなんです。

加藤　おっしゃるように、江戸時代の草双紙は、「整版」という木版を使って版画と同じように作ります。版木に絵をバンとのせて、その周りのレイアウトは自由です。文字を彫ることも自由にできて、字と絵の組み合わせも自由にできる。今パソコンでやるよりもよっぽど自由に、やりたいようにできるもので、江戸時代にどんどん発達していきます。そういうものをアニメーションで表現したいという気持ちはありますか。絵と文字、テキストの組み合わせ、そのあたりはいかがでしょう。

高畑　（そうした文化を受け継いでいる流れの）末流として、テレビでも、パソコンやなんかでも、みんな一生懸命やっていらっしゃる。音声と本物の絵があって——絵っていうのはイメージですね、映像——それから声が聞こえて、なおかつそこにテロップが出てね。もう、どうかしてるよね。もちろん世界的に見て非常に珍しい文化なんですね。日本のやり方は、視覚的な言語が無視できない。

だから、日本の言語学者で、視覚的言語を取り入れている人がどれぐらいいるのか、僕なんかすごく疑問なわけ。西洋の言語学者だったら——言語学っていうのは西洋から来たので——言語は音声だと思っている。字は音声を書き写すだけ。だけど日本の場合には、明らかにある時点から——さっきの話じゃないけれど、もう『万葉集』から——書き文字が既に言語の一部分になっていた。で、それがたとえば漫画につながっているわけだ、大きく言えば。

文字を考えるときに訓を作ったのが、ものすごく大きいと思うんですよ。たとえば子どもがせっかく「山」という字を覚えますよね。ところがねえ、あっという間に「富士山」を覚えさせられる。「ふじさん」、え？「やま」だったのが、あれ？もう「さん」じゃないか、ということになる。それから「大山」とか。「かわ」と思ったら――「川内川」なんて、最近、原発でよく話題に上る地名ですけれど――「せん」とも読む。さっき「大山」の「せん」もあったけど。もう訳分かんないですね。山川草木とか。そうすると、脳の中ではっきり分けて考えなくちゃいけないです。音声言語は音声言語、視覚言語は視覚言語で、その都度、組み合わせて活用する脳になっちゃう、人間はね。

そのことを言い出したのは、養老孟司さんだと思います〔養老孟司『唯脳論』、ちくま学芸文庫、一九九八（初出一九八九）〕。だけどとにかくそれは、養老さんが言おうが何しようが、多くの人は気がついていたはずだと思うんです。日本の視覚芸術・言語芸術は、独特な発達の仕方を、今まではした。これからは分かりません。コンピューターの発達やなにかで、世界全体が視覚的になっているから。だからこれからは分かりませんけれど、これまで日本で視覚芸術が発達したのは、ある意味当然だと言えるんじゃないかと、僕は思っています。

『連句アニメーション　冬の日』

加藤　それでは、テキストと映像に関連して私からも一つ。高畑さんは、『連句アニメーション　冬の日』に参加なさっています〔川本喜八郎監督、二〇〇三〕。蕉門の俳人たちが芭蕉を迎えて行った『冬の日』所収の「「こがらしの」の巻」という三六句の連句「歌仙」――「前句」と「付け句」の二句を合わせて一つの世界が詠まれているもの――を、アニメーションで表現していく。三五組のアニメーション作家が参加なさっていて、一人一句、前句と付け句合わせて一つの世界を、ずうっと皆さんが作られている。一つずつの映像は、一分ぐらいの非常に短いものなんです。高畑さん

映画『冬の日』よりユーリ・ノルシュテイン「狂句　木枯の身は竹斎に似たるかな」の一場面　DVD『連句アニメーション　冬の日』（IMAGICA エンタテインメント、12003）02分41秒。「竹斎」は富山道冶の仮名草子『竹斎』の主人公。藪医者で流浪の身となった竹斎が京都から江戸へ下る道中記に、狂歌が添えられた滑稽文学。芭蕉は、自分を狂句（俳諧）ゆえに落ちぶれた竹斎のような存在と謙遜し、一座の者への挨拶としている。

ノルシュテインは『冬の日』制作者が解釈を語る『冬の日の詩人たち』において、担当句について以下のように述べている。

「木枯の身は竹斎に似たるかな」

これはもう大変なことなんです。詩人はあたかも詩を書いて、それを人々の上にばらまくように思うかもしれません。しかし、詩人こそは人々の中に生き、まったく散文的な生活を送りながら、人間の悲劇というものを普通の人々以上に鋭く感じているのです。そして、この竹斎と芭蕉。竹斎はどちらかと言うと道化のような人です。おかしなことばかりやっている。いつもいつも、何かを助けようと思っている。そして、その気持ちを伝えることで、また人は助けられる。そうした存在です。それに比べ、芭蕉はまさに詩を書きました。だけれども、この「詩的なるもの」というのは、やはり散文的な生活の積み重ねで生まれてくるんです。竹斎は詩を書かなかったかもしれない。しかし、その行為や気持ちはまさに生活の瞬間瞬間から生まれてきているものです。竹斎もやはり詩人なのです。この二人のまったく異なるキャラクター。詩人。そのコントラストをどういうふうに表現するのか、私はこれに、とても賭けているのです。（以上は、日本語吹き替えの音声を、編者が文字に起こした。DVD『連句アニメーション　冬の日』IMAGICAエンタテインメント12003）

はこの映画について、ご自身も制作に参加されていますが、連句は「きわめて優秀なモンタージュ映画の立派なシナリオ」「筋の通った連句的な映画を見せてくれる人はないものかと思う」という寺田寅彦の言葉を引用しながら説明されています。[5] ご自身が作ったものと、三五組分三六句が連句になったものと、ご覧になっての率直な感想をおうかがいしたいです。

高畑　『冬の日』は、川本喜八郎――もう亡くなりましたけど、人形映画の大御所だった方――が企画して、あの人の人徳でみんな集まった。僕はそれ聞いたときに、蛮勇だと思いましたね。「野蛮な勇気」と書く「蛮勇」。いいものができるはずがないと思った。しかしまあ、いろいろあって参加して、しかも芭蕉の句なぞいただいたりして、やったんだけれど、結果的にどうだったかっていうのは、ほんとのこと言ってよく分かりません。

　分からないけれど、発句を担当したユーリ・ノルシュテイン――『話の話』〔Сказка сказок, 1977〕とか、あるいは『霧の中のハリネズミ』〔Ёжик в тумане, 1975〕を作っている人です――あの人が描いた発句はすばらしくて、しかも、長いんです、すごく。長くてもまだ終わらなかったんです。あれ、終わらないまま、つながってるんです。そのあと、ノルシュテインは、それでは自分が収まらないからと言って、中間も全部作ったんです。それを何とか（『冬の日』の全体の中に）入れたいんだけれど、商品だと入れられないですね。ノルシュテインの担当箇所はもうほんとにすばらしくて、日本人よりずっと上です。理解も含めて、すばらしい。ものすごく見るに値する。

　それからいろいろ面白いのが途中にありますね。でも解釈がよく分からないのもある。僕がやったやつなんかも、解釈が全然分からないでしょう。分かったら少しは面白がってもらえるんだけど。そういうことで言うと、よく分からない。ただ、池辺晋一郎さんが音楽をつけてくれた。これには感心しました。（一つ一つの作品は）スタイルも違うし、それが次々と出てくるわけでしょう。もうめちゃくちゃなわけです。統一もなんもありゃせんのですよ。ところがそれに一人の人の音楽がずうっと流れることによってすごく見やすいものになって、感心しましたねえ。

加藤　補足しますと、三六句の一句ずつを一人〔もしくは一組〕のアニメーション作家が制作〔川本喜八郎は脇句と挙句の二句〕なさっていて、みなさんそれぞれ、自分の担当の句について、解釈も述べられています。解釈を高畑さんが全部なさって配ったんですよね、あれって。

高畑　ええっ、そんなこと…。

加藤　お書きになってます〔笑〕。

高畑　えっ。僕が解釈したわけじゃない。そんな力ないですよ！　難しい。そんな教養もないし。あれは、国文学者の解釈を参考にして、それをパラフレイズしてみんなに配ったんです。(6)

加藤　それぞれのアニメーション作家の方々が、自分の手法でやりたいことをやってらっしゃるので、ほんとにバラバラなんですよね。一分ぐらいの短編がずうっと連なっていくという、非常にユニークな作品です。

私の感想を言わせていただくと、まずは、ほんとにバラバラで、一つ一つ句が進むごとにまったく違うものが出てきます。その面白さは確かにあります。連句は今の文芸のスタイルではあまりなじみがない。ここにいらっしゃる方も、ほとんどの方が、連句ってあんまりピンとこないと思いますし、まして面白さは読んでもなかなか分からないんです。学生には必ず教えているのですが、江戸時代には、文学・文芸をするような人にとっては、俳諧連句は基礎教養で、みんなやっていた。連句の面白さは、句が進んでいくごとに万華鏡のように、描いてる景色がガラッと変わる、どんどん変わっていくことです。『冬の日』には、「万華鏡の面白さ」があります。個性のまったく違う方々が作ることで確かに表現されるものがあります。一人の方が作ったのでは絶対に出せない面白さがあるなと思いました。

でもその一方で、連句は「五七五」と「七七」の短詩なんですけれども、文字を映像にすると情報がすごく多くなっちゃうんだな、という感想を持ちました。文字で読むときも、この句はどういうものなのかをもちろん想像して読みます。けれども、映像にしたときには、文字ではあえて切り捨てているものを描かざるを得なくなって、情報が増えちゃって。そうすると、削いで、削いで、削いでつくったテキストが、映像化することによってある種、意味が豊富な、邪魔なものもいっぱい入ってるものになっちゃうんだなっていうのがすごく感じられて、それが面白かった。

高畑　そうですか。面白いかもしれないけど、あれにはやっぱり欠けているものがありますね。できあがりに欠けている。まず、連句は、前の句から次々と発想して、あるいは転換して作っていくもの。出来上がったものに、映像をつけること自体がおかしいわけです。それからリズム。今、情報量って言われましたけど、情報が増えるだけじゃなくて、リズムがなくなるんですね。連句は、五七五、七七、五七五、七七と続けていく。そうすると、強さがあるんですよ。僕のやったところの前は、「あはれさの謎にもとけじ郭公(ほととぎす)」だったんです。僕のは「秋水一斗もりつくす夜ぞ」(7)だったんです。これは芭蕉なんです。それまでに「あはれさの謎にもとけじ郭公(ほととぎす)」と言って、ダラダラとしかかったそのときに、「秋水一斗もりつくす夜ぞ」とバチッと決めてるわけです、漢字ばっかり使って。そのスカッ！としてるものが全然出せない、リズムがなくなってね。アニメーションでは、長さをもらい、それから――いろんな人が読んでいるんだけれど〔連句には六名の俳人が参加。アニメでは、松尾芭蕉の句を三谷昇、岡田野水を岸田今日子、山本荷兮を柏木隆太、坪井杜国を佐々木睦、加藤重五を吉見一豊、正平を渡辺穣が朗読している〕、読んでくれるのもダラダラと読むからね。そうすると、もともとの持っていた力とか、魅力とか、出しようがなかったですね、悪く言えば、あの方法じゃ。

加藤　高畑さんご担当の句って、あそこまでの展開をちょっと変えていく句ですよね。トイレの映像を使われたのは、そのことも意識されたのでしょうか。

高畑　ザーと水が流れてね。ほんとは「秋水一斗」というのは……。

加藤　水時計ですね。〔「秋水」は秋の澄み切った水。この句では秋水を用いた水時計を詠んでいる。〕

高畑　ポタポタ落ちていくというね、それが「一斗」。「もりつくす」というのは「漏れる」「尽くす」ということなんで、リアルな映像にしちゃうと大して迫力がないんです。全然ないです。だけど、芭蕉は違って、「秋水一斗もりつくす夜ぞ」とズバッと来たから、トイレがザーッて流れるんです。

これから作りたいもの（一）「子守」

兼岡　これまで一作ごとにチャレンジしながら、作りたいものを作るという信念で作ってらっしゃったと思います。ここにいらっしゃる皆さんも、『かぐや姫』の次に高畑さんはどうなさるんだろうと、とても気になると思うんです。今、こういう作品、こういうアニメを作りたいという思いや願望はございますか。

高畑　もう作れないと思うからこそ、逆にまた、これとこれとこれが作れりゃよかったなあと思うものがたまっているわけです。そのうち一つぐらいは、少なくとも準備しておきたいです。自分はもう、気力も体力も何もない。気力、体力よりねえ、頭が駄目ですよね。〔会場・笑〕まあ、それはともかくとして、しっかりした準備ぐらいはして、バトンタッチできないかなとは思っているんですけどね。三つぐらいあるんですけど、そのうち一つでもできればと思ってます。今ちょっと、やりかけているのは――もう、どうせできないかもしれないから言っちゃえばいい。ほんとにねえ、先が長い場合は、多分言わないと思うんですけど――言っちゃえばですね、「子守」の話なんですよ。〔フロアに向かって〕子守をご存じある人。ご存じない人のほうが多いはずなのに、子守のイメージだけは、日本では根強く生き残ってますよね。どういう格好をしているか、分かりますか。ここでこう、〔マイクを置き、頭の後ろで髪の毛をまとめるしぐさをしながら〕ここでぎゅっとね、手ぬぐいで髪の毛をまとめて、ねんねこ半纏で〔おんぶのしぐさをしながら〕子どもをおぶって、一〇歳から一三歳ぐらいのちっちゃい子が、でんでん太鼓とか、あるいは風車（かざぐるま）なんか持ったりして、子守をやっている、叙情的な、夕焼けに一人たたずんでいるイメージが今でも生き残ってるんだけど、あれ考えてみたら、かわいそうな話でしょう？　一三ぐらいで――上限が一三ですから――雇われているんですから。自分の弟を子守しているんじゃない。お金さえちゃんともらえたかどうか分からないけれど、とにかく雇われているんですよ、口減らしで来て。子どもたちが〔子守を〕やっていたのは、世界的に見て非常に珍しい。しかも、日本の絵巻を見ていると、〔子守の姿は）全然出てこなくて。（子守が表象され始めるのは）江戸時代に入りかけるころからです。それで、第二次大戦、太平洋戦争が起こるころに、ほぼなくなってしまうんです。その間にあった現象にすぎないんじゃないかな。

子守をしている子どもたちは、「ねんねんころりよ」のような寝かせ歌は、ほとんど歌っていないわけです。自分たちの境遇を歌っているんです。自分がつらかったらつらい話、それから元気を出したかったら、元気を出したいような歌。それが子守歌です、日本の場合。寝かせ歌は非常に少ないです。寝かせ歌にさえ、子守の境遇が影響を及ぼしてる。たとえば、「ねんねんころりよ」はご存じでしょ。あの歌詞おかしいですよね。「坊やのお守りはどこ行った」。今、ねんねしてんのはお母さんなのに。「坊やのお守りはどこ行った。あの山越えて」――なんとか越えてね、「里のおみやに何もろた」と、時間もめちゃくちゃになってる。どっちにしても母親じゃなくて子守が子どもを寝かせるのが当然なんですね。そんなばかな話ないですよね、普通考えて。

子守というのは、だから、非常に不思議な文化なわけです。子守の立場に立ってみるとびっくりするようなことがあってね。結構、事故もあったんですよ。でもそれは、歌とともに非常に面白い題材ではないだろうか。西洋人から見ても非常に奇異に感じられたもんだから、明治に入ったときの写真がいーっぱい残っているんです、西洋人が撮った写真が。見事に日本文化の一つなんですね。それに気づかせてくれたのは、赤坂憲雄という人です（赤坂憲雄『子守り唄の誕生―五木の子守唄をめぐる精神史』、講談社現代新書、一九九四）。赤坂さんは五木の子守唄を中心にしているんだけれ

『ファーサリ写真帖』（ファーサリ商会、1890、全4冊。撮影：フェリックス・ベアト）より、明治時代の子守の写真。早稲田大学図書館所蔵。「早稲田大学図書館所蔵貴重資料デジタル化によるWEB展覧会No. 37　江戸・明治幻景～館蔵古写真とその周辺（前編）」www.wul.waseda.ac.jp/TENJI/virtual/farsari/26.jpg

ど、別にそうじゃなくたっていいと思う。全国的に展開していたわけでね。しかも、子守は集団になっていて、かつ、路上の人なんです。「路上の人」っていう堀田善衛の言葉がある。〔堀田善衛『路上の人』、新潮社、一九八五。一三世紀の南欧を路上生活者の視点から描いた小説〕なぜか子どもを背負ったら――子守は家の中では活動しないんですね――表に出すんです。そうすると表で子守たちが集まるんです。これもまた一つの文化っていうかな、現象が生まれるわけでしょ。そういう子どもたち同士のつきあいとかね。これは面白いなあ!と思っているんですけどね。

DVD『かぐや姫の物語』26分45秒。同作にも、子守の女性が登場するほか、かぐや姫自身が子守をする場面がある。

兼岡　着々と、というか、徐々に準備を進めてきていらっしゃると。

高畑　いやいやいや。もうとっくの昔に、今言ったより、もっと先まで進めてあったんですけど、それがどうも行き詰まりまして、それで、やむを得ず『かぐや姫の物語』を作ったんです。

兼岡　それでは、『かぐや姫』の童歌は、子守唄のイメージとつながっているのでしょうか。

高畑　いや、それは全然違いますね。

兼岡　違いますか。今の子守のお話は、はじめにこういう題材を描きたい、こういうネタというか、内容を描きたい、というのが先にあってのものだと思うんです。高畑さんもお書きになってますが、ストーリー先行か、それとも、「こういうシーンを描きたい」というのがあって作りたいか、二種類あると。子守は、ストーリーのほうですか?

高畑　いや、ストーリーじゃないです。シーンなんです。

兼岡　どのシーン?

高畑　子守の姿は、いろんな形で思い浮かぶわけです。(子守が)複数でいようが、単数――一人でいようが。だけど恐らくこれ、物語にまとめるのが、ものすごく難しいですよね。それで、いっぺん、いけないようになって。

兼岡　短編などでぜひ。それこそ連句じゃないですけれども、見たいですねえ。シリーズものでも。

高畑　いやあ、だから、非常に才能のあるアニメーターがいて――いるんですけど――そういう人たちがやってくれるんだったら実現可能だけれど。そうでなかったら、なんていうかな、今のシステムに従ってアニメーションを作ってもらっても、ろくなものはできません。だって、子どもらしい感じが――『かぐや姫』のときにはある程度できたんです。「ああいう感じ！」って思ってくださったかどうか分かりませんけど――出せないとねえ、話にならんので。

これから作りたいもの（二）『平家物語』

兼岡　ありがとうございます。あともう一つ。作りたいものとして、高畑さんがお書きになっている中で、『平家物語』もやってみたいなあというお話を。

高畑　ええ、やってみたいですね。

兼岡　『平家』ではどういうところが描きたいんですか。

高畑　戦闘シーンなんです。『平家物語』の戦闘シーンはたくさんあるんです。「木曽最期」のエピソードとか。木曽との関係では「妹尾最期」というのがあって、妹尾兼康が死ぬところとかね。その他、実に面白い。でもそれは、今までの（実写）映画で描いたためしがないです。（実写映画では）描けないですね。戦闘シーンはすべて描けないんだけれど、一つだけ例を挙げると、まず、馬で弓矢で戦ったんです。弓は、右利きだったら〔弓を引くしぐさをしながら〕こう引くわけです。弓手・馬手。〔「弓手」は弓を持つ左手。「馬手」は、矢を持ちつつ馬の手綱を取る右手。〕要するに、〔弓を引くしぐさを続けながら〕こう引くんだから、相手をこちら〔自分から向かって左側〕に見ないと。逆の側に回られたらもうおしまいです。だって、（右手で弓の弦を引きながら自分に対して右側にいる相手に）どうやって射るんです?だから陣取り合戦なんです。ブワーッと――恐らくですよ、そんなこと『平家物語』読んでも書いていないから、勝手に考えているんですけど――自分が相手を射ることができて、相手は自分を射ることができない位置に、どう自分の馬を持っていくかが大事です。しかも至近距離です。結構近いところから射ないと、全然当たらないですからね。そういうのって、やれないでしょう。（実写）映画だったら、さっきちょっと言いましたけど、カットを細かく割って、ごまかしばっかり。今までやってる映画は、〔中腰になり、刀を振るしぐさをしながら〕馬の上でこんなふうに、チャンバラやっている。あれウソですね、全部。いや、分からないけど、『平家物語』を読む限り、ウソ。あれ、馬の頭、切るよね、相手を切るより前に。〔会場・笑〕『平家物語』の合戦は、ほとんど弓だけでやって、それで矢が尽きたらバーッと寄せていって、取っ組み合ってドッと落ちて。落ちてやっと、刀を抜いて鎧の下をズバーッと刺すんです。そして殺すんです、相手を。だからねえ、かっこいいかどうか怪しいけれど、しかし、精神的には、一種のかっこよさがあると思うんですよ。なんというかなあ、たとえばウインブルドンとか、今は錦織(にしこり)[8]が活躍してますけど、テニスなんてすごい一騎打ちですからね。ウインブルドンは芝生だから、イレギュラーがあったりする。それで失点したって、もうしょうがないですね。戦闘も同じです。一騎打ちの戦闘で、偶然によって負けたりするわけでしょ。その場合には運命を甘受するしかないわけじゃないですか。そういう、潔い感じ。そんなことを、反戦を主張する僕が言っても良いかどうか分かりませんけれど、要するに、個人的な果たし合いのすごさですね。これは世界的に見ても面白いんじゃないかなっていう気が、僕はしているんです。それはアニメーションしかできない。（実写では、合戦の場面

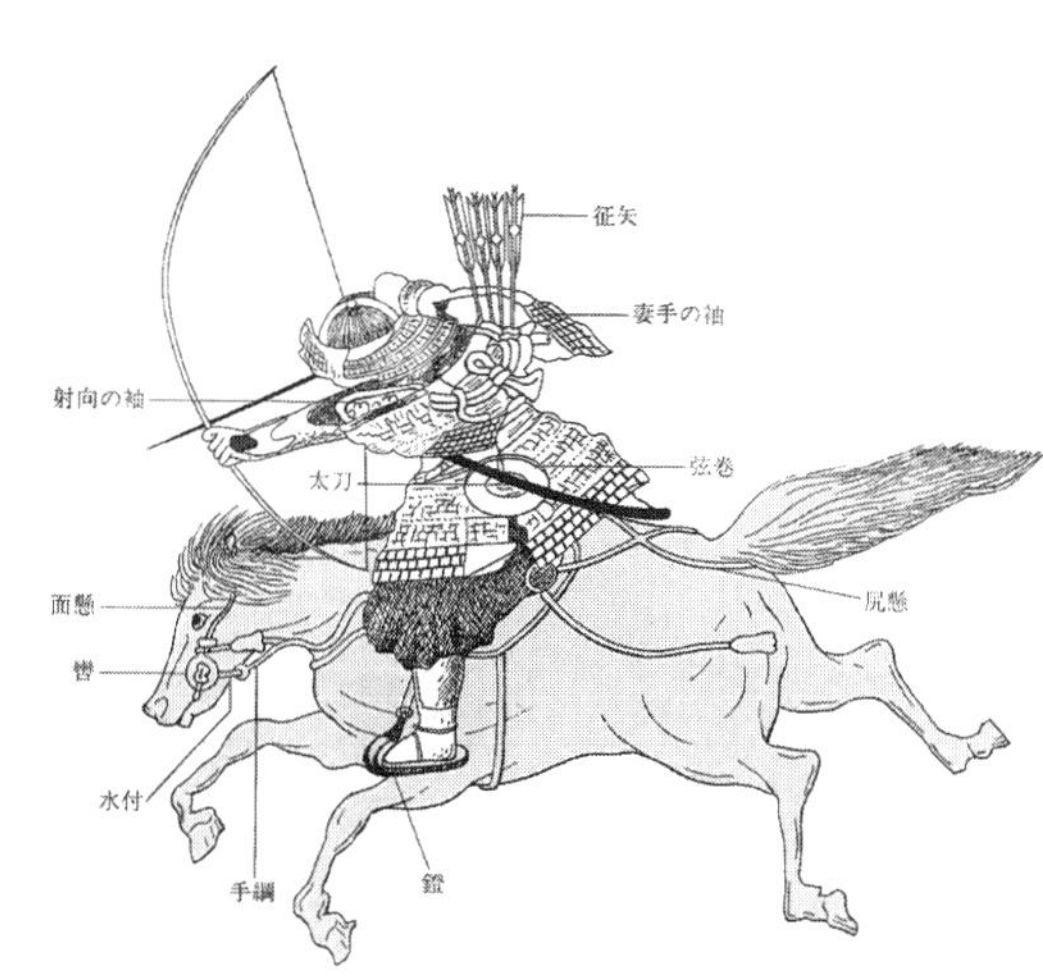

「騎馬武者図」梶原正昭・山下宏明校注『平家物語（下）』（新日本古典文学大系45）所収「参考図2　着装図」より。岩波書店、1993、444頁。

を）実際に仕組むことはできない。コンピューターでやれば、できるかもしれないけど。『かぐや姫』と同じような線であれば、あらゆるところをザーッと描いて、勢いだけでウワーッといってる感じを出せる。それから、腕をバーッとちぎられて――『平家物語』って、そういうことが出てくるんです[9]。ちぎれた腕がすっ飛んだりするときには、それが血しぶきになるようなね、いわゆる漫画やアニメの「流線」っていうのかな、勢いを表してるものなんかも使えます。何かよく分からないけれど、気分だけがバッとみんなに伝わるというようなことがね、可能なわけじゃないですか。誰かやってください。可能性はすごくあるはずだと思います。『平家物語』を扱えば。

兼岡　ぜひそのシーン拝見したいです。先ほども話題に上った発声と関連して、「名乗り」がありますよね。どんな名乗りで、どんなふうに音をあてます？

高畑　それが大問題なんですよねえ！役者が時代劇で、――最近、ほとんど映画を見ていないので比較しようがないから、テレビでいうと――叫ぶんですよね。みっともないですよね！だけど大音声でみんな名乗りをしたわけでしょ。ということは、（叫ばないが大音声の名乗りとは）どういうのだろうかと思って。僕が思いついたのは、ちょっと前に亡くなりましたけど、狂言の茂山千之丞――千作さんのほうが有名になっちゃったけど、（千作さんの）弟です。千之丞はすばらしい声なんですよ。そうすると（声を張り上げて）「ナントカだーッ！」と言わなくても、（重々しく）「ナントカだ」って言うだけでね、ズワッと通りのいい言葉になるかもしれない。研究したいとは思ってましたけど。すごい研究課題、難しいです。

兼岡　平安の次に、中世文学だと、それこそ、連続になりますね。

高畑　はは、いやいや。

兼岡　声優さんには、ねえ？狂言師の方など使っていただくと、決して夢ではなく、実現できるかなと。ぜひ拝見したいなと。一ファンとして。

高畑　やあ、僕も。僕も見てみたいんですが。やってくれる人はいないかな。

加藤　実は『平家物語』に関しては、われわれ二人の間でも、「高畑さんの『平家物語』見たいよねえ」っていう話をしていました。「でもそれって、もしできたとしたら、二〇年後だよー」という話に。

高畑　はは。

加藤　でも、二〇年待っても、見たいよね!と話していました。もうぜひぜひ作っていただきたいなと、ほんとうに思うんです。

日本のアニメーションの未来

加藤　最後に一つだけ。ご自分で準備をして、次の世代の人に作って欲しいとおっしゃってましたけれども、アニメーションや、あるいは表現に関して、次の世代にやってもらいたいこと、望んでいることをぜひ一言おうかがいして、締めくくりにしたいと思います。

高畑　もちろん好きずきです。たとえば3DCGというものが世界的には流行っています。アメリカなんかほとんどそれだけになっちゃった。そういうものをやりたい人は、僕はかなり不利だと——日本人はね、立体的造形からいっても——いろいろ思うけど、でもやりたいんだから、やりゃあいい、頑張って。

だけどそうじゃなくて、扁平なわれわれ日本人の顔も線で描いたら、福笑いのようにいろいろ描けるわけです。そういうことも含めて日本の伝統をやっぱりもう少し意識したらどうだろうか。アニメーション学校が、全然そういうことを教えない。勉強した先生もほとんどいないと思う。それをちゃんと勉強して、なおかつ教えてほしい。僕が今大事だと思うのは、日本画家たちは、実はすばらしい下絵をいっぱい描いてる。しかしそれは表に出てこない。「本画」といって完成品しか見せないんです。ところが完成品は、「鉄線描（てっせんびょう）」といって、すばらしいけれどある意味単調な、きれいな線で描いて、その中を、ベタじゃないかもしれないけど、ベタに近い塗り方をしたりする。

小林古径「写生（第139冊）」（1908）東京藝術大学大学美術館所蔵。『小林古径展』東京国立近代美術館・日本経済新聞社、2005、59頁。

小林古径なんていう人も——もちろんものすごい傑作はあるけれど、ついに成功しなかったんじゃないかと思うような作品も描いているんだけど——スケッチで、生き生きしてるものをいっぱい残している。だから、アニメーションをやる人たちが、自分たちの先輩たちがどういうふうにものを捉えたのかを——スケッチは現実にあるものを捉えることですから。空想を描くんじゃなくて——そういうことを、もっと意識的に勉強し直す機会を、ちゃんとこれからつくっていけば、日本の新しい表現っていうのは、まだまだ先があるはずだ！　それを頑張ってくれる人が、ぜひ出てきてほしいなあ、と思います。

加藤　ありがとうございました。この後もディスカッションがあるのですが、長時間にわたりましてインタビューにおつきあいくださいました高畑さんに、あらためてお礼申し上げますとともに、

高畑　はい。

加藤　みなさまから拍手をよろしくお願いいたします。

〔拍手〕

どうも本当にありがとうございました。

高畑　どうもありがとうございました。

第二部　質疑応答

フランス語の翻訳

田中　これから、休憩時間中に来場者の皆さんから頂きました質問票をもとに、高畑さんにいろいろとおうかがいします。まず、私から一つ補足をします。先ほどのインタビューで少し触れましたが、高畑さんには、フランス語の翻訳のお仕事がかなりあります。ジャック・プレヴェールという詩人の詩集を翻訳され、詳細な註もつけておられます。ミッシェル・オスロ監督のアニメ映画『キリクと魔女』〔Kirikou et la Sorcière, 1998／日本公開二〇〇三〕、『アズールとアスマール』〔Azur et Asmar, 2006／日本公開二〇〇七〕では、フランス語の作品の日本語吹き替え用の脚本を制作され、演出もされています。その中で高畑監督は、すばらしい翻訳をされています。その翻訳に関して、まず、われわれプロジェクト人魚から、一つ質問をさせていただきます。

西岡　先ほどのインタビューで、日本の古典を現代語訳する際のリズムや当時発していた音の話題が出ました。似通ったことがフランス語を翻訳する際にもあるのではないでしょうか。特に、詩という、音声と深く関わる言葉を日本語訳するときには、さまざまな難しさがあると思います。どういったことに重点を置いて取り組んでいらっしゃるのでしょうか。

高畑　重点とか言えるほど、専門家じゃないんですが。出版されているものでは、『木を植えた男』を翻訳したのが多分最初です。そのとき、先行の翻訳がありました。すごく図々しいですけれど、動機としては、「先行訳は間違っているんじゃないかな」ということが、かなり大きかったんです。やっぱりちゃんと訳すべきじゃないか。

　『キリクと魔女』については、もちろんDVDを見るのもいいですけれど、自分の翻訳で言うのもなんですが、本が実に面白いんですよ。――たぶんもう絶版だと思います。非常に残念ですけれど――脚本にすぎないんですれけど、良く書けているし、意味のある内容なんで、注目していただきたいと思います。これの場合は、アニメーションの吹き替え用の脚本だから、倒置法を多用しました。なぜなら、「僕は殴る、誰々を」と言ったときに、「誰々を」というところに力点を置いているとします。その場合は、順番どおりでないと――「僕は誰々を殴る」という順番で訳すと「誰々を」というセリフにあたるよう力点を置いて描かれている絵が（そのセリフの場所に）来ないわけです。だから、力点がそれほど違わないようにしようと思って、日本語の語順を変えることもやってみました。妥当かは分かりませんけど。そういうことを、その都度、何か考えます。

　プレヴェールについては、〔関連書籍やDVDが置かれた会場内の机を指して〕そこにはないですけど、何しろ高くなっちゃってね。最初で（出版社が）絶版にしてしまったものだから。〔田中、鞄から本を出して示す。ジャック・プレヴェール『ことばたち』、高畑勲訳、ぴあ、二〇〇八〕そう、その本です。インターネットで買おうと思ったら、ものすごく高いと思います。

田中　これ、図書館の……

高畑　あっ、図書館の本だそうです。〔会場・笑〕これは

ミッシェル・オスロ『キリクと魔女』（高畑勲訳、徳間書店、2003）を手に語る高畑氏。

『パロール（Paroles）』っていう、フランスでは非常に有名だし、フランスだけじゃなくて英語圏でも有名な詩集です。日本語は有名な方たちが翻訳してるんだけど、いつもだぶって同じような詩を訳して全体を訳さない。非常に大事なものを訳していないので、義務感ですね――義務じゃないか。これは全部訳したほうがいいんじゃないか…。人に知らせたほうがいいんじゃないかと思った。それが一点。

もう一つは、プレヴェールは詩人とはいいながら、同じ言葉を使う、平気で。俗語を使うという意味じゃなくてね。たとえば、「愛する」という言葉「エメ（aimer）」は、（プレヴェールがさまざまな人称を主語にして何度も使っているので）活用をプレヴェールで覚えたなんていうことも言うわけです。「ジョワ（joie 喜び）」、あるいは「ヴィヴァン（vivant 生き生きしている）」、これらの言葉を（いろいろな詩で）いつも使っているわけです。それならば、こちら（が訳すとき）も同じでいいんじゃないかと。日本語では、かっこつけて、いろいろ訳し分けたりしますけど、かっこつけるよりは、そのまま――あっちでどういうふうに聞こえているのか知りませんけれども――一対一で対応させてみたら面白いんじゃないか。そういうふうに、常に一応、それなりに問題意識は持ってやっているつもりです。

西岡　ありがとうございます。プレヴェールって、特に音声、リズムが重要な詩人だと思うので、非常に難しいことに取り組んでいらっしゃるなと思って……。

高畑　〔さえぎって〕すみません、音声はもう無視。無理です。それはどうしようもない。日本語で先行でやられた、小笠原豊樹さん、最近亡くなられましたけど、あの方が非常に大事な役割を果たしました。（小笠原さんは）もともと詩人だし、（詩人としてのペンネームは）岩田宏という名前ですけれど、優れた詩人であるから感性豊かな翻訳をされる。大岡信さんだって翻訳してるし。だけど、訳す以上はもっと散文的でいい、というふうに僕は思いました。

西岡　私たちが研究者として研究対象の外国語文学を訳す作業をする際にも勉強になる方法だと思います。ありがとうございました。では、続きまして、会場の皆さんから出た質問に移ります。

アニメーション制作の原点

田中　時間に限りがあり、全ての質問を取り上げられないかもしれませんが、なるべくたくさん取り上げたいと思います。最初の質問です。「高畑さんがアニメの世界に入られ、仕事となさった動機は何だったのでしょうか。」

高畑　アニメーションがそんなに好きだったわけでもない。絵は好きでしたけど、アニメーションが好きだったんじゃない。見始めたのが遅くて、大学生のころなんですね、ディズニーを見たのは。ディズニーの表現はすばらしかったんですけれど——すごい、もう舌を巻くしかない、すごかったんですけどね——簡単に言って、内容があんまり好きじゃなかったんです。変な言い方ですけど。

　そんなときに、フランスの『やぶにらみの暴君』〔La Bergère et le Ramoneur, 1952〕というアニメーション映画を見たんです。そしたらもうびっくりしちゃってね。ええっ！アニメーションってこんなことができるんだ！って注目していたところ、東映動画が大量に社員を採る時期に当たりました。といっても演出職は二人だけしか採らなかったんだけれど、それで入社したんです。

　『やぶにらみの暴君』は、子どもから見てどういうふうに見えるかがちょっと怪しいですね。表現も内容も大人っぽいんです。今は『王と鳥』〔Le Roi et l'Oiseau, 1980〕に姿を変えて（DVDと書籍が）手に入ります。〔『やぶにらみの暴君』（ポール・グリモー監督、ジャック・プレヴェール脚本）は、一九五二年に公開されるが、グリモー監督の意に添わない内容であったため、一九八〇年に大幅な追加・修正を加えたバージョンが『王と鳥』として公開された。〕本も書きました。岩波書店から出していただいて、『漫画映画の志』（高畑勲『漫画映画の志—『やぶにらみの暴君』と『王と鳥』』、岩波書店、二〇〇七）っていう。羊頭狗肉で、そういうタイトルにしたんですけど、実は「漫画映画の志」っていうのは僕のことじゃなくて、ポール・グリモーという作家についての本なんです。

『やぶにらみの暴君』を見てすごいなと思ったから、しかもアニメーション界に募集があったから、たまたま入りました。そうしたら、当たり前のように、子どもものを作らないといかんわけですよ。ですから、それならどうするかをいろいろ考えていくしかないわけです。

田中　一つ私から質問なんですけども、『やぶにらみの暴君』の脚本はプレヴェールです。それを通じてプレヴェールに興味を持たれたのですか。

高畑　いや、その当時、僕が学生だったころに、フランス映画は今よりずっと尊重されていたんです。そのころはフランス文学も尊重されていました。インテリたちの——インテリはいっぱいいますけれど、フランス文学をやった人たちが、結構、世の中で発言をしていたんですね。そのころ流行ってたんですよ、仏文が。だから、プレヴェールの脚本で日本に輸入されたもの、たとえば『天井桟敷の人々』なんかは、みんなよく知っていたと思います。

田中　どうもありがとうございました。アニメ制作を始められたきっかけについてうかがった次は、制作を始められたころのことについての質問です。「高畑作品は一般のアニメーションに比べて文学的だとよくいわれますが、アニメーションを制作し始めたころに影響を受けた文学作品、小説などはありますか。」という質問です。いかがでしょうか。

高畑　…。あるんでしょうね。でも、すぐに浮かばないですね。何でしょうね。時間をください。あるはずですけど、ちょっと今すぐ、これだとかとは言えないです。

田中　それでは「文学作品」に関連して、『かぐや姫の物語』についての質問です。「原作の『竹取物語』と違ってかぐや姫が活発である。どういうことを思って、そうされたのでしょうか。」

高畑　答えにくいですね。

　野心。僕が持っていた野心。東映動画に入った初期に、『竹取物語』には何の関心もなかったです。面白いとも思ってなかったし、その後もずっと、面白いと思ったことはありません。はっきり言います。しかし、東映動画に入った当時に、これを原作にしてアニメーション映画を作ろうという話が出ました。どういうふうにやったらいいか、企画案というかな、プロットみたいなものを募集したんですよ。僕は演出助手だったので、みんなに募集する前に小当たりで出してみました。出して、すっかりボツで何の役にも立たなかったんですけれど、ただ、僕はそのときに、これ名案だと思ったんですよ。[10]こういう考え方に基づいたら、僕自身が面白くないと思っている『竹取物語』が、面白くなるんじゃないかなって思った。思ったけど、ずっと放ってあったわけですね。

　ですから、それが野心なんです。結局、原作とほとんど筋は同じで、全部同じだと思っている人もいるけど、たとえば貴公子がかぐや姫からこれこれを持ってこいって言われるじゃない。あれなんかもひっくり返しているんですね。気がつかれたかどうかわかりませんけれど。原作だと、なぜか知らないけどかぐや姫は、すごく教養があるらしくて、突然「これを持ってきなさい」と言うんです。そうじゃないようにしました。そういうちょっと見えないかもしれないことをいろいろと、かなり工夫しているつもりなんです。それが野心なんだから、結局どう扱うかは、あまり関係ないですね。いざやるとなったら、さっき（インタビュー開始前の口頭発表で）西岡さんが触れてくださいましたけど、要するに、なぜ姫が来たかっていうことを考えた場合に、地球に良さがある。（地球は）命に満ち満ちていて、すばらしい。だから当然活発な女の子になる。西岡さんは「生命力に満ちあふれた子」って言ってくださった。けど、それが結局、「憂愁」になっちゃうわけです。挫折して帰っちゃうわけですよね。でも、基本的に原作に合わせたら、そうなるんです。だから必然性はあると思っているんですよ。恣意的に、ただ活発にしたというんじゃなくて。

さまざまな表現方法

田中　もう一つ『かぐや姫』と関連した質問です。「『おもひでぽろぽろ』や『かぐや姫の物語』で、感情の高揚を空を飛ぶことで表現することにどのような意味があるのでしょうか。他の場面では表情やセリフで表現しているので気になりました。」

高畑　それはもう単純素朴、最も低次元な（理由です）。空を飛ぶっていうことでいえば、『ゴーシュ』（高畑勲監督・脚本『セロ弾きのゴーシュ』、一九八二）でも、ほんのちょっとですけれど演奏してるときに、雨が降っているところになぜか出て、空に吹き飛ばされてたりしています。それは非常に単純素朴で、高揚したときにわあっと空に上がるような気持ちになる。考えてみればすぐに分かるんですよ。皆さんは空を飛ぶのが大好き、宮崎駿大好きって言うけど、（宮崎監督の作品で人物が空を飛ぶときは）みんな乗り物なんですね。

こちらは精神主義にすぎないです。いや、精神主義的な映画を僕が作るという意味じゃなく、僕はもっと具体的なものでやっているけれど、でも、空を飛ぶことに関していうと、わあっと高揚したときとかに、（人

物が）勝手に飛んでいるんであって、動力でどうとかではないです。

田中　次の質問も、表現方法に関するものです。「ショットを重ねる映画よりも、長回しを多く使った映画のほうがお好きなように思いましたが、お好きな長回し派の映画がありましたら教えていただきたいです。」

高畑　長回し派は別に好きじゃないです。長回しが好きでやっているんじゃなくて、長回しがうまく使われている映画がいいですね。僕は娯楽作品の作り手なので、見る人間としても娯楽であることが好きなんですね。だから娯楽として成立して、長回しが有効であることが大事であって、長回しでかっこつけて、なんかよくわからないけど「おお、長回しだ!すごい!」っていうことが魅力（という風情）の映画は嫌いですね。そうじゃなくて、長回しが表現として成り立っているものが好きです。それから、リズムを刻むときにカットを細かく刻むのは、もちろんちっとも悪いと思ってない。映画は手段なので。まあ、職人ですね、こっちは。芸術家じゃないので。

たとえば『ニーチェの馬』（タル・ベーラ、アニエス・フラニツキ監督『ニーチェの馬』A torinói ló, 2011／日本公開二〇一二）っていう映画を知っていますか。すごい映画ですし、長回しもしています。で、すごいもてはやされたみたいですね。キネ旬なんかも一位になったりして（「二〇一二年　第八六回キネマ旬報　外国語映画ベスト・テン」第一位）。僕は、日本人、こんなの分かるの?――さっきのことにつながるんですけど、本質よりも現象の好きなわれわれが、本当にこれを理解して、みんな投票してるのかなと思うんです。みんな、すごいなあっ!と圧倒されているだけじゃないだろうか。確かに、見て、すごく圧倒はされます。だけど、どうなんですかね、『ニーチェの馬』、すごいと思いますけどね。しかしあれは終末論であって、思想的には日本人とはかけ離れているんですよ。なんであんなものを、日本の人はみんなあがめ奉るんだ、逆に日本じゃあ流行らなかったっていうことになったって、いいんじゃないかなと思ってね。世界では――世界っていうか、キリスト教世界ではすごいけど、日本では全然ヒットしませんでしたとか、言っちゃって構わないのに。

日本人らしさ

田中　なるほど。どうもありがとうございました。日本の特色という話が出ましたので、アニメをちょっと離れて一般的な質問になりますけども、「グローバル化がうたわれ、世界が一体化していく中で、日本人はどのようにしたら日本人らしさを失わないでいられるんでしょうか。」これはどうですか。

高畑　日本人らしさを失わないのは、突然違う意見を持っているのに言うのもなんですが、たとえば安倍っていう人が通した（安保法案）[11]、あれを通すようなところも日本人らしさですね。たとえば日本が戦争に巻き込まれていったときの状態を見ると、やっぱり実に日本人らしく、なんか失敗をしでかすんですね、明らかに。

今年の八月もいーっぱい、戦争中から戦後にかけて、あるいは戦争が始まるときについて、NHKだけでも、真面目にちゃんと見たらすごい番組がいっぱいありました。それで見ると、日本人って、ああこういうやつだとすぐに思えるんですよ。変わっていないんだから。これからも同じことをやるでしょうね。このあいだ僕が一つ見たのは、特攻隊に行った人が言うんです。教官やら、あるいは護衛としてついていた人が。ある人が水に突っ込んだ。何の意味もなく水に突っ込んだ。それを戦果として報告しなきゃいけない。そのときに、「見事体当たりしてなんとかした」というふうに報告するんですよ。「ほかにできますか」って、その人は言うわけ、今も。だって戦友だもんね。「戦友が、ただ水にポチャンと落ちて死にました、って報告はとてもできません。私はやっぱり（亡くなった兵士の）家族のことを思って、戦果を上げたっていうことにせざるを得ませんでした」[12]と。

これからも同じでしょう。皆さん、そうするんじゃないの？日本人なら、たぶん。だから変わってないんですよ、基本的に日本人の心情っていうのは。放っといてもね。だから愛国教育なんか全然いらない。もうみんな愛国者に決まってるんです。戦争中だって誰も亡命しなかったしね。アニメだって、ほとんど習いに行ってない。アメリカが本場なのにアメリカに留学しない。今は日系人や日本人でアメリカで活躍してる人はいますよ。だけど基本的には、自分たちが日本のアニメを作るためにアメリカに留学して勉強しようとか、あるいはアメリカから先生を呼んで教育しようとか、あるいはアメリカにはアニメの教科書がいっぱいあるんですけど、それをみんな使ったか。全然使ってない。それぐらい日本的なんです、みんな。

文学作品とアニメ

田中　それでは、次の質問ですが、「子どもにとって名作物語をアニメで見るのと文章で読むことの違いはどのようなものだとお考えでしょうか。」

高畑　文章は、どんなくだらないものでも、みんな役に立つと思います。だから、やっぱり文章を尊重したいです。文章は、無理してでも読まなくちゃいけないですよね。読んで、自分の頭の中に、おぼろげならおぼろげなままでも、映像を形作らなければいけない。（本を読むと）そういうことを課せられます。ところが、アニメや映像は作り手が「これだ」って、押しつけるわけでしょう。映像をたとえば線だけで単純にすれば、見る人もキャラクターそのものを尊重しなくなるというかな、（映像の）裏側を探ろうとするから、少し文学に近づく可能性だってあるんじゃないかという気はしてる。文学のように、想像力を働かさざるを得ないので、非常に意味がある。

『ロード・オブ・ザ・リング』〔ピーター・ジャクソン監督、The Lord of the Rings, 2001-2003〕を封切ったときに見に行って、もうがっかりしちゃってね。こんなくだらない話、って。原作〔J・R・R・トールキン『指輪物語』、一九五四―五五〕に忠実と言われていて、たしかに、全面的に忠実とはいえないかもしれないけど、かなり忠実でした。しかし、（映画は原作の）絵解きだったんですね。原作は、もうすごい努力をしなきゃ読めないですよ。これはどうなってるんだろう、どうなってるんだこの世界は、って。それが読書の醍醐味だったわけです。それを映像でやられたんじゃあね、何の役にも立たない、という文学派です。

兼岡　心強いですね。

田中　同じ方から「ご自身の作られたアニメーションは子どもにとってどんなものであってほしいとお思いで

しょうか。」という質問ですが、いかがですか。

高畑　図々しいですけど、一言で言ったら、作るときには子どものことなんか考えていないです。僕だけじゃないでしょうけど、とにかく、みんな作りたいものを作っているんですよ。だから、作ったものが子どもっぽいように見えたら、作った人が子どもっぽいんだ。われわれは好きなものを作ってるんですよ、日本ではね。外国は違う、西洋は違う。西洋は娯楽ものを作る場合には、教育的側面は相変わらずずっと続いているから、フランスなんかでは、これは何歳以上とかいちいち指定するんですよ。でも、日本のアニメや漫画は描きたいやつが描きたいことを描いてるわけで、それがたまたま流行っただけで、そんなことあまり考えてないんですよ。

　ただ、気になるのは、『火垂るの墓』を作ったときに、こんなものを子どもに見せていいんだろうかって僕自身が思いました。それで、いろいろ自問自答した結果、見せていいんだと開き直ったのですが——なぜそう思ったか、それ、今説明しませんけども——だけど、あれは気の毒でした。せっかく『トトロ』で幸せになった人が、二本立てで、どん底に突き落とされて終わったり。〔高畑勲監督『火垂るの墓』と、宮崎駿監督『となりのトトロ』は、一九八八年に同時上映で公開された。〕

兼岡　どちらを先に見るかですね。

高畑　そう、どちらを先に見るかによって、まるで変わっちゃうので…。

加藤　トラウマになった子どもがいっぱいいるという。

高畑　あれはもう本当にひどかったですね。

『アルプスの少女ハイジ』と世界名作劇場

田中　「子ども向け」に関連するであろう、面白い質問があります。「ナレーションを入れるか入れないかを判断する際の考え方をお聞きしたい。」ナレーションを入れる際の、入れ方についてもうかがえればと思います。

高畑　ナレーションを始めたのは『ハイジ』〔カルピスまんが劇場『アルプスの少女ハイジ』、一九七四〕ですね。たぶん会社の方針だと思います。なんか穏やかなね、女性が、〔作り声で〕「ナントカだったのでした」「……

なのでした」とか言ってね。プロデューサーがそこにいるので聞いてもらってもいいけど、たぶんそうじゃないですか。

加藤　ぜひ。〔聴衆に向かい〕本日は中島順三さんにお越しいただいています。『ハイジ』『母をたずねて三千里』『赤毛のアン』など「世界名作劇場」シリーズでプロデューサーを務めた方です。

高畑　（マイクを）用意している間に言いますけど、その次にやった『母をたずねて三千里』〔一九七六〕は、ナレーションがないんですよ。それは深沢一夫さん〔シナリオ作家。『太陽の王子　ホルスの大冒険』、『母をたずねて三千里』などの脚本を手掛ける。ほかに、児童文学版『はだしのゲン』〔中沢啓治原作、全三巻〕など〕という脚本家の非常に強い意向でした。僕もそれでいいんじゃないかなと思った。『赤毛のアン』〔一九七九〕は、はっきりと客観的な視点を残す。それまでの『ハイジ』のように、基本的に直接感情移入するような感じじゃなくて――『ハイジ』もそういうつもりじゃないんですが――ちょっと距離を置いてですね、出来事がどう進行しているかということを実況放送のように言う。だからナレーターを男にして、しかも、「だ・である調」にしたんです。そうやって、距離が生まれること、客観化されることで、ユーモアが表れるに決まってるんです、絶対に。ですから、たとえば三〇歳、いや、四〇歳になって見ると、あれはユーモアだったんだっていうことが、すごくよく分かるように作ったつもりです。

兼岡　今回あらためて『赤毛のアン』を見て、そう思いました。実況中継のような形でナレーションが入っていますね。

田中　〔マイクが中島氏のもとに届いたのを受け〕中島さん。

中島　〔立ち上がる〕もう昔のことで覚えてません。たぶん「家族を中心にした」「家庭で見てもらう」が、一社提供のスポンサー〔カルピス〕の狙いでした。そのとき僕らが聞いていたのは、その会社の一番お偉いさんが、お孫さんを膝の上に乗せて毎週見てるんだから、小さいお子さんが分かるように、ちゃんとしといてくれよなっていうようなことだったんだと思います。〔中島氏が着席すると、客席から拍手が起こる〕

高畑　ウン！

客席で立ち上がり、質問に答える中島順三氏。

田中　中島さん、どうもありがとうございました。それでは、先ほどの質問とつながるんですけども、「名作もののアニメーションというと、「ほのぼの」というイメージが広く流通しているように思うのですが、名作ものを制作されていたころに、その点について意識されていたことはありますか。あるいは、今の時点でその点について考えられていることはありますか。」

高畑　僕自身としては、『ハイジ』によって（Aプロダクションからズイヨーに）会社を変わったわけですから、まずは『ハイジ』をどうするかって問題だったんですね。『ハイジ』はアニメーションに向いているとは、当時は思われていなかったんです。思われてなかったし、こっちもそう思っていました。要するに難し過ぎると思った。なぜなら、ファンタジーじゃないですから。ファンタスティックな要素が全然ない。エブリデイ・マジックと呼べるような、日常の中に突然持ち込まれるようなものがないわけです。そうすると、アニメーションにすべきかどうかが非常に難しい。……すべきか、というかなあ、どうやって（アニメーションに）すりゃいいんだ、っていうことになるわけです。

たとえば、牧師さんが下から上がってきて、じいさんと口論をする話がありますね〔第一七話「二人のお客さま」で、ふもとに住む牧師がアルムの山を訪ねてハイジを通学させるようおじいさんを諭し、口論になる〕。子ども相手ということになっているアニメで、あんな議論を、やるの？ってことですよ。それぐらい、（どのようにして『ハイジ』を作ればいいか）全然、分からなかったわけです。

田中　「ほのぼの」の方は。

高畑　だから、「ほのぼの」なんて何も考えてないです。『ハイジ』という原作を裏切らないようにということだけ。しかし、原作について、非常に図々しいですけど、持っていた不満はあります。（作者のヨハンナ・スピリは）クリスチャンであるが故に、なんかこう、（ハイジを）つらい目に遭わせるんですよ。ほかの作品もみんなそうです、あのスピリって人は。〔会場・笑〕つらい目に遭わせておいて、神様のはからいだと教えてくれるんですよ、あの、おばあさまといわれる人が。〔「おばあさま」はクララの祖母。原作では、「神様は人間のために人間が考えるよりもずっと良いはからいをする。ハイジがすぐにフランクフルトからアルムに帰れないのは、より良い結果に導く神様の心だ」と諭す。なお、スピリは、プロテスタントの一派「敬虔主義」に属す。〕そうすると、実にうまいこと（アルムに）戻れるんですね。戻って、幸せがやってくる。そういう図式は壊したかったですね。こっちはクリスチャンじゃないんだし。あれはヨーロッパでも一応当たってはいた――いるんです。特にスペインやイタリアはカトリック国ですけど大人気で、今もずっと放映が続いている。実際、何世代にもわたって、日本と同じように『ハイジ』を見て育っているんですね。そうなんだけど、こちらは、キリスト教的な何かを強調するつもりはなかった。で、おばあさまが（ハイジとクララを）屋外に連れ出すとか、ピクニックに行くとか、あんなのは原作にないですから〔第二八話「森へ行こう」、第二九話「ふたつのこころ」で、おばあさまはハイジとクララをフランクフルト郊外の森へピクニックに連れ出す〕。いろんな（独自の）ことをやらせたんだから、「ほのぼの」なんて一度も考えてないですよ。

　その次は『母をたずねて三千里』でしょう。こんなもの、やるの？っていうことですよ。社長の家に行ったら――（『フランダースの犬』を製作した際には）「死んでもらいます」とかいうのが、その人の口癖だったんだけど――やれって言う。僕なんか、もう全然やる気しないですよ。子どものときに読んでましたから。だけど帰りに、「まあ、宮さん、まあなんとかやろうよ」という話になった。（『母をたずねて三千里』で場面設定・レイアウトを手がけた）宮崎駿さんが考えていたのは、たぶん一宿一飯の恩義の話だと思うんですよ。『みつばちマーヤ』〔『みつばちマーヤの大冒険』、一九七五〜七六〕とかと同じで、負い目を返していく。お母さんをたずねて、一宿一飯の恩義は受けるけど、しかし、他の人の役に立つという形でプラスマイナスゼロにしながら、あるいはプラスにしながら遍歴をしていけば、これは見ている者もつらくないです。でも、僕はそれに反対だったんですね。それで、（つらい話でも）「やるならとことんやれ！」、（リアルに）「やったほうがいい」って。おそらく（『母をたずねて三千里』の脚本を手がけた）深沢一夫さんもそうだと思うんだけど、イタリア・ネオリアリズムの影響の下にですね——イタリア・ネオリアリズム〔「ネオレアリズモ」とも〕ってご存じかな。まあとにかく、戦後のイタリアの、すごい映画がたくさんあったんですけど——その影響の下にとことんやろうということですから、「ほのぼの」もくそもないですよ。

　その前の、僕は携わっていないですけど、『フランダースの犬』は、なんかかわいそうだけれど感情移入しやすくできているんですね、すっごく。同情の涙を惜しみなく注ぐことができるようにできてるんです。ところが、僕らがやったマルコという少年は、自我の芽生えがある。見る人もこの男の子に対して、時々いら立つはずなんです。それでいいんだっていうふうに思って作ったので。……ちょっと長く話してしまって。

田中　あっ、いえ。

高畑　とにかく、「ほのぼの」ではなかったと。『赤毛のアン』も「ほのぼの」とは思っていないです。

田中　この点につきまして、中島さんはどう思われますか。

中島　論点は違うかもしれませんけど、日曜日の七時半から八時のアニメで僕が関係したのは『ハイジ』の前の『ロッキーチャック』〔『山ねずみロッキーチャック』一九七三〕なんです。その前に『ムーミン』〔一九六九〜七〇〕があって、『アンデルセン』〔『アンデルセン物語』一九七一〕、『ムーミン』〔一九七二。一九六九年版とは制作会社・スタッフが一部異なる。通称『新ムーミン』。一九九〇年の『楽しいムーミン一家』とは別の作品〕と三年続けて、その後に『ロッキーチャック』という動物ものがある。動物ものはそれなりの成功をしていたんですけど、当時の社長の高橋茂人さんが、若いころから『ハイジ』をやりたいという希望を持っていて、いつかやりたい、いつかやりたいということで、『ロッキーチャック』を自分の会社で作り始めました。その後に、とりあえず（名作ものをやるという）路線ができたから、『ハイジ』をやりたいということになり、まずパイロット〔パイロット・フィルム。作品紹介用の短いデモ映像〕を作って、持っていったんです。

そしたら、テレビ局は女の子が主人公の物語はやりたくないと言って、僕らの知らないところで動物もののパイロットが作られていたというのが、現実の話だったんです。ですから、『ハイジ』は企画の段階でテレビに持っていったときに、歓迎されたわけじゃないんです。最終的には『ハイジ』をやって、その成功が次の『フランダース』につながっていった。そういう状況でした。

高畑　補足していいですか。

田中　はい、どうぞ。

高畑　今初めて聞いて、びっくりしました。『ハイジ』のパイロットを作ったのは森康二さん〔東映動画に発足時から所属。『白蛇伝』（一九五八）、『太陽の王子　ホルスの大冒険』（一九六八）、などを手がけ、作画部門で先駆的な役割を果たす〕という大先輩なんだけど、僕は実は、あのとき絵コンテをやってるんですよ。きれいにはやってませんけど。そのときに『ハイジ』を読んで、それからだいぶたってから――さっき言いそびれたことを言うんですけど――『ハイジ』をやるという形で会社を（Aプロダクションからズイヨーに）移ったんですね。だから会社を移ったときには、どういう方針に基づいてやるべきかがある意味決まっていたんです。それを見つけるのが大変だったんです。結局、何か月かかかったと思います。

僕自身がいろんな形で本に書いたりしているんですが、さっき言いかけたのは、どんなにファンタスティックな要素がないように見えても、それを入れることができる。アニメーションらしいものを入れることができるんじゃないかと考えて、それから、『ピッピ』ともつながるんだけど、心の解放ということも考えて、やっていけるんじゃないかなと。でも、先は長かった。そう簡単じゃなかったんです。でも、その段

『アルプスの少女ハイジ』第９話「白銀のアルム」の一場面。ハイジが目を覚ますと、ハイジが部屋として使っている干し草小屋の丸い窓から降り込んだ雪が、布団の上に積もっている。リマスターDVD-Boxバンダイビジュアル、2010、Disc 2、55分51秒。

階では、そういうことで『ハイジ』を始める。

それから、中島さんは言われなかったけど、確か、それこそ中島さんに聞いたと思うんだけれど、これをやって視聴率が取れたら銀座を逆立ちして歩いてみせるというようなことを、局の人が言ってるんですよ。だから、あれは当たらなくて当然なんですよ。それに、それほど当たったわけじゃないよね。

中島　いやいや。

高畑　当たった？

中島　当たりました。〔会場・笑〕

『アルプスの少女ハイジ』第14話「悲しいしらせ」の一場面。「ユキちゃん」は山羊の名前。第14話「悲しいしらせ」、第15話「ユキちゃん」で、発育が悪いため飼い主が屠殺を予定する。ハイジとペーターは飼い主の意向を変えるため、山羊の乳の出に効能のある薬草を採取する。第14話で薬草採取中に滑落するが犬のヨーゼフの機転でことなきを得る。リマスターDVD-Box Disc 3、48分52秒。

高畑　そうですか。『ハイジ』をやっている間にね、いろんなことを勉強したんですよ。それまでの漫画は、ガーンと殴られてこぶができても、次のカットになると、もうばんそうこうが貼ってある、要するにダメージはゼロになる。水をバァッとぶっかけられたって、数カットたてば、もうシズクもなくてもいい。大体そういうものなの、アニメって。作り始めたときに、僕なんかもそういう側面がありましたね。宮崎駿なんて、考え方のうえでは、もっとあったと思う。要するに、ウソをついていいというか、ファンタジーでいいんだ。

ところが、見ている人が——たとえば冬になって雪が降ってきて、積もっている。それで、丸い穴から、藁っていうかな、干し草を詰めるんだけど、ものすごく寒そうに見えたらしい。——要するに、子どもたちが、すごくリアルに受け取ることが分かった。われわれの作り方が、ある意味リアルさを持っていたから。そうしたら、こちらも、だんだん頑張らなくちゃいけなくなってくる。そういうふうに、途中で学ぶってことがいっぱいありましたね。

学び損ねたのが、たとえばユキちゃんが大きくならないとき、薬草を採りに行くんだけれど、そのときすごい崖から落っこちちゃったりしてね。あれは死んでるよね。〔会場・笑〕完全にちゃんとしているわけじゃないけれど、しかし、いろんなことをやりながら、中島さん以下、われわれスタッフが勉強したんです、作っている間に。

田中　どうもありがとうございます。そろそろ時間が来ましたので、何か、高畑さん、最後にお話しすることがありますか。

高畑　すみません。めちゃくちゃですけど、話すことは何も。すぐに話が飛んだり、いいかげんな話ですけども、聞いてくださってありがとうございました。

田中　長時間にわたり、本当にありがとうございました。

〔大きな拍手。長い間鳴りやまなかった〕

注

（1）三鷹ネットワーク大学一〇周年記念企画講座／三鷹の森ジブリ美術館協力　アニメーション文化講座　特別編「日本伝統文化に見るマンガ・アニメ的なるもの――その独自の発達と日本語――」二〇一五年一〇月九日（金）、一六日（金）、二三日（金）、三〇日（金）。

（2）高畑勲『アニメーション、折りにふれて』岩波現代文庫、二〇一九、一九七―一九八頁。

（3）「馬聲蜂音石花蜘蛛（いぶせくも）」。「馬聲（馬の鳴き声）」→「い」、「蜂音（蜂の飛ぶ音）」→「ぶ」と訓ませる。戯訓（ぎくん）：ことばの連想・類推から、漢字の意味とはかけ離れた訓みを行う。現代のキラキラネームにも通じる言葉遊び。

（4）草双紙は江戸時代中・後期に刊行された絵入り小説の総称。すべての頁に絵があり、その周囲に本文が記される。内容や体裁により赤本・黒本・青本・黄表紙・合巻と称される。

（5）『アニメーション、折りにふれて』一三二頁。

（6）『アニメーション、折りにふれて』一三二頁に、高畑氏は以下のように書いている。「アニメーション作家でも絵かきでもない私にはとても無理、力不足だと判断して丁重にお断りする考えでした。ただ川本氏の、いつもながらの素晴らしい「蛮勇」には胸打たれ、この「壮挙」のほんのお手伝いのつもりで、大先達、尾形仂功氏の解釈と鑑賞をそのまま敷衍して全三十六句の解釈文のようなものを作って届けました。それが結局藪蛇となり、また、やや俳画風なスタイルに名句をいくつか散りばめた自作、『ホーホケキョ　となりの山田くん』を川本氏が高く評価してくださったこともあって、私も末席を汚す羽目になってしまったのでした。」

（7）高畑氏の前の王柏栄氏の担当句は岡田野水「烏賊は夷の国の占形　あはれさの謎にもとけじ郭公」。高畑の担当句は「あはれさの謎にもとけじ郭公　秋水一斗もりつくす夜ぞ」。

（8）錦織圭選手。インタビューが行われた時期は、同年八月に全米オープンで第四シードを獲得し、四大大会において日本人男女初となる順位を獲得したことで話題になっていた。

（9）梶原正昭・山下宏明校注『平家物語（下）』（新日本古典文学大系四五）所収、岩波書店、一九九三、一七一頁「忠教最期」に、「二刀は鎧のうへなればとをらず、一刀はうちかぶとへつき入られたれども、うす手なれば死なざりけるを、とッておさへて、頸をかゝんとし給ふところに、六野太が童をくればせに馳来ッて、うち刀を抜き、薩摩守の右のかいなを、ひぢのもとよりふつときり落す。」

(10) 高畑氏の没後、遺品から「ぼくらのかぐや姫」と題する企画書が見つかり、「高畑勲展　日本のアニメーションに遺したもの」(東京国立近代美術館、二〇一九年七月二日～一〇月六日)で公開された。同展覧会の図録二三頁に掲載。

(11) 安倍晋三政権が立案した安全保障に関連する十一の法案が、二〇一五年七月一六日に衆議院本会議、九月一九日に参議院本会議で可決。シンポジウムは衆参両院本会議の合間の九月一日に開催された。

(12) インタビュー後の調査で該当番組を特定。NHKスペシャル「特攻～なぜ拡大したのか～」(初回放送二〇一五年八月八日)。番組内で、元陸軍特攻隊員・木下顕吾さんは上官への「偽りともいえる戦果報告」について証言。少年飛行兵学校の同期生でともに靖国隊に所属・出撃した村岡義人さんが急降下し、海面で何に激突したか確認できず、敵艦船も発見できなかったものの、上官に「敵輸送船らしきものに激突」と報告した。「海に突っ込んだのが本当であったとしても、同期についてそれは言えなかった。正しいとは思わないが、それが思いやりだ」。元陸軍航空隊将校・生田惇さんは、戦果が水増しされる理由を、死を前提とした特攻を部下に命ずることへの上官の自責の念によると分析。「上司としても部下がやってくれたと思いたいし、遺族に対しても『お宅の息子さんがやってくれた』と言いたいので、過大報告になる」と証言。

◆コラム◆

秋水一斗　風狂のアニメーション

川本喜八郎が企画・監督し、三五人のアニメーション作家が参加してつくられた「連句アニメーション冬の日」の原作は、貞享元年（一六八四）八月に江戸を立ち『野ざらし紀行』の旅に出た芭蕉が、途次、名古屋に滞在して地元の俳人たちと行った歌仙の一である。俳書『冬の日』には一〇月から一一月にかけて興行した歌仙五巻が収録されているが、その最初の歌仙（発句が「狂句こがらしの」と始まることから「「狂句こがらしの」の巻」「こがらしの巻」などと呼ばれる）がそれである。

江戸時代に広く行われた連句は、五七五の長句と七七の短句とを一定の句数まで連ねて行く形式の文芸である。当初は百韻（一〇〇句）が基本であったが、芭蕉の頃には三六句の歌仙形式もしばしば行われた。

「「狂句こがらしの」の巻」のアニメーションがあると知った時、やられた、と思った。連句は前句に句を付けていく。その付句は前句からの連想によってつくられる。しかし、前句のもう一つ前の句（打越の句）の語句やイメージを引きずってしまうことは諫められる。句を付けるごとに前へ前へと進み、句が詠まれるたびに新たな情景や心象が立ち現れるのが連句の面白さだからである。そう考えると、ユーリ・ノルシュテインをはじめとして、技法も作風も異なる三六人の錚々たるアニメーション作家たちが、一人一句を担当※してアニメーションを作るというのは、連句を視覚化するのにうってつけの方法と思えてくる。何とも大胆で魅力的な試みではないか。

それまでの言語遊戯性を脱する新風を模索していた芭蕉が、俳諧宗匠としての最初の旅において名古屋の風流人たちと詠んだのが『冬の日』の五巻の歌仙であった。後に蕉風俳諧の選集である芭蕉七部集の第一とされた『冬の日』は、独特の詩情を湛え、「清新にして格調高い蕉風の第一歩」（堀切実、日本古典文学全集『松尾芭蕉集二』）と評価されている。

「「狂句こがらしの」の巻」冒頭四句を見てみよう。

狂句こがらしの身は竹斎に似たる哉　芭蕉（発句）
たそやとばしるかさの山茶花　野水（脇）

有明の主水に酒屋つくらせて　荷兮（第三）
かしらの露をふるふあかむま　重五

芭蕉の発句は、木枯らしに吹かれて旅をする自分の侘び姿は仮名草子『竹斎』の主人公で狂歌を詠み散らす藪医者の竹斎に似ていますよ、と自らを卑下しつつ俳諧という風狂にもって任ずる志を詠んだもの。これを受けて、野水は、山茶花の散った笠を身につけた風流な旅のお方は誰でしょうか、と侘び姿を肯定的に受け止める脇を付け、荷兮が第三で、有明の主水が酒をつくってお待ちしていますよ、と展開する（「有明の主水」を「明け方に見える主水星」とする解釈もあるが、アニメでは「有明の主水」という人物と解している）。続く重五の句は、その酒屋の前で赤毛の駄馬が首を振って露を払っている情景を詠み、第三までの芭蕉と彼を迎える人々との人間関係を背景とした句作りを離れ、連句の自由な文学世界へと架橋している。アニメではここで、野村辰寿が「あかむま」を酒屋の配達の赤いトラックとし、時代を超えて跳躍する。

もう一箇所、高畑がアニメーションを制作した句を前句とともに読んでみよう。

あはれさの謎にもとけじ郭公　野水
秋水一斗もりつくす夜ぞ　芭蕉

野水の句はその前句の「えびすの国のうらかた」から、辺境で望郷の思いを抱いて死んで魂が郭公になったという蜀帝の故事をふまえ（胡国に人質となった美女・王昭君の故事をきかせているとする解釈もあり、アニメはこちらを取っている）、あわれむべき運命の謎は占いでも解けず、無常の心をかきたてる郭公が鳴く、と詠んでいる。芭蕉はここから、謎解き遊びで過ごす、水時計の澄んだ水一斗（約一八リットル）がなくなるほどの長い秋の夜を詠み、郭公の夏から夜長の秋へと巧みに季節を移している。アニメーションでこの芭蕉の句を担当した高畑は、秋の夜長に眠気をこらえつつ句作に呻吟する俳人たちを配し、郭公の一声と水流の音にはっとしつつ安堵する人物を表している。

連句をアニメーション映画の「脚本」とする試みは、「描くに値するシーンの集積こそアニメーション映画の脚本にはふさわしい」（西村義明インタビュー「日本一のアニメーション映画監督と過ごした八年間」『ユリイカ』「特集・高畑勲『かぐや姫の物語』の世界」所収、二〇一三年一二月）と考えていたという高畑にとって一つの挑戦であっただろうし、「全体的に歌仙の展開に、華やかな趣向と構成的な芝居がかった句作りが著しく、作中の人物の扱い方も風狂人の体としてのものが多い」（堀切実、前出）と評される歌仙「「狂句こがらしの」の巻」は、その「風狂」な挑戦のしがいのある作品であったと言えよう。

※厳密には、川本喜八郎が二句を担当し、小田部羊一・奥山玲子が二人で一句を担当している。

（加藤敦子）

『冬の日』「「狂句こがらしの」の巻」初折表より。後ろから三行目に芭蕉の「秋水一斗」の句が見える。国文学研究資料館所蔵。（上）

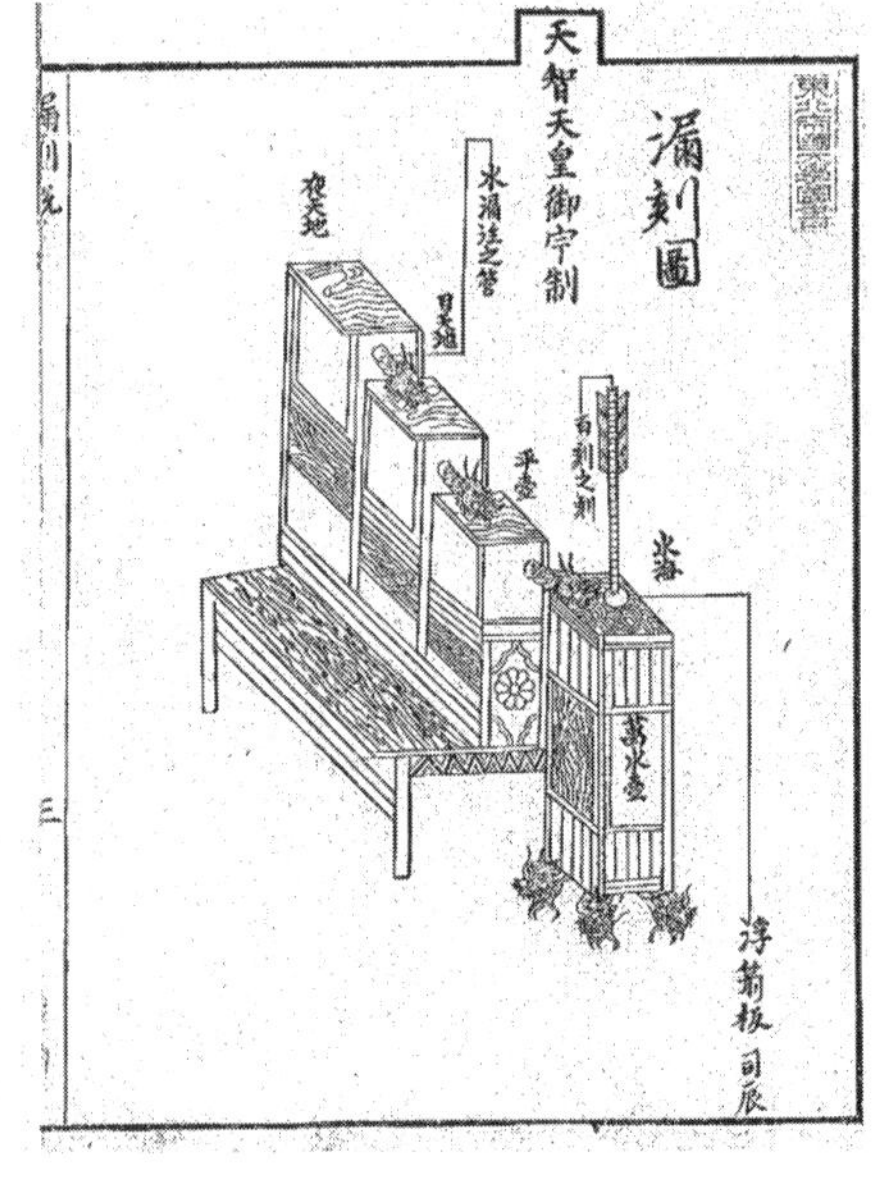

水時計（漏刻）の図。延享五年（一七四八）刊『漏刻説』（東北大学附属図書館所蔵）より。（右）

座談会　小田部羊一さん、中島順三さんを囲んで

高畑勲さんとアニメーション制作という仕事

日時：2016年10月29日（土）　15：00〜18：00
場所：東京理科大学神楽坂キャンパス　１号館

第一部　インタビュアー：兼岡理恵、田中琢三　司会：中丸禎子
第二部　司会：田中琢三　参加：大谷泰三、加藤敦子、兼岡理恵、
ちばかおり、中丸禎子、西岡亜紀

高畑勲氏演出の『アルプスの少女ハイジ』のキャラクターデザイナー小田部羊一氏とプロデューサー中島順三氏は「高畑勲の《世界》と《日本》」をはじめとする、プロジェクト人魚・日本ハイジ児童文学研究会が主催した公開シンポジウムに聴衆として参加した。二〇一六年一〇月二九日、お二人に対し、座談会形式でインタビューと質疑応答を行った。

なお、書籍化にあたり、場の雰囲気を再現するために口語的な表現を残す一方、発言者の意図を変えない範囲内で、発言内容の加筆・修正・統合・削除、話題の順番の変更などの編集を行った。

第一部　インタビュー

高畑勲氏との出会い
中島氏の場合

——まず高畑さんとの出会いについてお話しいただけないでしょうか。最初に出会われたときの印象はいかがでしょう。中島さんはいつ高畑さんとお会いになりましたか。

中島　最初に会ったのがいつだったかは、全然覚えていません。高畑さん、宮崎さん、小田部さんの三人とスイスへ行ったところから僕の記憶はスタートしています〔『アルプスの少女ハイジ』作成に当たり、一九七二年七月一六日から二五日まで、中島順三氏、高畑勲氏、宮崎駿氏、小田部羊一氏はスイスのチューリッヒ、マイエンフェルト、ドイツのフランクフルトなどで現地取材を行った。アニメ制作の準備として行われる現地取材をロケーションハンティング、略してロケハンという。作曲の渡辺岳夫氏らによるロケハンも別日程で行われた〕。その前に会社で紹介されて会っているはずですが、記憶にないのです。

——スイスにいらしたときの印象が強かったのですね。

中島　そうですね。三人に会ったときに一番びっくりしたのは、ロケハンという特殊な時間ということもありましたが、ほんとうに真面目に仕事をする人たちだということでした。無駄な話を全然しない。口を開けば仕事の話。『ハイジ』を「どうするか」「ああするか」という話ばかりしていた印象が強く残っています。

――高畑さんにはどういう印象を持たれましたか?

中島　高畑さんは、そういう話の中心にいました。僕との関わりで言うと、行きの飛行機のことが忘れられません。チューリッヒに行くのにパリで（飛行機を）乗り換えるんです。空港のフライトスケジュールの案内板があるでしょう?僕たちの便の案内がなかなか出なくて。故障しているのを知らないで、「あぁ、出ない、出ない」「あれ、もう時間になっちゃったよ」なんて、のんびりしていたんです。とうとう高畑さんと二人で聞きに行くことになりました。僕は（外国語が）話せないのですが、ブースには誰もいなくて……。エールフランスの所におじいさんの案内人のような人がいたので、高畑さんがその人と話をしてくれました。そうしたら「もう行っちゃった」と言うのです。荷物だけ先に行ってしまい、その日のうちになんとか別の飛行機に乗れて、チューリッヒで先に行っていた社長と合流できました。

　高畑さんとは、「ええ!行っちゃったの!?」と驚いて、二人で「どうしよう」と相談したのが、強烈な出会いでしたよ。

中島順三氏

――中島さんは、そのとき初めて海外にいらしたのですか。

中島　その前にヨーロッパに行く予行演習として、飛行機に乗りました。当時の社長の高橋茂人さんが、作曲家の渡辺岳夫さんと一緒に台湾へ連れて行ってくれました。相当心配してくれていたようです。ヨーロッパに日本人が行くのはまだ珍しい時代でした。ヨーロッパ行きの手配は、全て会社がやってくれて、僕自身はしませんでした。

――高畑さんは、空港の人と何語で話されたのですか?

中島　フランス語です。

小田部　付け加えていい?実は高畑勲さんは（大学時代の専攻が）フランス文学で、フランス語はできると思っていた。だから「パクさん（高畑氏の愛称〕言ってよ」。ところが正しいフランス語をしゃべろうとして、なかなか言葉が出てこない。宮さんがいらいらしてね、一言、「スイスエアー！」と言ったら、「おお、あっち」と教えてくれてスムーズにいった。パクさんは正しくしゃべろうとして、文法を組み立てていたんだね。

――高畑さんと宮崎さんの性格の違いを表す象徴的なエピソードですね。

高畑勲氏との出会い 小田部氏の場合

――小田部さんは高畑さんと最初に出会われたときのことは覚えていらっしゃいますか。

小田部　僕は同期。一九五九年の東映動画同期入社です。

僕はアニメーターとして、動画部にいました。当時、「演出」というポジションはなくて、高畑氏がどのような枠で入ったのかはよく分かりません。「制作」として入ったのかな。実は昨日もパクさんに会って話したんだけど、会社のほうも何をやらせたらいいのか模索している時期だったみたいね。その代わりパクさんは、いろいろなことを覚えられたと言っていました。とにかく彼は制作や進行のことを勉強しながら、演出担当の部署に行きました。同期入社といっても、僕は漫画が好きで絵も好きなので入りましたが、「なぜ勉強ができる東大卒業生がアニメーションに来るんだろう」と不思議でした。僕でさえ、「漫画ばっかり描いてないで勉強しなさい」と言われた時代です。漫画映画は、かなり低く見られていました。今は「アニメーション」と呼んでいますが、僕らの頃は「漫画映画」でした。

東映動画でパクさんと知り合った作品としては――彼が『わんぱく王子の大蛇退治』〔一九六三、東映動画。芹川有吾監督、小田部氏は原画補担当〕の演出助手だったときに一緒に仕事をしている。僕はキャラクターのデザインもやらせてもらえて、原画も描けた。そのときに、あるシーンで、勝手に自分のイメージでザーッと作っていたら、パクさんが何か映画的なこと、フィルムのつなぎ方として異論があったみたいで、僕に文

『わんぱく王子の大蛇退治』予告（TOEI COMPANY,LTD／2013）

小田部羊一氏

句を言ったことがあります。早駒という白い天馬がスサノオとクシナダを乗せて、ずうっと空を駆けていくロマンチックなシーンですが、僕は「こうやりたいんだ」と押し通した。ちょっぴりけんかなんかもしました。そうしたらね、一年先輩の奥山玲子〔原画として参加〕が――僕のパートナーです――同じ作業をしていて、僕と高畑氏のけんかの様子を見てね、「あの頭のいい人とけんかができる」と買いかぶってくれて、ついには結婚することになりました、後々。

それと高畑氏は『狼少年ケン』〔一九六三～六五〕で、とっても面白いものを演出しました。「誇り高きゴリラ」！　ひこねのりお氏〔当時の表記は「彦根範夫」。東映動画に高畑勲氏と同期入社。明治製菓の「カールおじさん」、「きのこの山たけのこの里」、「NHKみんなのうた　赤鬼と青鬼のタンゴ」等で知られる〕が作画監督で高畑氏が演出〔一九六五年七月二四日放映〕。それが面白くてね。みんなの注目を浴びました。当時は労働組合がありまして、彼はリーダーというか、執行委員もちゃんと担う人でした。活動家としての発言力もあって、僕は「ああ、この人は」と思えたし、作品上も注目していました。

『太陽の王子　ホルスの大冒険』〔一九六八〕を初監督したときには、もうすでに彼を尊敬している仲間たちが大勢いました。当時、長編映画は一年に一本でしたが、そのときは『太陽の王子』ともう一本あって、二班に分かれたんです。アニメーターとして、どっちに行くか。僕は高畑勲。反発して、別な方へ行く人もいました。『太陽の王子』で、高畑氏の監督としての方向性の打ち出し方や作り方はユニークでした。組合のことがあったからだと思いますが、僕は民主的な方法だと思いました。「この案でいく」というのではなくて、みんなを集めて「こうだけど、どうだろうか」と意見を聞いてくれる人だった。キャラクターを作るときに――これは東映の伝統なんですけれども――スタッフにアイディアを募集する習慣がありました。『太陽の王子』も、きちんとみんなから募集する。アニメーターだけではなく、広く他の部署でもです。とはいえ、アニメーター中心ではありましたが。面白かったのは「できたアイディアは壁に貼っていく」。それが集まった段階で、みんなで検討会を開く。そんなときにも普通は、「このキャラクターでいきましょう」「これがいいね」と選ぶのですが、彼の場合は、「いやこれはいいけど、このキャラクターの中のある要素、ある特徴、ほんのかけらでもこれをこっちに持ってこれないか」、そんなことまでこだわる人だった。作り方も面白かったし、それでついていく気になりました。

『太陽の王子』は、今までのアニメーションみたいに「楽しければいい」というものじゃなかった。派手だったり荒唐無稽だったりではなくて、心理的なものまで表現しようとする映画ですから、大変でした。絵を描く大変さも覚えられた。でも全然ヒットしなくて、会社からも冷たい目で見られました。高畑勲は、スケジュールは遅れる、会社の言うことは聞かない、できた作品もヒットしない……その後はかなり干されました。でも、『太陽の王子』という作品を通じて「本当にこの人だったら」という信頼感を持てた。それで、それ以後も、高畑氏と一緒に東映動画からAプロダクション、そしてズイヨー映像へと移ることになりました。

高畑勲氏の仕事『ハイジ』

──高畑さんご自身は絵はお描きにならないそうですね。

小田部　ええ、絵は描きませんけれども、彼が言うには、中学校までは写生なんかで学校の優等賞を取ったり、上手かったらしいです。絵コンテは描きます。だけど、そのままでは使えないので、大抵は大塚康生さん（『太陽の王子』の他、『ムーミン』、『未来少年コナン』、『じゃりン子チエ』、『ルパン三世』、『ガンバの冒険』などでキャラクターデザインや原画、作画監督を務める）や、宮崎さんがそばにいて、絵コンテにしていました。高畑氏のはほんとうに略図みたいな丸描いてちょんちょん。だけどね、カメラアングルがものすごく的確なんです！

　だからかえってうまく見える──宮さんぐらいになると、もうそのとおりやればいいのですが──そんな人が描いた絵コンテは、動画に描きづらかったんだけれど、パクさんのはつかみやすい。多分カメラアングルだと思います。どこから見ているのかとか距離感とかがはっきり分かるのです。だから描きやすかった。

──画面がすごく映画的ですものね。計算して描かれているのですね。

小田部　やっぱりしっかりした感覚があるからでしょうね。丸ちょんにしてもちゃんと分かる。

――中島さん、高畑さんと出会われるのが、『ハイジ』のロケハンですよね。

小田部　当時は高畑勲も宮崎駿も僕も「Aプロダクション」という別の会社にいました。『長くつ下のピッピ』を作るために東映動画から移りました。そしたらそれができない〔アニメ『長くつ下のピッピ』は、作者リンドグレーンの許可が下りなかったため、制作が中止された。キャラクターデザインや設定の一部は東京ムービー『パンダコパンダ』（一九七二）、『パンダコパンダ 雨ふりサーカスの巻』（一九七三）に引き継がれた〕。その代わりに『パンダコパンダ』を作りましたけれども、その後やっぱり思ったような作品が来ないなって悩んでいるときに、多分中島さんからパクさんに話があったんですよね。

彼も悩んだ末に、僕と宮さんに「実はこんな話が来てるんだけども」と声をかけてくれました。『ハイジ』の物語は知っていましたが、どう一年間の番組にするのか、僕ら二人にはイメージがなかったので、「パクさんがもしこれをアニメーションにできるっていう確信があるなら、僕たちはついていきますよ」と言いました。しばらくして、パクさんが「何とかできる」と言ってくれたので、「じゃあ行きます」ということになりました。

『ハイジ』の企画

――『ハイジ』の企画はどのようにして始まりましたか。

中島　『ハイジ』は、瑞鷹（ずいよう）の代表の高橋茂人さんが長年温めてきた企画です。高橋さんが独立して瑞鷹を立ち上げ、自分の会社で作った最初のアニメは『ムーミン』〔一九六九年一〇月五日～一九七〇年一二月二七日、日曜フジテレビ系列で放映。『どろろと百鬼丸』に続く「カルピスまんが劇場」の二作目として制作された。制作は二六話まで東京ムービー、二七話以降虫プロダクション〕です。『ムーミン』の次に『アンデルセン物語』〔一九七一年一月三日～一二月二七日放映、制作は虫プロダクション〕、もう一度『ムーミン』〔通称「新ムーミン」。一九七二年一月九日～一二月三一日放映〕を企画した後、自分で制作スタジオ〔ズイヨー映像〕を設立。『山ねずみロッキーチャック』〔一九七三年一月七日～一二月三〇日放映〕の制作を開始しました。『ロッキーチャック』を制作していた頃に、僕は瑞鷹に入社しました。

その頃には、もうすでに次回作『ハイジ』の構成を始めていました。通常テレビ局で番組が決まって制作に入るときは、制作期間に余裕がないことが多いのです。けれど『ハイジ』の場合には、高畑さんたちが参加された段階で、全五二話の――最

後のほうは一話の内容が二〜三行しか書いてないものもありましたが

——シリーズ構成ができていたんです。脚本はまだあがっていませんでしたが、一話ずつの物語の流れは決まっていた。テレビシリーズとしては、例のないスタートだったと思います。

小田部　それと僕らは知らなかったのですが、森康二さん（日本初のカラーアニメ『白蛇伝』、『太陽の王子 ホルスの大冒険』、『山ねずみロッキーチャック』、『フランダースの犬』などで原画・作画監督を担当）がキャラクターを作って、パイロットフィルムも作っていたそうです。だけど僕らには一言も言ってくれなくて、かなり後で見ました。

——「かなり後」というのは、『ハイジ』を作り終えてからですか。

小田部　いや、作る前のかなり後でということです。だから宮さんも僕らも、それに全くとらわれることなく勝手にやっていた。「へえ、そんなのあったの？」と後で驚きました。

——先に見てたとすると、影響されたかもしれません。

小田部　どうだったでしょう！やっぱりかなり拘束されて縛られたかもしれないですよね。尊敬する先輩の森さんですから。僕らはやっぱり若気の至りで——パクさんとも今でもよく話すんです。「あの頃はほんとに若くて、人を思いやる気遣いがなくて、森さんに悪いことしたよね」って。というのは、森さんはもう、目を悪くされたり、いろいろな手術をされたりしていて、体力もない。それでシリーズを一年間続けていく……何ていうかなぁ、森さんを全く考えていなかったんです。パクさんも、われわれもそう。「森さんもほんとうは作りたかっただろうに、みんな若かったね。思いやりがなかったな」って、今頃話したりします。

——「パイロットフィルム」とは、どのようなものですか。

中島　「こんな作品を作ります」という、紹介用の短いデモ番組です。プロダクションが企画を通すために、テレビ局やスポンサーに見せるものです。高畑さんたちが制作メンバーとして決まる以前に、パイロットフィルムは作ってありました。

テレビ局が「女の子の主人公ではとても視聴率は取れないだろう」と反対したという話も聞きました。

森康二「アルプスの少女ハイジ（企画段階のキャラクタースケッチ）」『もりやすじの世界』（ANIDO、二〇一一）、一〇一頁

『ムーミン』以来、ずっと動物ものでしたから。少女が主人公の、しかも外国の話を「そんなの駄目だよ」と言う人たちもいた。そういう中で、『ハイジ』のパイロットはできました。

あとで知りましたが、実は違う会社からもう一本、動物ものの企画もあったそうです。ですから『ハイジ』は決まるまでに相当の時間がかかりました。最終的に、スポンサーのカルピスさんから「『ハイジ』でいきましょう」とオーケーが出て、それからスタッフを探し始めて、高畑さんと出会いました。後から知った話ですが、高畑さんは、「何でアニメで『ハイジ』をやらなくてはいけないのか」を、代表の高橋さんと随分話し合ったそうです。そしてその結果、「やる」と決断された。多分、「やる」というのは、「どういうふうにすればできるか、作れるか」

——簡単に言えば、「少女の日常生活を細かく描いていくことで、一年間の放映に耐える作品として成り立つのではないか」というのが、高畑さん自身の結論だったのだと思います。

『ハイジ』のロケハン

——中島さんは、『ハイジ』を作るに当たっての人選はされましたか。

中島　僕の友人で前に小田部さんたちと一緒に仕事してた…

小田部　佐藤昭司さんですね。

『ピッピ』のときに、佐藤昭司さん〔プロデューサー。『はいからさんが通る』、『赤毛のアン』、『トム・ソーヤーの冒険』、『小公女セーラ』、『愛の若草物語』、『未来少年コナン』、『青春アニメ全集』、『シートン動物記』などを担当〕が制作進行だったんです。そのときは東京ムービーにいたのかな。『ピッピ』を作るに当たって、制作進行の手順が、僕が東映時代に知っていた制作と全く違った。対応やスピード感。佐藤さんに「こんなの欲しいんだよな」と言うとすぐ探しに行くんです。たとえば、ピッピが力持ちで馬を持ち上げる、その蹄鉄を打つ場面のために、宮さんやパクさんは、馬場に行って実際の現場を見たいと言う。そうしたら佐藤さんは、すぐ代々木の馬場〔一九二一年発足の「東京乗馬倶楽部」。一九四〇年に渋谷区代々木神園町に移転、二〇一九年現在も同地で活動〕を手配してくれた。すごく対応が早いなと思いました。瑞鷹では多分佐藤昭司さんから、「スタッフはこれだ」と言われたのではないでしょうか。「高畑さんがいいと思う」とか。

中島　前段に戻ると、僕がお世話になったときには、瑞鷹は企画会社として『ムーミン』をやっていました。『ムーミン』のアニメーションは、最初は東京ムービーで二六本制作して、その後は虫プロがずっと担当していました。瑞鷹は『ムーミン』のキャラクターの商売はしていましたが、アニメの制作はしていませんでした。だけど『ロッキーチャック』の企画が決まったときに、自社で作らなければならない状況になりました。そのときに、たまたま僕が瑞鷹にいました。佐藤昭司さんとは大学時代からの友達で、彼に相談をしたら、彼が昔の仲間に声を掛けて、その人たちが集まってくれた。「瑞鷹」という企画会社が「ズイヨー映像」というアニメ制作会社をつくったときの基本的な人集めは、全部、佐藤さんがやってくれました。

　『ロッキーチャック』を作っている最中に『ハイジ』の準備の話になり、佐藤さんが「高畑さんという人がいる」と高橋さんに話をして、高橋さんが「会ってみたいな」と話がまとまりました。

　それでさっきの話に戻ります。「なぜ『ハイジ』をアニメにしなければいけないのか」から、二人で話し合ったようです。その後に高畑さんは、多分、自分で方法論を見つけて、それで宮崎駿さんや小田部さんに相談して「みんなで行こう」と、ズイヨー映像に来てくれたんだと思います。

『ハイジ』の制作

——チャレンジですよね。当たり前の日常を丁寧に描く作風や姿勢は、その後の「世界名作劇場」シリーズでも貫かれていると思います。その原点としての『ハイジ』の方法や姿勢は、そこで固まったのでしょうか。

中島　そうだと思います。高畑さん、小田部さん、宮崎さんが東映を出るときに目指した仕事だったのだと思います。いろいろ準備をしていた三人の——『ピッピ』も女の子の話でした——その企画がうまくいかなかった。『ハイジ』の話が来たときに『ピッピ』がいろいろな意味で土台になったと、僕は思っています。

小田部　でも世の中が、人間とか生活を細かく描く風潮ではないんです。現場からでさえ「そんなのやったって当たりはしない」。生活を細かく描くためには、いろいろなしぐさをさせなければなりません。派手で大きな動きは案外ごまかしがききます。それに対して日常の仕草はリアルですから、どこをどう動かすのかを考えながら、絵の枚数を使って表現しなくてはいけない。「そのためには作画枚数がかかる。自分の首を絞めることになる」と、労働組合関係側からも非難されたりしました。

　ですから『ハイジ』の話があったときに、パクさんもやっぱり悩んだと思います。「そんなの実写でやればいいんじゃないか」という意見もあったぐらいだから。「細かに描いていけば、一年間で何かその作品の物語ができるかもしれない」というひらめき。パクさんが確信を得て僕らに「やれる」と言ってくれたから僕らはついていった。そんな関係でした。

――一年間、五二回は珍しかったんですか。

中島　テレビ局は基本的には一年間の契約はしないんです。半年、二クール二六本〔一クールは一三本〕の契約です。それで、良ければ延長する。スタートするときは一年契約ではありません。『ハイジ』もそうでした。

小田部　ああ、そうだったの。でも、五二本として構成をしたんでしょう?

中島　もちろん。やめるつもりはないし、勝算ありと見て自信満々でスタートしましたから。

――視聴率が悪かったら、途中で終わったかもしれなかったということですか。

中島　視聴率が悪ければ、打ち切りもあったでしょうね。ただ、カルピスさんの一社提供の番組枠でした。『ムーミン』のときも視聴率は特別良いわけではないけれども、主婦連〔主婦連合会。一九四八年創設、現在も活動中〕から「親子で楽しめる」と評判が良かった。『ムーミン』の企画会社で、同じ「カルピスまんが劇場」枠でしたから、安心していた部分はあると思います。

　ただテレビ局は、やっぱり主人公が女の子では心配だと言って動物の企画を別に進めていたんです。そのときにカルピスさんが局の意見に同調したら、『ハイジ』はやめたかもしれない。ですから、カルピスさんに小田部さんが作ったキャラクターを何度も持って行って見せたりしていました。

プロデューサーの仕事

――そういうところの橋渡しをするのが、プロデューサーのお仕事なんですね。改めまして、アニメのプロデューサーは、具体的にはどのようなお仕事をされるのですか。

中島　何もしません。雑用ばかりです。

――たとえば『ハイジ』の音楽はどのように決まりましたか。

中島　『ハイジ』のときは、社長の高橋さんが「音楽は渡辺岳夫さんでやりたい」と決めていました。ですから渡辺さんはロケハンにも参加されています。ただ僕は、良い歌を作りたいと強く思って、随分本屋を探し回って、詞を書く人を探しました。詩集の棚でいろいろな本を見たんだけど、なかなか「ああ、いいな」と思う人がいなかった。そしたらある日、婦人雑誌をパラパラパラって見たら――大判の、何という本だったか覚えていませんけど――見開きの

座談会後の調査で岸田衿子「うすゆきそう」(カルピス童話シリーズ20)を掲載したカルピスの広告を発見。「一年じゅう雪のとけないアルプスには／永遠に白さを失わない／花(エーデルワイス)が咲いています／チロルの谷までは　昔から／木彫りの人形やパイプを作る職人が住んでいます」という導入文に続き、「足をけがした女の子」の代わりに、「小さな木の人形」が、山にエーデルワイスをつみに行く、という内容の詩が書かれている。『婦人倶楽部』一九七三年一〇月特大号、一七頁(国会図書館所蔵)。『婦人倶楽部』には、一九七二年から「カルピス童話シリーズ」が連載され、第2回以降を岸田衿子が手掛けている。一九七三年はアンデス(四月号)、プラハ(五月号)、オランダ(六月号)、アフリカ(七月号)、エーゲ海(九月号)、アルル(一二月号)など世界の国・地域を舞台にした詩が書かれている。

ページで、岸田衿子さんが詩を書いている。しかもそれがカルピスの広告で、そこに書いてある詩がチロルの話だったの。チロルの状況を歌った詩だったんです。それで、岸田さんに頼めたら頼もうということで、すぐ岸田さんの連絡先を調べてお願いしたところ、「とりあえずお話を聞きましょう」ということになりました。それで高畑さんと二人で——その当時『ハイジ』の四話ぐらいまで脚本ができてたと思いますが、それを持って行って、高畑さんが岸田さんに話をし、それで岸田さんが引き受けてくれました。

——プロデューサーとしての意向と、演出の意向とのぶつかり合いがあったときにはどうされていましたか。

中島　いや、それはもう一〇〇%、僕の場合は高畑さんにおんぶに抱っこ(笑)。ただ、そうは言うものの、高畑さんが気に入るような状態は、なかなかつくれないわけです。「もっといい原画連れて来い」ということもあるだろうし、「こうもしたい」「ああもしたい」と言われたとしても、その時間もない。

　高畑さんたち三人が『ハイジ』に取り組んだときのスタイルは、高畑さんを頂点にして、宮崎さんと小田部さんが、三人がっちり心を一つにして、外のスタッフに出した仕事を一旦全部集めて自分たちで目を通していました。外で作る原画の基になるのは、宮崎さんが描いたレイアウトです。画面の構成は宮崎さんが作る。それに則って原画マンに描いてもらう。集まってきた原画は、高畑さんが全部チェックして、小田部さんと話をし、小田部さんが全部手を入れてくれる。だから大勢の人にやってもらうけど、全部その三人のところに戻ってくる。こういう集中管理のスタイルは、通常はテレビのアニメーションのシリーズではできない、無理なんですよ。お話が一話で完結しないでしょう。前の話が終わらないと先の話ができない。前の話が遅れれば、後ろがもっと詰まってくる。そういう状況ですから、三人の仕事はほんとうに大変でした。

——それをさらにマネージャーのように管理するのが、中島さんのお仕事だったのですね。

中島　そうです。あとは、約束どおり納品ができないときに、頭を下げにいくのが僕の役目。最初のうちは、係の人はものすごく怒り狂っていましたけど、でも、だんだん評判が良くなってくると、「遅れてもしょうがないわね」という感じになってくれました。

——何話くらいからですか。顔がだんだん緩んで、大目に見てくれるようになったのは。

中島　緩みはしなかったけれど、「しょうがないな」という感じになりました。

——小田部さんに質問です。描いていて、視聴者の反応は分かりましたか？

小田部　何話目だったか。その頃は、銭湯がたくさんありました。どうやらその時間帯には、銭湯ががらがらになる。そんなことを聞いて「ああ、見てくれてるんだな」とは思いました。

——ファンレターも受け取りましたか。

小田部　描いてると、それどころじゃないし、もう脇目も振らずにやっていました。放映が終わった後に、ファンが来て、小さい布切れで作ったハイジを持ってきてくれたりして。「へえ、こんなのをまあ」と思ったのは覚えています。

中島　テレビ局にファンレターをいただいたこともありますし、プロダクションに直接送ってくれたものもあります。

――どんな層から、誰に対するファンレターが来るのですか。

中島　作品に対するファンレターですね。層はいろいろでした。小さい子どもが葉書に大きい文字で「ハイジ大好き」みたいな。宛先はお母さんが書いたんでしょうけど。

――クレームはありましたか。「ロッテンマイヤーさんが怖い」とか。

中島　いや、クレームはありませんでした。それと、新聞などでよく取り上げてもらいました。高畑さんの音楽の使い方が上手だとか、作品に直接触れる記事がいくつもありました。全部切り抜いて、取ってありましたが、今どこにあるか分かりません。

キャラクターデザインとロケハン

――高畑さんの具体的な仕事についてうかがわせて下さい。キャラクターデザインを全て統括されていたとのことですが、細かいところまでチェックされていましたか。

小田部　東映時代はそうやっていました。たとえば『太陽の王子』は、いろいろな人から募集しました。作画監督の大塚康生さんが全部を統括してキャラクター設計図を描く方式です。ですから、いろいろなアイディアがあってキャラクターが膨らんだ。でも『ハイジ』のときは時間がありませんから、みんなのアイディアは募集できません。

　僕は社長に「『ハイジ』を世界的に通用する作品にしたいからロケハンに行かせるんだ！」と言われて「嫌だ」と言った。「そんな責任は取り切れない。世界に通用するキャラクターを描く自信はないから、オーディション制にしてください」と言ったら、「駄目だ」と言われた。「世界に通用！」が、どんなものか分からなかったけれど、そのために一生懸命見なければいけないと思った。ほんとうに緊張してたんでしょうね。もう何でも見てやろうの精神で。時間も限られていて、後でスケジュールを見たら、マイエンフェルトなんかたった三日ぐらいですよね。

　結局（キャラクターは）一人で作りました。聖蹟桜ヶ丘のズイヨー（映像）では机の横についたてがありました。そのついたてにキャラクターのアイディアスケッチを貼っていたら、そこを（高橋茂人）社長が通りかかって、ロッテンマイヤーさんの顔を見て――僕はもう意地悪ばあさんとしか思ってなかったから、そんなキャラクターだけ描いていた――「僕はロッテンマイヤーさんは美人だと思うよ」って一言言ったの。「ええっ⁉美人？」とびっくりしましたが、「そうだ」と思い直して、大きなお屋敷を任せられる人だから、ちゃんと知識もあり、いろいろなものを持ってる人だと思って、改めて美人に近いものに作り直しました。具体的な反応は、社長のその一言だけでしたね。ハイジに関しては、いくら描いても（高畑）監督が一言も言ってくれない。それで「パクさん、何か一言でいいんだから言ってください」と言ったら、初めて、「ハイジがおじいさんをまっすぐ見つめた顔を描いてください」と。僕はそれまでハイジをただ愛らしい、かわいいイメージで考えていました。絵も目線を上に向けたり少ししなをつくったりしてね。そこに「まっすぐおじいさんを見つめる、真正面からの顔を描いてほしい」と言われて驚きました。パクさんは愛らしさじゃない、もっと厳しいものとも対峙できるキャラクターが欲しかったのだと。それで何か分かったような気になって描いた一枚、パクさんが「まあこれかな」と言ってくれたものを手掛かりに描いていった。もう一つ大きかったのは、おさげ髪のハイジをいっぱい描いてスイスに行ったんです。スイスで教えを請おうと思って、シュピーリの、何でしたっけ？〔ギャラリーから「シュピーリ文書館」という声が上がったのを受けて〕文書館っていうんですか。そうしたら、そこの館長さんは僕の絵を見て、「山の上で偏屈なおじいさんと暮らしている。ハイジは六歳か五歳だね。そんな子が自分でこんな髪型をするわけないし、おじいさんだってしてあげるわけがない」と言った。「ああ、そうか」と。それでロケハンから戻って、ざん切り頭にしたんです。僕の担当は作画監督で、キャラクター作りですからロケハンでは、主に人物を観察した。それから、目にしたものは、何でもいいからヒントに欲しいから、鋤であろうと鎌であろうと家具であろうと、そこにあった靴であろうと——何でも面白く見えたんです、初めてですから——スケッチして、何でも使ってやろうと思って、そこからキャラクターに転用したりしました。僕は小さいスケッチブックとクロッキーブックも一冊持って、みんなが取材している間、ちょっと横のほうでスケッチしていました。宮さ

小田部氏によるロッテンマイヤーさん（左・一六七頁）とハイジ（右・一五〇頁）のデザイン案。『小田部羊一アニメーション画集』（アニドウ、二〇〇八）

んなんて、ほんとうに見るだけ。写真も撮らない、スケッチもしない。頭に入れていくんです。

――でも、フランクフルトの街並みはすごく写実的ですよね。

小田部　それは帰ってきてから描いたんです。写真集なども見ますよ。それを参考にして、自分の中で見てきたものを組み立てる。あと彼の参考になったのは、ロケハンで、山小屋のそばに大きいモミの松かさが落ちていて、僕はそれを二つくらい持ってきた。それが役に立ってね。宮さんはそれを参考に、モミの木の揺れるところを描いたり。あと僕はインターラーケンのお土産屋さんで糸車型のオルゴールを買ったんです。ふたを開けるとキリン・クルン・ポロンって音がする。「糸車ってこんなもんなんだ」って買ったお土産。それを持って帰ってスタジオに行ったら、宮さんはそれを――おもちゃなんですよ、単純な――だけどそれを一生懸命見て、この糸がこうきて、こう回って、こうやってよりを掛けるんだと想像しながら描いてゆく。それから記念図書館でもらった一冊の本。

ちば　マルタ・プファネンシュミットさん〔Martha Pfannenschmid。スイスの画家。バーゼル大学の法医学研究所勤務のかたわら絵を描いた。『ハイジ』〔一九五六／五七〕、『ピノキオ』〔一九七二〕の絵で知られる〕の挿絵が入った版ですね。

小田部　挿絵が貼ってある本です。それにも糸車が描いてあった。宮さんは、それと実際のものを組み合わせていかにもそれらしく作っていく。そんなことをしていました。

シナリオ、キャラクター設計図、レイアウト

――シナリオができると、まず高畑さんと中島さんが検討したという話を読んだことがあります。

中島　高畑さんの仕事は、まずシナリオを発注するときの打ち合わせでです。上がってきたらチェックして、気に入らないときは直しを出します。シリーズは膨大な仕事があります。シナリオが出来上がったら、今度は、そのシナリオを基に絵コンテを発注します。絵コンテが上がってきたら、それをまた直しに出すか、自分で直すか。この作業には全部僕も立ち会います。

　絵コンテは、人によっていろいろで、絵の上手い人も下手な人もい

マルタ・プファネンシュミットのハイジ。

る。そこに人物の表情を描いてくる。顔を描けばどうしても表情になってしまう。高畑さんは「こういう顔なんて描いてほしくないんだよな」とよく言ってました。「自分みたいに表情は入れずに顔の向きだけ描いてほしい。そうでないと、原画を描く人がそれに引きずられる」と。「普通の顔してなきゃいけない場面なのに、絵コンテが寂しげな顔に見えたり、そういう表情があると惑わせるから、ないほうがいい」。ですから、さっきも話に出たように、高畑さんは自分が絵コンテを描くときには顔の向きだけを正確に描いていました。顔は十字が描いてあるくらいですけれど、どこをどういうふうに向いているか、サイズも分かるように。

——『ハイジ』では高畑さんは絵コンテを自分で描いていらっしゃいましたか？

中島　最初のうちはそうでした。

小田部　パクさんが描いて宮さんが清書したのが何冊かありました。

——『太陽の王子　ホルスの大冒険』のキャラクター作りのときにも、「この案とこの案の要素を加えたら、こういうふうに良くなるんじゃないか」と検討したというお話や、絵コンテでも完全なアングルが決まっていて、すごく描きやすいというお話がありました。それは、高畑さんの中で「この作品の一話はこういう世界」「このキャラクターはこういうキャラクター」ということ、世界観がしっかり決まっていて、それに対して指令、指示を的確に出すということですよね。

小田部　もちろん、そうですよね。

中島　それと宮崎さんは、はがき大の大きさのイメージボードを水彩画でたくさん描いてくれました。それを壁に貼る。見た人が大体その世界観が分かるように、宮崎さんはいつも描いてくれました。

小田部　キャラクター設計図もあります。まず全員のプロポーションの比例を描いた図があって、それから、一人ずつのキャラクター設計図を作ります。ハイジの場合なら、ハイジの等身図、裏表、あちこちから見たアングルや全身像、それから表情。ペーターにはペーターの、おじいさんにはおじいさんのキャラクター設計図がある。同時にレイアウト。原画を描く人のためですけど、主に美術家——つまり、バックグラウンドを描く人のために、風景・地形・建物・食器までデザインした「美術設定」がまたちゃんとあるんです。

中島　そうそう。

小田部　美術設定は絵コンテを描く人にもいくし、原画を描く人にもいく。それを参考にしながら作品をつかんでもらう。

中島　そういう仕事は、ほんとうは美術の人の仕事なのですが、宮崎さんは全部自分で描いていました。

小田部　もう一つ、宮さんの大事な仕事はレイアウトだよね。全カットのレイアウトを宮さんが担当しました。レイアウトでは「大体こういう背景で、人物がこう動きます」と指定するのですが、宮さんは、パクさんと長年やってきて演出にも実質的に入っていたし、アニメーター出身ですから、動きのこともみんな分かっている。彼は、自分が動かしたらこうなるっていう気持ちで描いている。それは、まだラフな粗描きです。だけど、原画を描く人には参考になります。僕も助かりました。それなしだったら、もういろいろな絵が上がってきて、統一の取りようがなくてお手上げだったはずです。基本形があったから、何とかなった。だから僕はキャラクターそのものに集中できる。そんな体制がありました。

中島　さっき話したように、三人の仕事の分担と信頼関係ももちろんあります。テレビアニメは一話につきカット数にすると三〇〇から、多いときで三一五ぐらいあるかな。一週間で三〇〇枚以上を描くということは、宮崎さんは一日五〇枚以上レイアウトを描く必要があるわけです。そうでないと次の一週間が始まってしまう。普通の人は、一日にせいぜい五〜六枚描くのがやっとなので、宮崎さんのスピードには驚きました。

　しかもそのレイアウトがものすごく良くできている。というか、親切にできているのです。たとえば「ここにいるこの人物が、奥にこのぐらい入っていく」というのを、ちゃんと画面の中に描いている。だから、原画の人も、「ここからここまで何秒で歩くか」「何歩で歩くか」を計算しやすいわけです。宮崎さんが画面の設計図をみんな作ってくれる。それがなかったら、あの作品はあの時間内でできません。

――緻密な設計図、そしてそれを実際に作り上げる人々の連携の力ですね。

中島　基本的なしっかりした画面が作られてるから仕事がしやすかったと小田部さんが言うのは、そういうことですよね。

小田部　それでも大変なんですよね！

中島　僕が一度びっくりしたのは、ほんとうに大変だったときに、宮崎さんは、絵コンテの画面を見ながら、カメラが水平に向いた絵と、もうちょっと上向いた絵を、サッサッと二枚描いて「パクさんどっち？」と言って見せたことがありました。余裕があるわけではないですよ。だけどそういう仕事の仕方をする人たちです。

小田部氏の道のり
日本画とアニメ

――お二人の仕事術の背景をさらに知りたく思います。『ハイジ』から質問を変えま

して、お二人の経歴と、そこに至るまでの道のりをうかがいたいです。まず小田部さんから。はじめに日本画を専門的に学ばれ、そしてアニメ作りに携わったとき、ギャップや違和感はありましたか。逆に、役立ったことは。両面ありましたら教えてください。

小田部　僕はおやじが絵を描く人で、絵は自分でも好きでした。漫画を見ることも絵本を見ることも好きで、漫画映画の世界も好きになったり、そういう土壌があった。高校時代、「さあ卒業」というときにクラスメートから「どうする？　美術学校を受ける？」と聞かれて、勉強よりは絵のほうが好きでしたから美術学校を受験する気になりました。おやじはなんでもうまかったけど、主に油絵を描いていました。でも僕は油絵が性に合わなくて水彩画ばかり描いていたんです。クラスメートが言うには「おい、東京芸大は水彩で受験できるぞ」。そんな単純なことで日本画を受けました。クラスメートのお母さんは日本画の絵描きでした。それで彼は日本画を知っていた。僕は何にも知らない。知識もなければ見たこともない。墨絵や掛け軸ぐらいは見たことがありましたけど。水彩で受験できるというんで、受けたらたまたま受かっちゃった。

そうしたらクラスのほとんどが先生についている人で、みんな日本画の知識があって、びっくりしました。それで、クラスメートから、顔料を膠（にかわ）で溶くときの溶き方や、膠の濃さなどを教わりながら絵を描きました。僕は水で溶く水彩画しか知らなかったから、膠の濃さも知らない。描いた絵が乾くと、膠の濃度が薄くて、ざらざらざらっとこすると剥がれ落ちる。前田青邨（せいそん）先生が教授で、平山郁夫先生は助手の時代でした。僕らの頃は鉄線描（てっせんびょう）が基本でした。下書きは木炭で描いて、まず墨で——筆で一本の線にしたものを基本に、そこから着色を始める方式を採っていました。線がいかに大事か、線で全てを表現することを覚えた。

でも卒業時点になって就職先がないことが分かりました。募集があったのは教員です。教職課程は自然に取れましたから「出たら学校の先生かな」と思っていたのですが、そんなとき、卒業前年に見たのが『白蛇伝』（一九五八、東映動画。大川博制作）でした。その映画を見て、「おっ、これから日本でもアニメーションを仕事にできるんだ」。その東映動画から募集がありました。僕はクラスメートに声を掛けて、「おい、ここを受けよう」と誘ったけれども、漫画をばかにして見てもいない人ばかり。でもバックグラウンドを描く仕事はあるから、「じゃあ受けようかしら」と乗り気になる人もいて、女の人を二人誘って受けたら、何と誘った僕は落っこちた！　困っていたら、幸い二次募集がすぐにあって、再び受けて入ることができました。

東映では研修期間が三カ月あるのですが、そのときの課題が、先輩が描いたキャラクターの線、あるいは動き、それをコピーして動かす課題でした。その線を見たときに、僕は「幼い頃から見ていた漫画映画の線が、こんなにチャーミングなものでできてたんだ」と思えた。何とも柔らかくて立体感がある。鉛筆の一本の線ですけど。

――やっぱり鉛筆なのですね。

小田部　鉛筆です。鉛筆の線と日本画で学んだ線。線で表現するのに何の違いもない。ですから違和感はなくて、この道でいいんだと思えました。

あとは「動きにこんな枚数がある、動きはこんな複雑なんだ」と。たとえば人間が一歩歩くのにいろいろな箇所がいかに動くかにびっくりしました。頭、足のかかととつま先の指先の動きの違いとか。膝は違う、どこは違うと、もう複雑極まりなかった。「ああ、動きってこんなに複雑なんだ」と知っていきました。

――動きといえば、波の表現はいかがですか。『どうぶつ宝島』（一九七一、東映動画）のときに、演出の池田宏さん（『狼少年ケン』、『魔法使いサリー』、『ひみつのアッコちゃん』等の脚本・演出から、一カ月波を考えてこいという課題が出されたというエピソードがございます。高畑さんも絵巻に関するご著書でお書きになっていますが、波の表現は日本の絵巻にたくさん登場します。今日は『浦島明神縁起』（南北朝頃成立。浦島子伝説をモチーフに、浦島子が筒川大明神（現・宇良神社）に祀られるまでの縁起を描く）を持ってまいりました。波を一カ月考えてる期間にこういった日本の絵巻、あるいは日本画の自然描写を、参照されましたか。

小田部　実はそっちには目が行きませんでした。同期の池田宏さんがスクラップブックを三冊貸してくれました。彼は演出家として何が必要かを先生から教えられたそうで、「とにかく『こうだ』と言える、スタッフに伝えられるものを持ってなきゃいけない」と、絵は描かないのに、波の写真をいっぱい貼りつけたものを貸してくれました。びっくりしました。僕は、これからさあ本屋でも行って、とか、波を見て、とか思っていたら、それをボンと貸してくれたので、大いに役に立ちました。

――じゃあおもしろ写真ですか、そのときは。海は見にいらっしゃいましたか。

小田部　写真でした。もちろん実際に水を動かしてもみました。海にも行きました。

――炎はどうですか。

小田部　炎や水、雷のことを「自然現象」と呼びます、「キャラクター」

と対比して。自然現象の中でも特に大変なもの、炎よりも大変なのは水です。炎はふわーっとした気体ですから変化していれば割とそれらしく見えます。水は、重力との関係で動きます。当時、漫画映画に出てくる波は複雑で、しぶきを描いたり波頭を描いたりして、大変でした。それで、「そんな波を描くの嫌だな」と思っていたら、『太陽の王子』で僕に波のシーンと炎のシーンが来てしまった。後で僕のパートナーに、「あなたは手が遅いから他の人の邪魔をしないように、面倒くさいとこを上げてほしかったのよ」と言われて、「そうか」と思いました。そのときの波はリアルな波でした。それで、「面倒くさい」と思っていた。そうしたら『どうぶつ宝島』で、池田宏さんが「とにかく誰にでも描ける、スケジュールが短縮できる波を作ろう」と言って、一カ月くれたわけです。それで写真を見たり本物を見たりして、なるべく簡単で、動きも単純な波はできないかと思って、あの波が完成しました。

――「宝島のバスクリン」ですね（『どうぶつ宝島』における波。海は一般的な波の表現である青色ではなく、入浴剤・バスクリンのような蛍光緑色だった）。

小田部　そう。でも後でね、「あれは琳派ですね」と言われたりする！　自分では意識していなかった。大和絵のことは思いましたし、『わんぱく王子の大蛇退治』の頃にも確かに様式化しようと思って描いていた。でも琳派と言われて、「なるほど、あのうねりを曲線で表現するのは琳派だな」――そう言ってくれたのはみなさんと同じ、大学の先生でした。

――型でしょうか。小田部さんがついてらっしゃったのは、前田青邨先生と須田珙中（きょうちゅう）先生ですよね。須田珙中先生にも『篝火』という火の絵があります。東京芸

『浦島明神縁起』（京都・宇良神社蔵）第六紙。小松茂美編集・解説『彦火々出見尊絵巻　浦島明神縁起（続　日本の絵巻　19）』中央公論社、一九九二、五七頁

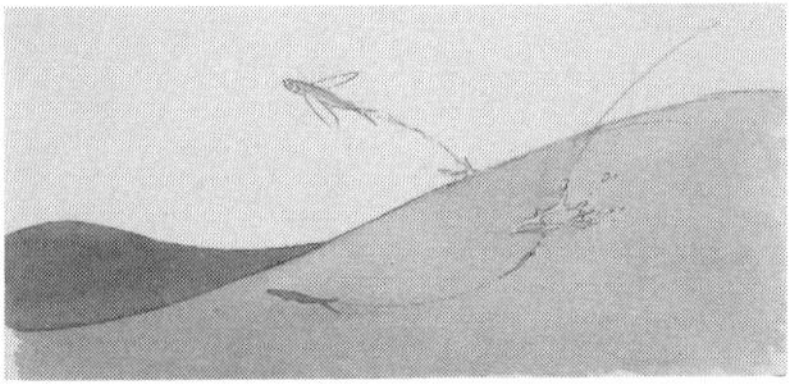

『どうぶつ宝島』の波の表現。『小田部羊一アニメーション画集』（アニドウ、二〇〇八）八四頁

大の先生方からは、どういうふうに具体的な日本画の手法を学ばれましたか。

小田部　いや、どの先生も具体的になんか何も教えてくれません。僕らは先生の絵を見る。あるいは毎週一回、ご回診のように、自分の描いた絵を立て掛けているところに、ずかずかっと来て、一言「いいね」とか「色が濁ってるね」と言われるぐらいでした。手を取って「こう描きなさい」と教えられたことはない。日本画の院展——美術院は、「絵には教師なし、先輩あり」、「教習なし、研究あり」という方針でした（日本美術院展（院展）を主催運営する日本美術院は、岡倉天心が創設し、天心の没後一周年にあたる一九一四年に横山大観、下村観山らによって再興された。その際に掲げられた「日本美術院三則」の第二則は「日本美術院ハ芸術ノ自由研究ヲ主トス、故ニ教師ナシ先輩アリ、教習ナシ研究アリ」）。その伝統で何も教えてくれない。だから先輩から学びとる。クラスメートから、あるいは絵を見ることからしか、受け取ることはできませんでした。

——小田部さんは人物と風景のどちらがお好きでしたか。

小田部　僕は人物のほうが好きでした。前田青邨先生も「人物を描けば絵の上手い下手が分かる」「人物にはすべてがあるから」とおっしゃっていました。「すべて」とは、たと

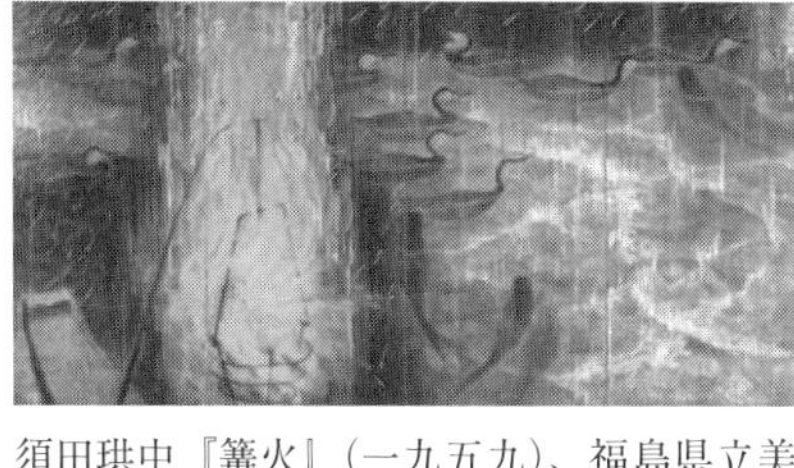

須田珙中『篝火』（一九五九）、福島県立美術館所蔵

前田青邨「洞窟の頼朝」（一九二九）、大倉集古館所蔵

小田部氏の東京芸術大学卒業制作「裸婦群像」（一九五九）。『小田部羊一アニメーション画集』（アニドウ、二〇〇八）二八八頁

えば、膨らみや立体。「人物描かなけりゃ駄目だ」と言われていましたし、風景はあまり興味もなかったから、ほとんど描いていません。描いても成功した例がなく、人物のほうが好きでした。

——アニメの絵に携わるようになってからはいかがですか。得意な絵と苦手な絵、描きたい絵と描きたくない絵はありますか。

小田部　僕は子どもの頃から漫画を写したり、手塚治虫に憧れてたり、ディズニーの絵を写したりしていましたから、やっぱり人物や動物です、描いていたものは。だから、キャラクターに関しては好き嫌いはなかったです。ただ機械的なものにはあまり興味が持てませんでした。

——宮崎駿さんとは逆ですね。

小田部　そうかもしれない。でも機械でも、漫画っぽい機械は好きでした。いわゆる理屈にあった、理屈っぽいものは、あまり興味はなかったです。だからロボットも描きましたし、自動車も描きましたけど、みんな漫画っぽくて、動けばぐにゃってなるかもしれないものとしてつかまえていましたね。

中島氏の道のり
カメラマンからプロデューサーへ

——アニメ制作に至る背景を、カメラマンとしてスタートされた中島さんにもうかがいたいと思います。カメラに興味を持たれたのは、どのようなきっかけですか。

中島　中学生ぐらいのときにカメラを買って、近所を撮影したりしていました。「何になるか」を考え、最初は「報道カメラマンになりたいな」と思いました。でも結局そちらには行きませんでした。大学三年のときに、たまたまアルバイトで新東宝という映画会社の宣伝用の写真を撮りに行き、撮影所の人たちと知り合いになりました。昭和三六〔一九六一〕年、日本でもちょうどテレビ映画を作り始めた頃のことです。東映がテレビ映画を作り始めたときに、たまたま知り合いがいて、「仕事あるから来ないか」と言われ、学校を卒業してテレビの宣伝用の写真を撮っていました。当時は、映画も宣伝用の写真も撮影所が作っていたから、テレビ映画もそうしたわけです。だけどすぐに——働き始めて一年目で、宣伝の仕事はテレビ局の子会社がするようになって、撮影所でやらなくなった。それで僕はフィルムの編集に行きました。

——なぜ編集に？

中島　一番楽そうだったから（笑）。

——実際はどうでしたか。

中島　楽ではありませんでした。僕は一時間番組の刑事物の宣伝写真を担当していました。当時は番組自体を一週間で撮っていました。一週間で撮影が五日、一日がアフレコ、その次の日がダビング。五日の撮影のうちの二日ぐらいはセット。刑事物だから、犯人を取り調べたりするような、部屋での撮影。三日ぐらいはロケ。外で車が走ったり、駆けだして犯人を追い掛けたりする。そんなふうにして、一時間ものを一週間で作る現場を初めて見ました。

　その頃はほんとうに職人さんみたいな人たちがいました。テレビ映画もお金がないから、映像は一六ミリのフィルムで撮影します（映像のフィルムはサイズによって区別され、「八ミリ」「一六ミリ」「三五ミリ」等に分類される。面積が広いほど情報量が増えて画質が上がる半面、高価になる）。音声は――シネテープってご存じですか。録音用の、音のテープ。映像用のテープと録音用のテープが、どちらも一六ミリ・一六ミリなら、同じ長さで比べられるわけです。「せりふの長さがこれだけあれば、口が動いてるのはこのぐらい」でぴったり合います。ところが音のフィルム（シネテープ）は高いから、六ミリのオープンリールのテープで録音します。映像は一六ミリで、音は六ミリでとります。六ミリでとったものをアフレコのときに見ると、やっぱり口が動き始めてからしゃべるから遅れるわけです。（「シネテープ」は、磁気形式の音声記録媒体。映像を撮影するフィルムと同じ幅・同じ形状で、一定間隔で送り穴（パーフォレーション）も開けられているため、編集時にフィルム映像とコマ単位で音を合わせることが容易にできる。「オープンリール」は、テープを巻いたリールが単独で存在する形態の音声記録媒体。テープ幅が1／4インチ、1／2インチ、1インチ、2インチのものがあり、業務用の1／4インチ（約6ミリ）の録音フィルムを「六ミリ」と通称する。オープンリールは専用の記録再生装置で音声を再生するため、映像と合成させるのが難しい。）それを全部一回見て、そのフィルムとテープを切って足して、切って足して……。で、パッと合わせると合うんですよ。そういうプロの仕事を見て、すごく勉強になりました。でも、編集部に行ったときには、相当しごかれました。録音部と編集部は、いつも最後の仕上げですから忙しくて時間がない。

　そういうところで仕事をしていたら、フジテレビの友達から「子会社でアニメーション始めるから来ないか」と誘われて移りました。だから一年写真、一年編集をして、今度はアニメーションの編集をしたんです。それからしばらくしてまた別の会社に引っ張られたのですが、そこはつぶれて、次に瑞鷹に行くことになりました。

　そこでたまたまアニメに関わるこ

とになりました。僕は「もうアニメは嫌だから」という理由で、ＣＭの世界に入ったのですが、瑞鷹でＣＭの営業を始めたら、実績もないし、なかなか仕事が取れない。そういうときに『ロッキーチャック』の企画があり、キャラクター作りが難航していました。スタッフが頭を抱えているのを見て、「僕もアニメをやっていたことがあるから、誰か知り合いに声を掛けてみようか」と口を出した。そうしたら「じゃあ」と頼まれて、すぐ友人に声をかけました。出来上がったキャラクターを社長が気に入って、結局、『ロッキーチャック』が始まるときに放送のプロデューサーをやることになりました。

――うかがっていますと、ほんとうに、カメラマンからのスタート、何分何秒のフィルムを切り貼りする厳しい修業時代、一つ一つの経験が、その後のプロデューサーの人生につながっていったのですね。

中島　そうですね。ＣＭは三〇秒や一五秒ですが、三〇分のものも同じことです。

長いか短いかだけで、やることは全部同じです。ＣＭでもやっぱり、企画を通して、カメラマンや役者を呼んで、撮影して、編集して、音を付けて、納品する。長くても短くてもすることは同じです。

――基本は一緒なのですね。いったん休憩を挟みまして、この後、質疑応答の時間を設けたいと思います。長時間にわたってインタビューにお答えいただいた、中島さんと小田部さんに拍手をお願いします。

休憩時間中も話は尽きなかった。

第二部　質疑応答

『アルプスの少女ハイジ』以前
小田部氏の場合

——まず小田部さんに。日本画からアニメーションに転身されたお話をとても面白くうかがいました。日本画は静止画です。私のような素人には、止まっている絵を描くのと絵を動かすのは、全然違う技術のように見えます。「動かす」ということについて、もう少し詳しくうかがいたいです。

小田部　漫画も日本画も止まっています。だけど手塚治虫さんの漫画でも、ディズニーでも、必ず動きを感じます。初めてアニメーションを描いたときには、実際に動かすにはどうすればいいか分からない。でも、ちゃんとそれぞれに養成機関があります。われわれの頃は動画からスタートします。動きのポイントになる絵を「原画」と言います（原画を描く役職の人も表す）。「第二原画」という役もあった。第二原画は、動きのポイントをクリーンアップして、その間にもう一つ「間のポイント」を描いて、間の絵もクリーンアップする。僕は、ポイントとポイントの間を作っていくことから始めた。人の描いたものの間を作っていく、描いていくことから始めて、幾つかの作品をやって、だんだん動きを覚えて、ポイントになる絵も作れるようになる。そうすると自然に、「そろそろ（第二原画よりさらに技量を必要とする）原画にならないか」とかね。三年ほどで、何人かが原画になりました。僕は、『わんぱく王子の大蛇退治』のときにピックアップされて、「キャラクターも作ってみないか」と言われました。（「原画」は動きの鍵になる絵で、動作のポイントになる動作の頂点、あるいは始点と終点、その中間の位置など、動きをつける際に動画指示として描かれる絵のこと。もしくはそれを担当する人を指す。「クリーンアップ」は、原画のラフな線を清書してその後の工程に回すこと。）

——実力を見込まれたのですね。

小田部　実力というか、——昔は「班編成」というのがありました。原画の下に今でいうアシスタントがいて、また動画がいる。そういう班が幾つかあって、班長が推薦してくれるシステムがあった。要は、誰かがちゃんと仕事を見ていて、ピックアップしてくれる形がありました。

——劇場映画とテレビアニメーションでは、作り方は随分違いますか。

小田部　違う、違う。劇場だとフルアニメーションや二コマ撮りが基本でした。だから動きの（動画の）枚数も使う。でも、テレビにはスケジュールがある。僕らの頃は、テレビはある意味ばかにしていた時代です。「テレビなんてのは気楽にできるもんだ」と東映時代は思っていたし、宮崎駿だって多分そう思っていた。そんな中で自由にアイディアをぶち込み好き勝手なことをやって、またその中から動きを見つける。あるいは三コマ撮りで枚数を節約する。でも、三コマは三コマなりの表現の仕方――スピード感とか、二コマにはないものを三コマの中で見つけた。たとえばフルアニメーションの一歩は、三コマだったらどれぐらいだったらいいのか、いろいろなことを試行錯誤しながら、作ったり覚えていったりしました。『ハイジ』も基本三コマ撮りで、正面に来るハイジは四コマ撮りでした。かなり粗いんだけど、仕方なくて。正面だけは、少ない枚数で四コマでも大丈夫なように作っていました。（一秒間に二四枚の絵を動かすアニメを「フルアニメーション」と呼ぶ。「二コマ撮り」は、一枚の絵を二回連続で用い、一秒間に一二枚の絵を動かす。「三コマ撮り」では一秒間に八枚、「四コマ撮り」では一秒間に六枚の絵が動く。）あのとき失敗したなと思うのは、第一話でハイジがおじいさんを見ながら歩いてくるところで、ズルッズルッと背景とずれるところがあるんですよ。フルアニメーションにしていれば、地面と合った動きにできたのですが、倹約したためにおかしい部分がありました。

――小田部さんは日本画を始める前から、手塚治虫やディズニーを好きで描いていらしたのですよね。手塚治虫やディズニーのような開拓者は、いろいろな動かし方をしていますよね。人の体がびょんと伸びたり。アニメだからできる実験的な表現を小田部さん自身はされましたか。もちろん波を描くのはそれに入ると思います。意識的になさったことはありますか。あるいはこっそりなさったこともありましたら教えてください。

小田部　いやいや。こっそりも何も、東映作品でそういう場面はたくさんありますよ。いろいろな表現を自然に覚えていき、特に区別は付けていませんでした。「これは駄目」、「これはいいんだ」と動きを区別することはなく、何でも動かす。

――それではアニメの表現は、「何でもあり」という形ですか。私が気になるのが「枠」です。劇場映画にしてもテレビのアニメにしても、基本、スクリーンの「枠」がありますよね。漫画だと、コマ割りを自由にできますし、コマをぶち割ってキャラクターがとび出すような表現もできます。アニメの表現は、動きとしては何でもありで何でもできそうで、でもあの枠は出られない。作っていらっしゃる方の意識はどうでしたか。

小田部　いいえ、アニメーションでも、先輩が、「動きを作るときに枠の中だけでやっちゃ駄目」と、ちゃんと教えてくれましたよ。「むしろ枠をはみ出して動かさないとちんまりしちゃうんだ」と。だから平気で枠の外に出して「大きく動かそう」「切れるぐらいにやれ」という気持ちで描いていました。

――そうしたことは、先輩から教わる形で

したか。それとも、先輩がやってることを盗む形ですか。

小田部　特に大塚さんは、そのことをよく教えてくれた。さっきも言ったように、東京芸大のクラスメートにとって日本画とアニメーションとは完全に隔たりがあったけれど、僕は昔から好きだったから、「とんでもない世界に行くんだ」とは思っていない。むしろ「自分が好きだった仕事場に行くんだ」という気持ちでした。そこで日本画との類似点を見つけたりして、全然違和感なくいきました。

——お話をうかがってると、小田部さんの絵やアニメーションの動きの表現に関しての体験や人生はすごく幸せに聞こえます。

小田部　本当に幸せですよね！
　僕らが少年の頃に見た漫画映画の歴史があるわけです。昨日も高畑勲が講演で、「日本の漫画映画の父」政岡憲三について話しました。——『くもとちゅうりっぷ』（一九四三）ってご覧になったことあります？　あと『すて猫トラちゃん』（一九四七）。——それらを上映しながら、昔の漫画映画の良さを楽しもう、という講座でした。その頃はちゃんとキャラクターが動いている。僕も子ども時代に、動いて温かみのあるキャラクターに惹かれて、いつの間にか好きになりました。ですから、アニメーションに行くことは何の違和感もなかったし、そういうものを表現したいなと思っていた。東映動画にはそういう映画の流れがありました。先輩の森康二さんたちがちゃんと引き継いでいた。その先輩の動きを見たり形を見たりして、いつかああいうものが描きたいと思う気持ちでいたら、自然にできるようになりました。幸せですね。

——聞いていてうらやましいような。こちらもうれしくなってしまいます。

小田部　苦労してる人はいましたよ。たとえば僕のパートナー（奥山玲子氏。『白蛇伝』、『狼少年ケン』、『魔法使いサリー』、『ひみつのアッコちゃん』で動画、原画、作画監督など。『龍の子太郎』では小田部氏とともにキャラクターデザイン、『冬の日』の担当パートは小田部氏と共同制作。NHK朝の連続テレビ小説「なつぞら」の主人公奥原なつのモデル）は、東映の一年先輩なんです。新聞広告に「動画要員募集」とあったのを、「わらべが（童画）」だと思って、入社試験を受けたら受かっちゃった。ところが彼女は負けず嫌いだから、女性なのに何とか先輩に追いつけ追い越せと、とうとう女性で最初の作画監督になるぐらい頑張って、枚数も描くし、労働組合の先頭にも立っていました。だから、肌に合わないけど、頑張って追いついていく人もいる。僕は好きでやっていましたが。芸大のある先輩は――油絵なのですが――描く絵が、われわれが見ても堅いし、辛そう。ところが東映動画を辞めて、美術家として大成した。現代美術では知らない人がいないぐらいの美術家になった。

――志を守ったんですね。

小田部　アニメが嫌いで美術界に行ったり、東映にはいろいろな人がいました。いろいろな人がキャラクターを作っていくように、いろいろな人が育っていくから、土壌としては面白いですよね。たとえばジブリは、今、宮さんだけが有名になって、ああいうふうなものを作らないといけない、それだけになったけど、東映時代はいろいろな個性が集まって作れた。「そのほうが面白いものができるんじゃないかな」と思うこともあります。

『アルプスの少女ハイジ』前後
中島氏の場合

――今度は中島さんにうかがいたいです。アニメーションと実写で、プロデューサーのお仕事は随分違うのでしょうか。

中島　本来のプロデューサーは、自分で企画を立てて、お金とスタッフを集めて作品を作るのでしょうが、僕らの場合は、会社から来た企画を受け、制作現場に立って、全体の流れを見ながら、作品の制作を管理します。ほんとうは、スケジュールと予算の管理が中心になると思います。

――先ほどは音楽についてうかがいましたが、スタッフの選定やキャスティングにも深く関わっておられましたか。

中島　スタッフはそんなにたくさんいるわけではないから、「こうしたい」「ああしたい」という希望はほとんど通せません。「こういう人にやってもらいたい」と言っても、なかなかそうもいかないのが現実です。

――携わった作品には中島さんのカラーがよく出ているように感じます。作品の方向性を決めることもあったのでしょうか。

中島　『ハイジ』のときに経験したことから、あのシリーズ〔「世界名作劇場」シリーズ〕全体で一番気をつけたのは本〔脚本〕作りです。一年間アニメをやる場合に、ちょうど良い原作がたくさんあるわけではありません〔原作のストーリーを単純に追うだけでは、一年分のアニメの分量にならない〕。だからどういう形で膨らませるかが重要で、本を書く人を選ばなくてはいけない。それから、物語を進行させるときに、日常や生活をなるべく細かく描くように心掛けていました。――僕はそのことが一番重要だと思っていました。それは『ハイジ』の成功があったからです。

　原作を読んで、たとえば「たった二行だけど、その二行が膨らませられるな」と思うと、「この二行で一話の本を書いてもらえないか」と発注しました。ほとんどオリジナルの話になりますが、前後の関係があり、その二行は制約の中でしか膨らませられないわけですから、混乱は少なかったように思います。限られた登場人物たちだけのやりとりでストーリーを展開してもらいたいという希望はありました。だから、作品が変わっても同じようなスタイルになっていたのかもしれません。

『アルプスの少女ハイジ』日本での受容

――先ほど『アルプスの少女ハイジ』は、「評判がだんだん良くなった」とうかがいました。視聴者からの反響の中に、話の展開に関する要望はあったのでしょうか。

中島　詳しく記憶していませんが、『ハイジ』では、「こうしないでほしい」「ああしないでほしい」という反応や投書はあまり記憶にありません。『フランダースの犬』のときはたくさんありましたけど。

――たとえばロッテンマイヤーさんにハイジを叱らないでとか、ユキちゃん殺さないでといった要望はありませんでしたか。

中島　いや、覚えてないな。そういう話はあまり聞いたことがないような気がします。

――では、視聴者が増えていって、子どもにも大人にも受け入れられているという感触を得られたことはありますか。

中島　『ハイジ』の頃はカルピスさんの一社提供で、カルピスさんが「うん」と言わないと特番が入れられません。四月と一〇月の第一週は、よその局は特番を入れるから、本音を言えばフジテレビも特番を入れたい。あるいは日本シリーズなんかを入れたい。でも、カルピスさんが「嫌」と言えば、もう特番は入れられない。ですから、五二話が可能でした。それが一社でなくなって――三社や四社になれば、テレビ局の編成のほうが強かった。だから僕は、そういう点ではすごくやりやすかったです。カルピスさんさえ「うん」と言えばいいわけですから。

だからその頃には、テレビ局から細かいいろいろな注文は出なかった。担当者も割と任せてくれていました。でも、テレビ局の編成担当者が若い人に代わっていくと、(仕事の仕方も)だんだん変わっていきました。『ハイジ』や『三千里』は、高畑さんと僕とシナリオライターと三人でシナリオを作っていましたが、終わりの頃にはテレビ局の編成の人が入ってきた。編成の人が「シナリオは誰々に頼みたい」と言って、意見が対立したりするようにもなりました。『ハイジ』の頃はそういう点では恵まれていました。僕ら自身がスポンサーに保護してもらっていた部分もあると思います。

でも『ハイジ』の後半ぐらいのときに、虫歯の話になって、カルピスが売れなくなった時期があります。

――「カルピスを飲むと歯が溶ける」といううわさが流れたそうですよね。

小田部　甘いものね。

中島　カルピスは実際には全然問題ありませんでした。でも、そういうキャンペーンを張られて売れなくなって、それまでは高級品扱いだったのが、スーパーに出るようになり、カルピコという缶入りジュースを出したのですが、それでも全然売れなくて、それで、『赤毛のアン』が最後になりました〔『赤毛のアン』（一九七九）は花王との二社提供、『トム・ソーヤーの冒険』（一九八〇）以降は他社の提供〕。

小田部　その前からカルピスはペーターの歯、心配していたのかな。

中島　いや、違います。そうは言わなかったけど小田部さんが描いた……。

小田部　みそっ歯というか、前が抜けた歯に描いて、それを持っていったんだよね。

中島　そうです。それを見せたときに、「……。歯がないのはまずいよね」と言われて、「ああ、そうですか。じゃあ描き直しましょう」。「キャラクターを直してください」と言えないから、「口閉じたの描いてください」。で、口を閉じた笑い顔を持っていきました。

小田部　それほんとうなの？

中島　ほんとうだよ。

――プロデューサーの腕ですね。さすが敏腕プロデューサー。

中島　それで「まあいいでしょう。これならいいね」とオーケーがもらえました。

小田部　「開いたらどうなる」と言わなかったの？

中島　あ、いや、動き出したらそういう話は一度も出なかったです。「虫歯だ」とか、「歯がないじゃないか」なんて言われませんでした。

――作中で三年ぐらいたってるのに歯が生えないですよね、ペーター。

中島　ペーターは、歯がないのが、ものすごくいいキャラクター。僕自身もこのままでいいと思ってますから、ただオーケーさえ取ればいいじゃないですか。そういうことはいくつもありました。

――いくつも！　他の例もうかがいたいです。

中島　『ハイジ』とは別の作品のときのことです。日曜日放送で、木曜までに納品する約束でした。それが、金曜日になり、土曜日になり、土曜日のお昼になってしまったこともあります。当時はプリントを四本取っていたんです。東京の放映分の他に地方に持っていく分がある。仕上がりが遅れると、現像場で待機して、プリントが一本上がるとそれを持って東北、次に一本上がると今度は四国に行く、そういう時代もありました。キー局にはシネテープを納品して、地方はオプチカルの音だけ納品していたのですが、やっぱり別々に出しますから、たまにミスがありました。そのために、オプチカルの音を、フィルムにくっついてる音に急いで切り替えたことも、一回ぐらいあったかな。（「オプチカル」は、「オプチカル・サウンド」の略で、音を光学的（オプチカル）な信号に変換して記録・再生する。磁気記録式のシネテープに比べて安価だが、音質は落ちる。」）

『アルプスの少女ハイジ』海外への展開

――先ほど「アニメで世界に進出したい」というお話がありました。小田部さんは「自分が作るのはちょっと」という意識があったというお話でしたが、中島さんは日本のアニメを世界に売るお仕事にも関わられたのですよね。

中島　「海外に売りたい」と言い出したのは僕ではないけど、『ロッキーチャック』の頃からありました。当時の瑞鷹は七人ぐらいしかいない小さい会社でした。社長に「海外に売りたい」という理想を語られたときに、「一緒にやりたい」「海外に売れたらどんなにいいだろう」という思いになりました。「売れるように作らなきゃいけない」。そう思って取り組みました。

――海外に売ることを目指すと、作り方やプロデューサーのお仕事は変わりますか。

中島　分からないながら、動き、しぐさが日本人独特だったりしないように、気を付けていました。

――作画する方々に、そういう注文を出しましたか。

中島　僕は、直接は注文していませんが、そう心掛けていました。高畑さん自身も、充分納得した上でやっていたと思います。ベータ・フィルム（Beta Film。一九五九年創業の配給代理店。二〇一九年現在、一六五か国に顧客を持つ。『ハイジ』等の配給を手掛けた）の鈴木友輔さんが「ドイツの会社に『ハイジ』を持って行ったんだけど、ドイツの会社がドイツで売る自信がなくて、最初にスペインに売った」と話されていました。スペインでは、放送時間に子どもが街から消える状況になり、賞ももらいました（一九七五年に「テレラジオ誌海外テレビ番組最優秀賞」を受賞）。でも、スペインでは、日本の作品だと誰も思っていないでしょう。スペインの後はイタリアです。

小田部　中島さんに聞きたいのは、スペイン語版はオリジナルのオープニングの曲のままで、歌詞が違うだけなんです。ところがスペインでヒットして、ドイツはその後、まだ信用できなくてイタリアに売ったんですか。

中島　そうでしょうね。

小田部　ところが今ヨーロッパで流れているのは、日本とは別の節なんです。その辺りはどうでしたか。

中島　それは売るときの条件だと思います。細かいことは分かりませんけど、ドイツはドイツ一国ではなく、ヨーロッパ全域の放送権を買ったわけです。ドイツがスペインにどういう形で売ったかは分かりませんが、小田部さんの言うように、スペインは日本の音楽をそのまま使ったわけです。それでスペインでは大成功した。ドイツではその大成功を知った上で、音楽を取り替えれば、音楽の税〔印税〕の収入は、全部自分のものになる。音楽を取り替えても〔音楽に関する〕収入の半分はあっちに、半分はこっちに渡す契約になっていると聞いていましたが、実際は分かりません。「売りたい」「海外に出たい」という強い気持ちはありましたが、どういう形でどういうふうに進出していくのかは手さぐりでした。ドイツに売れたのは、ドイツのベータ・フィルムの支社が日本にあって、瑞鷹との関係があったからなんです。日本支社の社長と高橋さんがご学友でした。

小田部　昔、ドイツの新聞記者にインタビューを受けて、「ドイツやヨーロッパのアニメ関係者は金持ちになってるけど、おまえはどうだ?」と聞かれて、「僕は著作権を持ってないから」と答えた。「持ってれば、おまえは大金持ちになったな」なんて言われたことがあります。それで、気になるのが、『ハイジ』の楽曲は、なぜドイツで作らずにイタリアで作ったんですか。イタリアの人が、「作曲はイタリア人だ」と言っていたんです。「その人は大金持ちになった」と。そのあたり詳しく知らないんで、教えてほしいです。

——イタリア版とドイツ版についてざっと調べてみたのですが、オープニングテーマの作曲はどちらもクリスティアン・ブルーン〔Christian Bruhn〕というドイツ人のようです。一九三四年生まれで、『母をたずねて三千里』、『キャプテンフューチャー』〔一九七八年一一月七日から一九七九年一二月一八日までNHKで放映。東映動画。ドイツでは一九八〇年九月二七日からZDFで放映〕、『ふしぎの国のアリス』〔一九八三年一〇月一〇日から一九八四年三月二六日までテレビ大阪系列で放映。日本アニメーションとドイツのアポロフィルム（ドイツ）の共同制作。ドイツでは一九八四年一〇月からZDFで放映〕の曲も作ったようです。イタリア版は、ドイツの曲にイタリア語の歌詞をつけたものではないでしょうか。

中島　みんなその国その国で作って、もうけたいのです。ドイツはドイツで作って、イタリアに売るときは、これをそのまま使うよう、条件をつける。

小田部　そうか。そういう訳か！

イタリアに行ったとき、アニメーション学校の生徒たちが歌ってくれてね、僕は知らない歌なんだけど、合わせなければいけない。でも、これはこれで、楽しい曲でした。

――『小さなバイキングビッケ』（ZDFとズイヨー映像の共同制作。一九七四年四月三日から一九七五年九月二四日、フジテレビ系列）、『ニルスのふしぎな旅』（ベータ・フィルムと学研の共同企画、制作はスタジオぴえろ。一九八〇年一月八日～一九八一年三月一七日、NHK）も、児童文学が原作で、ドイツとの合作ですね。

中島　日本のテレビアニメーションは、手塚治虫さんから始まりました。聞いた話では、手塚さんはアトムが動いているのを自分が見たかったそうです。売り込んだのか乗ったのかは分かりませんが、テレビアニメの第一号は漫画から。だからそれ以後もずっと漫画からになっていて、端鷹の高橋さんたちが手掛けたように、物語を原作にしてキャラクターや設定から全部作るのは、この枠が初めてでした。

タツノコプロも、『ピノキオ』を翻案した『樫の木モック』（一九七二年一月四日から一二月二六日までフジテレビ系列で放映）、『みつばちマーヤ』と同じくミツバチを主人公にした『みなしごハッチ』（正式名『昆虫物語　みなしごハッチ』。一九七〇年四月七日から一九七一年一二月二八日までフジテレビ系で放映。一九七四年に続編の『昆虫物語　新みなしごハッチ』、一九八九年にリメイク版が放映された）を作りました。僕のところは、『ハイジ』がドイツ文学を原作としたアニメ作品としてうまくいったものですから、ドイツから制作依頼を受けて『みつばちマーヤの冒険』を作りました（一九七五年四月一日から一九七六年四月二〇日にテレビ朝日放送系列で放映。原作はドイツのワルデマル・ボンデルス『みつばちマーヤの冒険』（一九一二）。『マーヤ』もドイツではものすごく成功して、続編を作りたいと言ってきたんです。そのときはうちの会社が忙しくて引き受けられず、ドイツは違うプロダクションに発注して、二六本作りました（『新みつばちマーヤの冒険』。一九八二年一〇月一二日から一九八三年九月二七日、テレビ東京系列で放映。制作として日本アニメーションとテレビ大阪がクレジットされるが、スタッフやキャストが大幅に異なる）。ネズミが主人公で、マーヤの世界にネズミが入ってきて、新しいキャラクターで展開する話でした。

『アルプスの少女ハイジ』宗教の表現

――海外の児童文学作品を日本でアニメ化するときに、日本になじみのない風習をど

う描くかが問題になると思います。原作はキリスト教色がかなり濃い作品ですが、アニメ化に際して宗教の描写はどのようにされましたか。

小田部　これはもう監督に聞かなきゃ分かりませんね。僕はわざと宗教的なものをなくすようにしたと聞いています。

――わたしもそのようなイメージを持っていました。でも、実際に見てみると、意外と宗教的な場面が残っていて、びっくりしました。

小田部　そうですか。おばあさんの、あのシーンかな？〔フランクフルトで文字が読めるようになったハイジが、ペーターの盲目の祖母に讃美歌を読むシーン。比較的長い讃美歌をハイジが朗読し、おばあさんに頼まれて主要な節を繰り返す。〕

――あの場面も、原作で引用されている讃美歌をかなり長く引用していますね。原作ではハイジが文字を覚えるきっかけになったのは、「放蕩息子の帰還」という新約聖書〔『ルカによる福音書』〕のエピソードを基にした絵本です。帰ってきた放蕩息子を父親が温かく迎える物語で、一度は神に背いた人間でも悔い改めれば赦されることのたとえ話です。ハイジがアルプスに帰ったとき、それまで信仰を棄てていたおじいさんはハイジから「放蕩息子の帰還」の話を聞いて教会に復帰します。フランクフルトのハイジにとっては、放蕩息子が牧場にいる挿絵がアルプスを思い出すよすがとなるのですが、おじいさんにとっては一度捨てた信仰を取り戻す根拠になります。アニメ版ではハイジが字を覚えるきっかけになった本は『かえるの王様』に代わっていて、おじいさんの信仰についての話題もなくなっています。一方、ハイジがクララのお屋敷で「放蕩息子の帰還」らしき絵を見てアルプスを思い出す、という原作にはない場面があって、この絵の形で「放蕩息子の帰還」モチーフをうまく入れています。

小田部　だから嫌みのない程度に残すべきものは残したのでしょうね、高畑氏は。

中島　テレビ番組として作るときに、特定の宗教に偏った表現は受け入れない、駄目ということになっています。でもヨーロッパの話は必ずキリスト教が土台になっていますから、消し切れない。高畑さんも相当苦労して基本的には描かないようにしていたと思います。だけど表われる部分、感じてもらえる部分については、やっぱり原作通りにして良かったなと思いました。高畑さんは宗教を描いているのではなく、物語の流れの中で、必要だと解釈して描いている、と考えていただいたらいいと思います。

『ハイジ』に関しては、原作で（宗教性を）色濃く感じるところは薄める。それは心掛けたのだろうと思います。出来上がってから引っかかって放送できなかったら大変ですから。でも、ヨーロッパへ持っていったときには、薄くても、それを感じてもらえたと思います。ほんとうに何もなくなっていたら、ヨーロッパの人は「あれ？」と違和感を覚えるかもしれません。やっぱり高畑さんは苦労しながら、（ヨーロッパへ）持っていく前提で、充分考えてくださったのだと思います。

——日本とは相当に異なる自然の描写についてはいかがですか。

小田部　実際に行くと、その土地には草が生え、花が咲き、牛のふんが落ちている。「ハイジの小屋」に行く途中には野生のシクラメンが咲いていて、それを春の雪解けのときに咲く花に使いました。自分たちが実際に行って感じたものを何でも取り入れながら作ったら、自然が入ったのであって、自然をふんだんに描写しようという意識はあまりなかったように思います。やっぱりロケハンに行ったことが大変重要でした。実際に山を登ったりね。

『アルプスの少女ハイジ』以降　中島氏の場合

——今日は、『ハイジ』中心にお話をうかがってきましたけれども、『ハイジ』以降、高畑さんと一緒に仕事をされなくなってからも、お二人それぞれがすばらしいお仕事をされていています。中島さん、日本アニメーションの「世界名作劇場」シリーズについてお聞かせ下さい。

中島　『ロッキーチャック』から『赤毛のアン』までの七年間は僕がやり、その後、松土君（松土隆二氏。東京ムービー（現トムス・エンタテインメント）、ズイヨー映像を経て日本アニメーションでプロデューサーを務める。『母をたずねて三千里』と『ペリーヌ物語』は中島氏とともにクレジット、『トム・ソーヤーの冒険』『牧場の少女カトリ』までプロデューサーとして単独クレジット。その後も、『私のあしながおじさん』、『トラップ一家物語』は立川善久氏とともにクレジット。『宇宙船サジタリウス』なども手掛け、一九九三年にベガエンタテイメントを設立）にバトンタッチしました。五年後に、また僕が同シリーズの担当になりました。そしたらそのときには、テレビ局がみんな若い人になっていました。それでもう（僕が）扱いにくい人になっていた。自分の子どもと同じぐらいの人が、「もうそろそろ引っ込んでほしい」「若い人同士でやらせてほしい」と。

『ピーターパンの冒険』（一九八九）は、立ち上げるまでやりました。『ピーターパン』は、イギリスの子ども病院が著作権を持っています（原作者ジェイムズ・バリーは、一九二九年に『ピーターパン』の著作権をロンドンのグレート・オーモンド・ストリート病院に寄付し、一九三七年に死去）。交渉すると子ども病院は、「自分たちはいいよ」と。「ただディズニーと契約している。病院としては差しつかえないので、あとはあなた方がディズニーと話してほしい」という話になった。それでディズニーと随分やりとりしたのですが、向こうは、「海外売りは全部うちにやらせろ」みたいに高飛車だった。で、こっちは「駄目」と譲らない。そういうことをやっているうちに向こうの担当者が代わって、返事が来なくなりました。もう制作に掛かる時期になって、それで制作を始めました。

　前に一度絵本でピーターパンがグリーンの洋服を着ていたら、ディズニーからクレームがついたという話を聞いていました。

――でも、服は元々グリーンじゃないですか？　福音館バージョン（F・D・ベッドフォード画）の表紙もグリーンですし。

中島　確か、原作には「枯葉色」と書いてあります。それで僕は茶色にしました。その後、（プロデューサーを）外れて営業に回りました。

――『若草物語　ナンとジョー先生』（一九九三。『第三若草物語』が原作）で再びプロデューサーをなさったのは、『愛の若草物語』（一九八七）の続編だからですか。

中島　そうです。

――プロデューサーをされていないときには営業をされていたのですか。

中島　制作管理みたいな仕事をしていました。

――他のインタビューで、『赤毛のアン』が一番お好きとお答えになっていますね。長年関わられた中で、印象に残る作品と、それから、うまくいかなかった、あるいはちょっと残念な作品がありましたら、一作ずつ教えていただけますか。

中島　残念な作品。なんだろうな。『セーラ』のときはひたすらセーラをいじめろという話がテレビ局から会社に来ました。やっぱりテレビは視聴率です。だから、「もうかわいそうでかわいそうで見ていられないぐらいにかわいそうにしてほしい」という要望が何回かきました。それで、話を作るのがつまらなかった。「嫌だな」「もっといじめなきゃ駄目なのかな」と思いながらね。自分の思いは、基本的には――悪い人はいない。『フランダース』のときにもそうしたし、（『小公女セーラ』の）ミンチン先生なんかも悪い人、嫌なやつではなくて、「立場上しょうがないんだ」という気持ちでいました。

――ミンチン先生については、過去に幼いアメリアを連れて苦労し、今の地位についたという、原作にはないエピソードが入っていましたね。

中島　そういうつもり。「立場上そういう行動を取るんだ」と自分では思って、話を作るようにしていました。

――印象に残るほう、面白かった作品はいかがですか。

中島　やっぱり『赤毛のアン』が一番好きですね。苦労しましたしね。その頃、小田部さんも映画のほうに行ってしまってましたよね?

小田部　うん。ほんとうは『赤毛のアン』も作画監督をしてほしいと頼まれました。でも、「また女の子の似たようなのができたら嫌だな」と思って断りました。

『アルプスの少女ハイジ』以降
小田部氏の場合

——小田部さんは映画の後で、ゲーム『スーパーマリオ』のお仕事をされています。アニメ以外も含めてその後のお仕事をされる中で、中島さんや高畑さんと一緒にアニメの仕事をした経験が生きているなと思ったことや、印象に残ったその後の作品がありましたら教えてください。

小田部　『母をたずねて三千里』の後、自分がマンネリになるのが嫌で、会社を辞めたんです。

　ちょうど東映アニメーションから浦山監督〔浦山桐郎(きりお)。日活で『キューポラのある街』『私が棄てた女』『青春の門』。退職後『太陽の子』『暗室』『夢千代日記』。吉永小百合の新境地開拓や大竹しのぶのデビューを後押しした〕の『龍の子太郎』〔一九七九年三月一七日公開〕の話が来たので、そちらを選びました。

　『龍の子太郎』はやってよかったなと思っています。日本的な作品をきちんとやれた、民話が持つ力強さも表現できたと思います。監督の浦山さんは、日本の農村を描くということで、米作りを柱に考えていらっしゃいました。日本がまだ貧しくて、あまり食べられない時代を生きたという思いが根底にあるのでしょう。彼の作品は、きちんと本質を捉えていたと、僕たちは感じていました。東映に残っていた作画陣も頑張って、『太陽の王子』以来の力を入れてくれて、良い作品になりました。その後『じゃりン子チエ』は、高畑氏と一緒に作りました。それも面白かった。

　その後かな。フリーになったときに、任天堂に行っていた池田宏さん〔「小田部氏の道のり　日本画とアニメ」七五頁参照。東映動画退社後、一九八五年に任天堂に入社、情報開発部長として『スーパーマリオブラザーズ』シリーズなどゲームソフトの開発を担当〕から「ゲームやらないか」と声が掛かりました。「アニメーションが必要になるからとにかく来てくれ」と言われて、「一、二年ならいい」と思ってオーケーしました。

　一、二年のつもりが、結局二〇年いて、毎週、京都に通っていたんですよ。

——ゲームも動く絵ですから、ある意味アニメーションですよね。

小田部　そうなんです。マリオのゲームを見たときに、「あ、空間がある」と思った。崖から落っこちそうになったり、ヒューっと飛んだり。そんな空間を感じて、面白いなと思いました。コンピューター時代になって3Dになったときも、ある大学の先生は、「小田部さんが入ってから『マリオ』は変わりました」なんて！過大評価ですが、「アニメーション的になって、空間と動きが変わってきました」と言ってもらえました。

『ポケモン』は、肩書きは「アニメーション監修」となりましたが、アニメとゲームをつなぐ役をしただけです。動物の参考になるかと思い、動作そのものをアニメにして、ゲーム制作のチームに渡すと、それがとんでもない生き物に変わって描かれる。たとえば、カメレオンがシュッとベロを出す絵を描いて渡すと、『マリオ』のヨッシーがベロで敵をやっつけるという大胆なアイディアにして、ゲームの中に取り入れてくれたりするんです。その発想の膨らませ方が面白かったですね。

高畑氏が昨日の講演で、「政岡憲三からあるアニメーションの系譜を、森康二が受け継いで、それを僕が受け継いで、『ポケモン』にもなった！」と言ってくれました。

もう一つ面白いのは、『冬の日』（二〇〇三、川本喜八郎監督）。人形アニメーションの川本喜八郎さんが、いろんなアニメーション関係者に呼び掛けて、芭蕉の『冬の日』という連句をアニメーションにした。パートナーの奥山玲子が銅版画をやっていたので、彼女の絵で、僕がアニメーションで動かせるようにした。

――動画という根っこはずっと変わらないのですね。『冬の日』、奥山さんと小田部さんのところを見てみましょう。

小田部　（『冬の日』を見ながら）人形アニメーションの川本さんは、連句の知識をちゃんと持っていた。これはノルシュテインさん。素晴らしいんですよ。各々が前の句と自分の担当の句を、重ね合わせたり、わざと離したり、いろいろなことをします。

（奥山氏と小田部氏が共同制作した「消えぬ卒塔婆にすごすごと泣く　影法の暁寒く火を焼きて」の動画が出ると）

われわれはここです、「影法の」。前の句は島村達雄さん。

僕らのは、銅版画風にした。オーバーラップを使いながら、奥山の銅版画をそのまま使ったり、あるいは、僕が当たりをつけたところを、奥山が鉛筆で細かくエッチング風にしたり。ここなんかは僕が動きの形を作った。

次はアレキサンドル・ペトロフさんです。これもいいですね。これはガラスに絵を描いていく手法です。

――様々な様式でアニメーションができることが分かったので、次は全部銅版画で動かす作品を作ろうと話していたのですが、（奥山氏が）亡

『冬の日』より奥山玲子・小田部羊一担当「消えぬ卒塔婆にすごすごと泣く　影法（カゲボウ）の暁寒く火を焼（た）きて」の一場面。DVD『連句アニメーション　冬の日』（IMAGICA エンタテインメント、2003）13分06秒。

くなってしまって、それはできなくなりました。

——小田部さんは奥山さんと共同制作をたくさんされていますよね。わたしたち働く女性としては、「小田部さんが奥山さんのことを書かれるときの『パートナー』っていう書き方がいいよね」といつも話しているんです。奥山さんとのエピソードで心に残るものを一つうかがいたいです。

小田部　奥山が銅版画に興味を持ったのは、アニメーションに親しみすぎて、描く絵がすぐセルアニメっぽくなるのが嫌だった。そうしたら銅版画と出会った。奥山は元々ファッション画が好きで、学生の頃から得意でね、絵には興味を持っていたけど、アニメーションなんて知らずに東映に入った。生来の負けず嫌いで自分でリーダーシップを取って、女性で初めて作画監督をやり、組合での活動もする。

　女性は結婚したら退社、子どもが生まれたら退社という時代でした。「そんなのおかしい」と、先頭に立って会社とぶつかり合って自分がやりたいと思うことはやる人でした。結婚して子どもが生まれたときも、「絶対仕事を続ける」。僕もその姿を見てるから、当然家事は何でも一緒にやりましたし、保育所に子どもを連れていくために、好きでもない車の免許を取って運転しました。自然に協力する、一緒にやらざるを得ない、そんな人でした。何もかも全てやるわけです、生活も仕事も。だから女性はすごい！と本当に思います。

——奥山さんは、『アンデルセン童話　にんぎょ姫』（一九七五、東映動画、勝間田具治監督）で、女性初の劇場版作画監督を務められたとうかがっています。「プロジェクト人魚」として注目していたアニメです。この作品や、制作をされていた頃の奥山さんについて思い出話などありましたらお聞かせください。

小田部　僕は『ハイジ』で精一杯だったし、彼女も『にんぎょ姫』で一杯いっぱいでした。お互いが自分の抱えている作品で必死だったから、相手のことなど「知ったこっちゃない」（笑）という状況でした。時間の取り合いでしたね。

質問　小田部氏から中島氏へ

――最後に、もしお互いに聞きたいことが何かありましたら。

小田部　我々が作る前に構成が五二話分もあったでしょう？　高畑氏はそのとおりやるわけがないと思うけど、どうだったのですか。

中島　高畑さんが入ったときには、構成はもうできあがっていました。高畑さんと僕らで旅館にこもって、みんなで話して、構成を付け足すことはありました。スタートのほうはそういう流れでしたが、途中で変わったかどうかは覚えていません。

小田部　ヨーゼフ〔『アルプスの少女ハイジ』に登場するセントバーナード。原作には登場しないアニメのオリジナルキャラクター〕もそうだね。構成にあったのを使ったんですよね。

中島　プロダクションはキャラクターで商売をしたいわけです。だから、『ハイジ』のときは大きい犬を作った。他のアニメでもみんなそうです。

小田部　そうですね。動物が必ずマスコットのように。

中島　『三千里』のときはサルを作ってもらいましたね。でもやっぱり高畑さんは、ほんとうに上手に使ってくれるから、邪魔にならず、かわいく生かしてもらっています。

――作中でうまく機能していますね。

中島　その通りです。「犬を入れる」「入れろと言われたから、犬を入れる」と考えてとりあえず入れたとしても、上手に使えない人もいる。そして上手に使って画面で生き生きしないと、商品にはならないのです。

小田部　そうですよね。ヨーゼフは、どっしりとして、すごくいい。

――存在感がありますね。役に立つし。中島さんから小田部さんに、この機会に聞きたいことはありますか？

中島　小田部さんに？　みんなのいないところで聞きたいことならあります。

――じゃあ、後でこっそり聞いていただいて。どうも長時間ありがとうございました。（拍手）

小田部　羊一（こたべ・よういち）

一九三六年生まれ。東映動画、Aプロダクション、ズイヨー映像、日本アニメーション、東京ムービー新社で作画監督・キャラクターデザインなど、任天堂で開発アドバイザー、東京デザイナー学院、東映アニメーション研究所で講師などを務める。

制作に関わった作品・関連書籍

一九五九　少年猿飛佐助
一九六〇　西遊記
一九六一　安寿と厨子王丸
一九六三　わんぱく王子の大蛇退治、狼少年ケン
一九六六　魔法使いサリー
一九六八　太陽の王子　ホルスの大冒険
一九六九　ひみつのアッコちゃん
一九七一　どうぶつ宝島
一九七二　パンダコパンダ、赤銅鈴之助
一九七三　パンダコパンダ　雨ふりサーカスの巻
一九七四　アルプスの少女ハイジ
一九七六　母をたずねて三千里
一九七九　龍の子太郎
一九八一　じゃりン子チエ、名犬ジョリィ
一九八五　スーパーマリオブラザーズ
一九八六　ゼルダの伝説
一九九六　ポケットモンスター
二〇〇三　冬の日
二〇〇八　小田部羊一アニメーション画集（アニドウ・フィルム）
二〇一三　「アルプスの少女ハイジ」小田部羊一イラスト画集（廣済堂出版）
二〇一九　漫画映画漂流記　おしどりアニメーター奥山玲子と小田部羊一（講談社）

中島　順三（なかじま・じゅんぞう）

一九三八年生まれ。東映テレビ映画、フジテレビ・エンタプライズで編集など、瑞鷹、ズイヨー映像、日本アニメーションでプロデューサーや制作管理などを務める。

制作に関わった作品

一九六九　海底少年マリン
一九七三　山ねずみロッキーチャック
一九七四　アルプスの少女ハイジ
一九七五　フランダースの犬、草原の少女ローラ
一九七六　母をたずねて三千里
一九七七　あらいぐまラスカル
一九七八　未来少年コナン、ペリーヌ物語
一九七九　赤毛のアン
一九八〇　釣りキチ三平
一九八一　フーセンのドラ太郎、ワンワン三銃士
一九八三　まんがイソップ物語
一九八四　リトル・エル・シドの冒険、超人ロック
一九八五　小公女セーラ
一九八六　愛少女ポリアンナ物語
一九八七　アニメ80日間世界一周、愛の若草物語
一九八八　小公子セディ
一九八九　宇宙皇子
一九九〇　ちびまる子ちゃん
一九九二　トトイ、冒険者
一九九三　若草物語　ナンとジョー先生
一九九四　邦ちゃんの一家ランラン、南国少年パプワくん大百科
一九九九　ＨＵＮＴＥＲ×ＨＵＮＴＥＲ

◆コラム◆

日本アニメのレジェンドたちとの幸せな時間

高畑さんのシンポジウムでは司会を担当させていただいたが、このとき私は高畑さんについてご経歴などの基本的な情報しか調べておらず、数多いご著書もほとんど読まない状態でシンポジウムの当日を迎えてしまった。自らの準備不足を恥じるばかりであるが、今になって考えると特に先入観なくご本人にお会いできたのは良かったのではないかと思う。シンポジウムに颯爽と登壇された当時すでに八〇歳近い高畑さんは、ご年齢を考えるとかなりお若い印象であり、一言でいうと理知的で温厚な大学教授という雰囲気であった。私が勤務する大学にもよく似た感じの年配の教員がいるが、雰囲気だけではなく論理的な思考や教え諭すような話し方が、まさに大学で講義を行う先生そのものであり、高畑さんの知性と教養が随所に感じられた。

このシンポジウムで個人的に最も印象に残ったのは、研究者による口頭発表を真剣にお聞きになる高畑さんの姿であった。高畑さんは司会の私のちょうど目の前にお座りになっていたが、発表中、鋭い眼差しでスクリーンのパワポの画面をご覧になりながら、時折、首をかしげられて「うーん、これはどうかな」とおっしゃったり、「これは違うな、違うよなあ」と周りの関係者に同意を求められたりしていた。それを目の当たりにした私は、正直に言うと少々恐ろしくなった。研究者にとって研究対象である当人から間違いを指摘されることほど怖いことはないが、それ以上に高畑さんの自らの作品に対する並々ならぬ思い入れ、あるいは監督としての妥協のなさのようなものを感じて身が引き締まる思いがしたのである。その後、高畑さんが発表に対して論評をされたが、これも学生の論文を指導する大学教授のコメントのような、厳しさがありつつも思いやりにあふれたものであった。

その約一年後に行われた小田部さんと中島さんを囲む座談会では、共同研究者の兼岡さんとともにインタビュアーをさせていただいた。前回の準備不足を反省して、この座談会には事前にできるだけの準備をして臨んでおり、小田部さんと中島さんがアニメの世界でいかに偉大な仕事をされてきたのかがよく分かっていただけに、当日はかなり緊張したことを覚えている。しかし、そうした私の張り詰めた気持ちとは裏腹に、お二人は終始、穏やかな表情で、そして優しい口調でお話をしてくださった。小田部さんと中島さんが体験されてきた戦場のようなアニメ製作の現場とは対照的な、この穏やかな雰囲気に私は助けられながら、無事にインタビューを終えることができた。お二人の言葉の端々から高畑さんに対する敬愛の念が感じられたのがとても印象的であった。

最後に個人的なことを書かせていただくと、私が幼いころ、兵庫県の実家には『アルプスの少女ハイジ』の主題歌のレコードが二枚あった。なぜ同じレコードが二枚もあるのかというと、父と母がたまたま同じ日に別々にレコードを買ってしまったということらしい。両親はまれにしかレコードを買わなかったので、珍しいこともあるなあと子供心に思っていたが、今思い出すと何とも微笑ましい話である。インタビューの休憩時間にこのエピソードを『ハイジ』のプロデューサーである中島さんにお話しできたのは大変うれしいことであり、私の話を聞いてくださった中島さんは、何もおっしゃらずにただ穏やかに微笑んでおられたが、私にとっては忘れがたい幸せな時間となった。

（田中琢三）

『アルプスの少女ハイジ』EPレコード（1974年2月発売、日本コロムビア）。撮影：中丸禎子

商業アニメ制作用語集

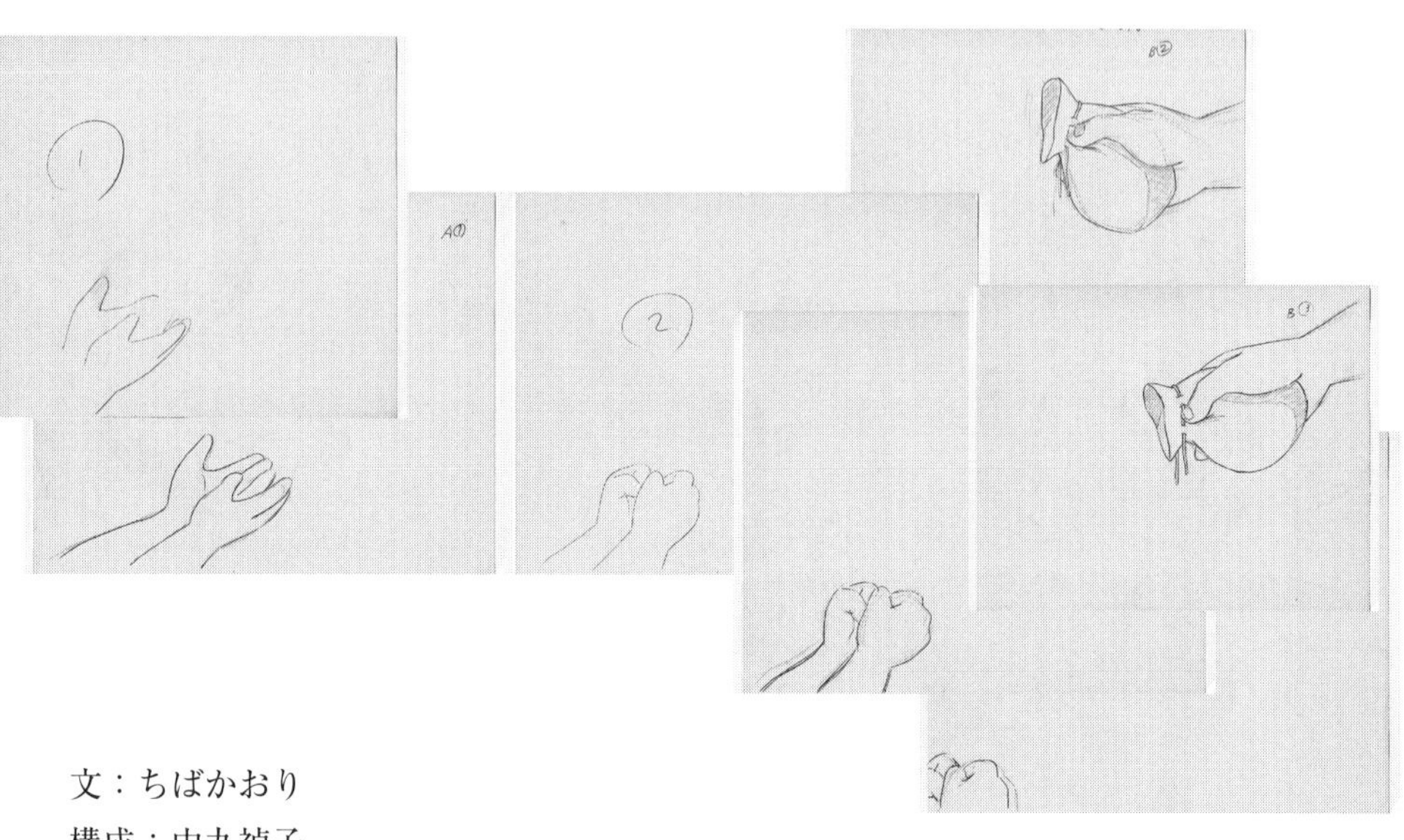

文：ちばかおり
構成：中丸禎子
データ作成：大谷泰三
資料提供：日本ハイジ児童文学研究会

商業アニメの特徴

アニメーションには、映画やテレビ用の「商業アニメ」と、作家が個人で制作する「創作アニメ」がある。「創作アニメ」は、企画から制作、撮影までほとんどを作家が受け持つ。自由な手法で納得のいく作品ができるまで時間をかけることも可能だ。

「商業アニメ」は納期が設定され、あらかじめ組まれたスケジュールのもと、作業を分担して制作される。テレビシリーズの場合には、「三か月」「一年間」などの枠が設定されており、同一の作品を一定期間、同じクオリティを維持しながら毎週（あるいは毎日）提供し続ける必要がある。

このため、業務をシステム化・細分化し、大量の作業を同時並行で進める。スタッフは個々の作家性より、均質性とスピードを要求される。これらの作業を統括する進行管理も、必然かつ不可欠である。

「演出」「場面設定」「作画監督」

商業アニメの特性から、作品の質は進行管理の質に左右される。作品全体に目配りができ、意思の伝達共有に長け、演出の意図を的確に汲み、素早く画面設計にして現場に落とし込める人材が要所に必要とされる。

『アルプスの少女ハイジ』では、「演出」の高畑勲が先頭に立ち、「場面設定」の宮崎駿が高畑の演出意図を具体的な場面に起こし、「作画監督」の小田部羊一がアニメーションの基本となる動きすべてに責任を負った。録音、撮影、色彩設計などもスペシャリストが一人ずつ責任を持つことで、高畑の意図が隅々まで行き渡るシステムができた。

定期放映されるテレビアニメ制作では、一話ごとの作業にも膨大な仕事量と相当の技量を要する。一人が一つの作業の責任を持つ体制を一年間維持するのは、並大抵のことではない。

企画

アニメーション制作の原案。作品コンセプトの構想、制作実現のための計画、アニメ化したい理由・目的を企画書にまとめ、クライアントやテレビ局に申請する。対象年齢、放映期間などの具体的な計画のほか、あらすじ、登場人物、テーマも検討する。

プロデューサー

決められたスケジュールと予算内で制作できるよう、制作現場の管理を担当する。企画や人事、テレビ局やクライアントと現場の調整、資金調達まで行うこともあり、業務は幅広い。

ロケーションハンティング

通称「ロケハン」。物語の舞台や資料になる現場を取材する。写真だけでは分からない家の構造や地形、生活、植物などを体験的に理解し、作品にリアリティを出す。

演出（監督）

作品の映像化をイメージし、演出する。作品における全てを決定する権限を持つ。アニメ制作の統括責任者は当初、演劇に倣って「演出」と呼ばれ、「世界名作劇場」で高畑氏は「演出」とクレジットされている。「監督」という役職名は、実写映画からアニメ映画、テレビアニメへと導入された。

演出助手

演出（監督）の補佐として、スケジュール管理をし、制作に必要な資料集めなど、演出が滞りなく行われるよう調整する。

脚本（シナリオ）

台詞とト書き（セリフ以外の登場人物の仕草や行動、音楽や効果音の指示）で構成された物語の設計図。一話ごとに構成。

イメージボード

資料、企画書、原作、ロケーションハンティングで得たイメージを絵に起こす。着彩された風景画から走り描きのものまでさまざま。

キャラクターデザイン

監督と話し合いながらキャラクターのデザインを設計する。キャラクターの性格や生活環境、時代考証などを踏まえてイメージを作る。原画、動画など多くの人が作業することを考慮した設計が必要。

美術監督

監督と共同で作品の世界観に合わせた背景を設計する。また背景スタッフを統括し、背景美術の統一を図り、クオリティを保つ責任を負う。

絵コンテ

脚本を元にすべてのカットの演出を設計し、各カットの時間の配分を計算する。名前の通り、絵と台詞で構成されるが、あくまで絵は演出上の指示のためであり、描き込みは少ない。内容と併せ、どのような構図で進行するのかを指示。カット番号もここで振られる。

場面設定

現在は「レイアウト」と呼ばれる。絵コンテを元にカット番号毎に描き起された画面設計図。背景、人物の位置関係、行動、演技、カメラワーク、光の方向、パース設定、セルの背景画にする部分の指定、小道具作り、セルと背景の組みの指定など多岐にわたって設計。画力のほか映像撮影処理の知識も必要。この作業を担う者も「場面設定」と呼び、役職名としては『アルプスの少女ハイジ』で初めて導入された。背景やキャラクターの動きの原図を作る重要なポジション。

背景美術

セル画や特殊効果以外で画面上にあらわれるものを、レイアウトの指示に従って描く役職および描かれた絵。背景を描くだけでなく、舞台となる場所や地形、家の構造などを設計し、作品の世界観作りに大きな役割を果たす。

背景は、かつてはアクリル水彩絵の具、ポスターカラー、透明水彩絵の具などで紙に描かれていた。現在のテレビアニメでは殆どデジタル化。

作画監督

監督と共同で、作品のイメージを作り、キャラクターデザイン、イメージボードを作成し、作品のビジュアルに関する設計をする。一定以上の作画技術が要求される。絵の動きにも責任を持つ。大勢での共同作業にあたり、絵柄の統一、演出意図に添った動きもチェック。

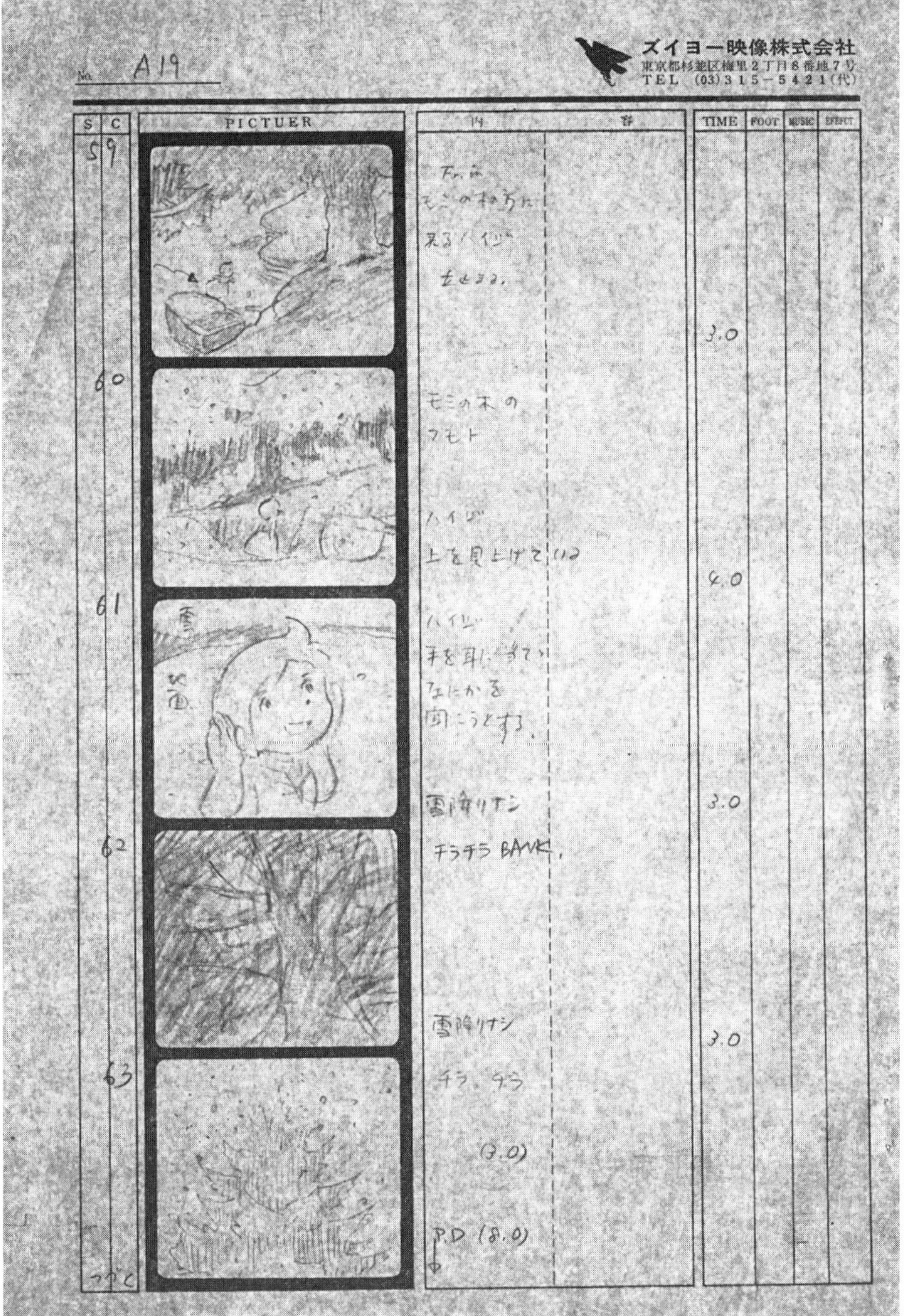

絵コンテ（20 - 933）。Sはシーン、Cはカットを意味する。この絵コンテでは59、60、61とカット番号が書かれている。PICTUREにはそのカットの構図が描かれ、内容にはセリフや演出指示などが書かれる。TIMEはそのカットのおよその秒数を表す。

アニメーター

アニメーションの絵を作画する人全般。厳密には作画監督、原画、動画、動画チェックなど、役割によって名称が異なる。いずれも画力だけではなく、絵に動きをつける演技力や表現力が必要とされる。

原画

キャラクターなどに動きを付ける作業。レイアウトに基づいて、ポイントになる動作や演技を絵で表現する工程。アニメーターが担当。

動画

ラフな線で描かれた原画の清書、および、原画と原画の間の絵を描く（「中割りを入れる」）作業。アニメーションとしての動きを完成させる。動画専門のアニメーターのことも「動画」と呼ぶ。

タイムシート

台詞とアニメーションの動きのタイミングの表。多くの作業を各担当で離れて行うアニメーション制作の工程指示書。原画担当が起こす。シートの表にシーンのカット番号を振り、セリフ、秒数、コマ数のタイミングを指示。動画担当は、これを参照して動画枚数を計算。タイムシートを入れた袋に、レイアウト、原画、動画、セル画、背景を作業順に追加し、最終工程（撮影）まで使用する。

セル画

アセテートの透明フィルム。当初はセルロイドを使ったため、一九五〇年代以降に素材が変更された後も「セル」と呼ばれた。人物などアニメー

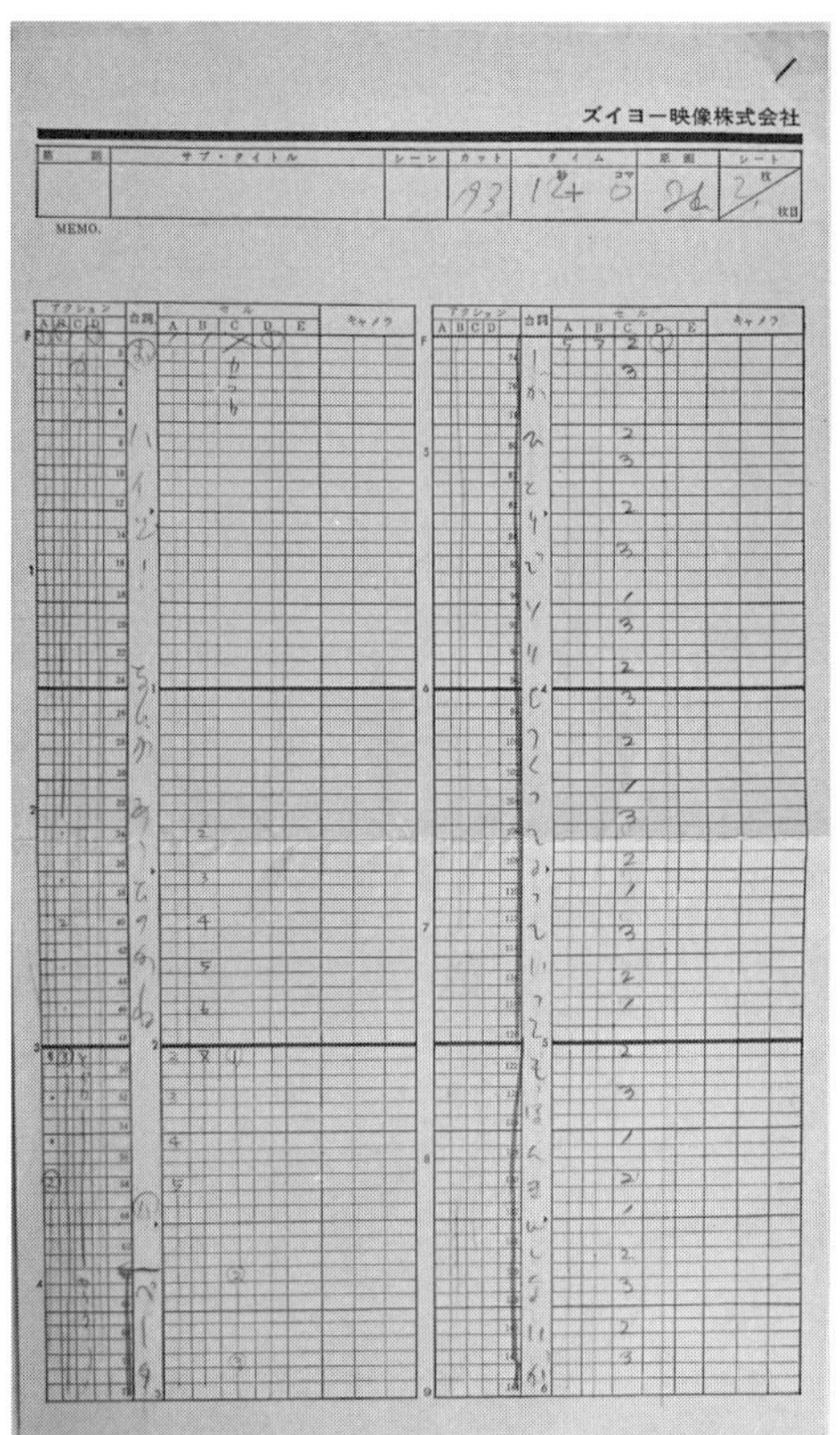

タイムシート（20 - 959）。カット番号193、12.0秒の例。「原画」の欄には担当者のサインが入っている。

ションとして動かすものは全てセル上に描き、背景の上に載せて撮影した。現在は動画をセルに転写させず、そのままデジタルで取り込んで着色する。

色彩設計

キャラクターや小道具などセル上に描かれるもの全ての色に責任を持ち、演出と相談しながら作品上の色設計に携わる。「仕上(しあげ)」と呼ばれる場合、セルへの着色、塗り間違いや塗り残しのチェックをする作業まで含めて行う。

撮影

仕上終了後、塗り終わったセルと背景画を合わせ、タイムシート通りに撮影する。セル画時代は何トンもある大型のカメラを使って撮影していた。現在はセル画を含めほぼデジタル化している。

編集

撮影が終わったフィルムを順番通りにつないで規定の長さにする。元のネガフィルムから作られたラッシュフィルム（通常はポジフィルム）を監督の演出意図を汲みながら、規定の長さに合わせていく作業を編集（もしくはポジ編集）といい、規定の長さに編集されたポジフィルムに合わせて、元のネガフィルムを切ったりつないだりする作業をネガ編集という。

音楽

テーマ曲や作中音楽は、通常、外部の音楽専門家に制作を依頼する。作品が決定し、監督などメインスタッフが固まった後に発注されることが多い。監督の意向や作品テーマに沿う作曲家、歌手などが選ばれるが、テレビ局やスポンサー等の意向が反映される場合も。

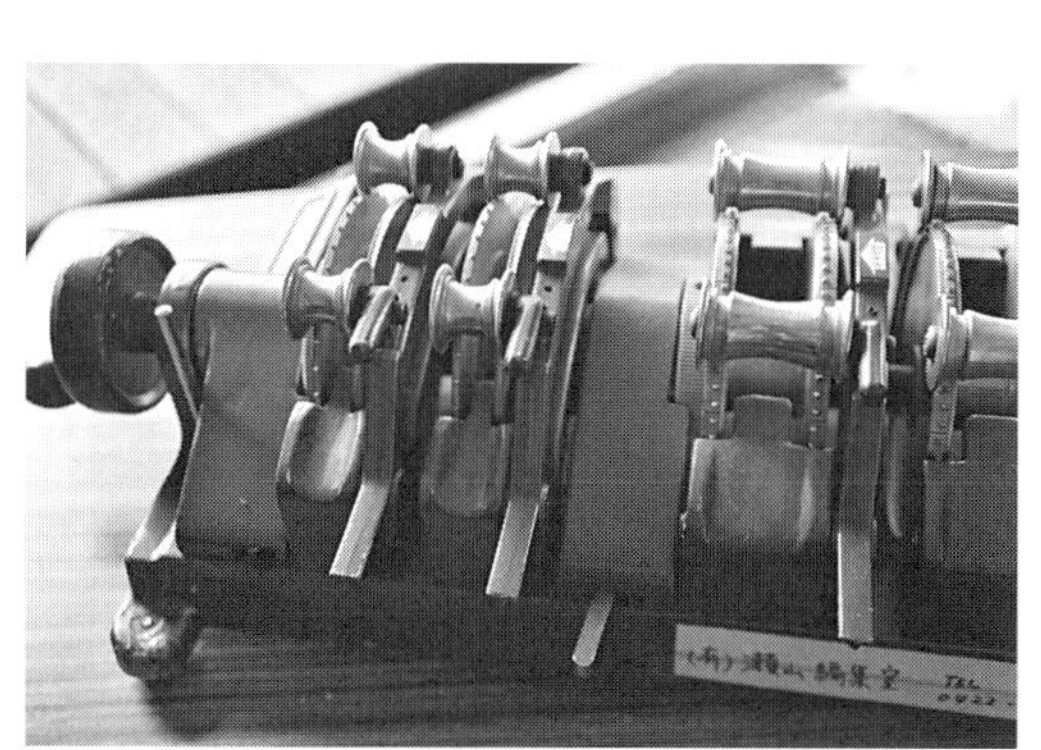

ネガ編集時に16ミリラッシュフィルムと35ミリネガフィルムの動きを合わせるために使用する変速シンクロ。撮影：ちばかおり。現在は日本ハイジ児童文学研究会が所有。

アフレコ

「アフターレコーディング」の略。和製英語。絵の入った映像を見ながら台詞を録音すること。制作スケジュールが厳しかった「世界名作劇場」では、絵が入らない状態で録音を進めることも多かった。

納品

テレビアニメは通常16ミリフィルムで納品された。『ハイジ』は、35ミリで撮影し、16ミリに圧縮したため、劇場にかけられるほど画像がクリアだった。フィルムはAパート、Bパートの上下に分け、それぞれ直径20センチ大の丸い金属の缶に収め、若干尺の異なる地方局版など一作品につき数パターンのフィルムを用意した。現在はすべてデジタル納品。

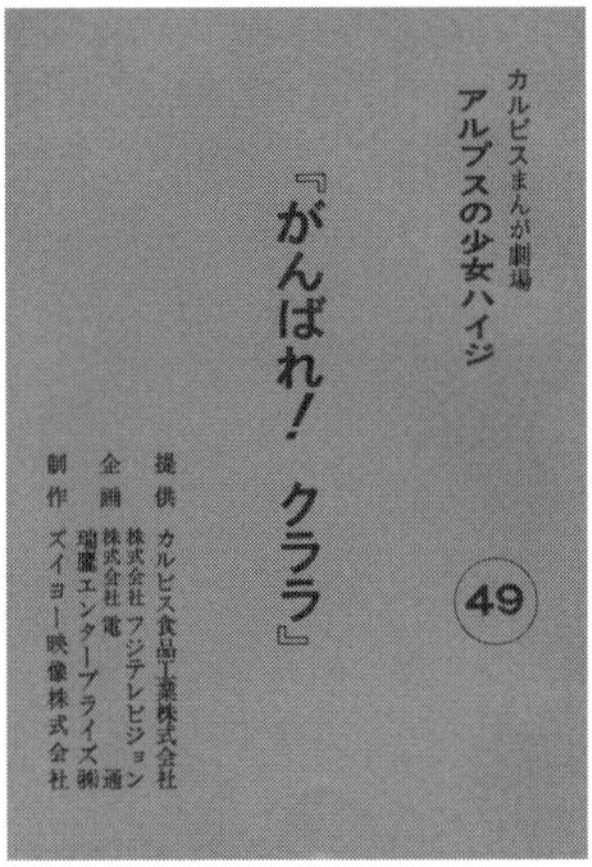

第49話脚本
（2 - 132）

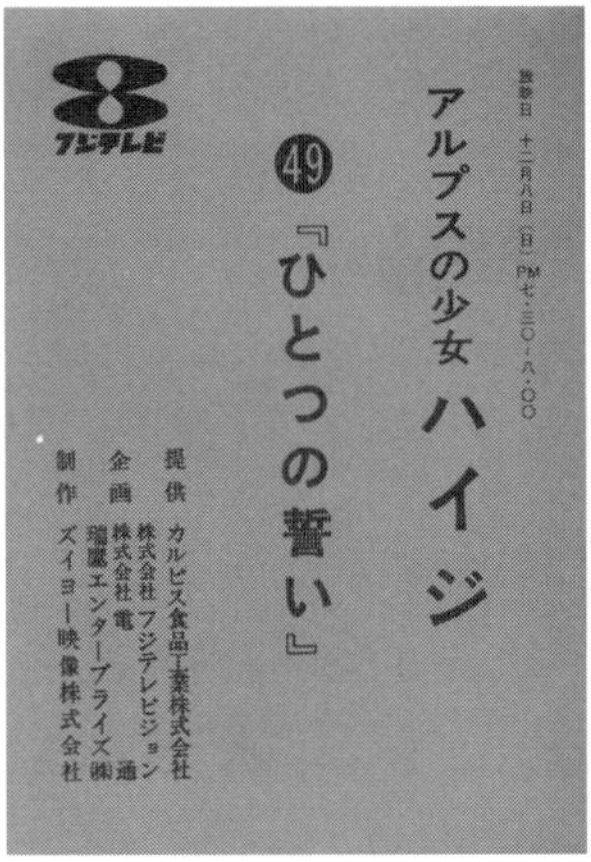

第49話アフレコ台本
（2 - 133）

脚本とアフレコ台本

「脚本」はシリーズ構成を元に、各話の筋をト書きと場面を入れながら文字に起こしたもの。これを元に演出家が絵コンテを描く。

「アフレコ台本」は、出来上がった映像に役者が台詞を吹き込んだり、効果音や音楽を入れたりするために作られる台本。「脚本」と比べると、カット番号ごとに画面の状況と台詞が書かれる一方、すでに映像化された箇所の言葉による説明は省略されている（左頁参照）。脚本とアフレコ台本で台詞やタイトルが異なるケースもある。アフレコ台本は完成品に近いものだが、アフレコ段階で、音のタイミングを合わせるため、台詞の変更が行われることもある。

それぞれ一話毎に作成。ガリ版刷り。表紙の色は製本屋の好みで選ばれ、特に決まっていない。

1　前回のあらすじ
N　「冬の間、ハイジは村の学校へ通う事になりました。勉強が大嫌いなペーターは、それまでずっと休ンでばかりいたのですが、ハイジに熱心に誘われて、仕方なく学校へ通うようになりました」

2　村の分教場
真ッ白に包ンで、雪がこやみなく降っている。

3　全・教室
二年生以上は黒板に書かれた数学の問題に取り組ンでおり、一年生だけが国語の授業。その一年生の中でズバぬけて大きいペーターが、立って、閊え閊え教科書を読ンでいる。

—1—

ペーター　「……朝日が……のぼりました……その光は……（読めなくなって絶句する）ええと……ええと……」
先　生　「ペーター、そんな優しい字が読めなくてどうする。本当ならお前はもう六年生なンだぞ」
ペーター　「はあ……」
判らず立ち往生している。
隣に坐っているハイジが、そっと小声で教えてやる。
ハイジ　「死ンだように」
ペーター　「（ホッとして読み進む）死ンだように……冷い……海の……（また読めなくなって絶句する）」
ハイジ　「（また教えてやる）海の泡を……」
ペーター　「海の泡を……」
ハイジ　「（更に教える）やからかく暖めて……」
ペーター　「（聞き違えて）やわらかく固めて……」

—2—

カメラ	画面	音声
1	F.I 山よりPANデルフリ村	
2	分教場　T.U	ナレーション「冬の間、ハイジは村の学校へ通う事になりました。勉強が大嫌いなペーターはそれまでずっと休んでばかりいたのですがハイジに誘われて仕方なく学校へ通うようになりました。」
	O.L	
3	ペーター立って読んでいる	ペーター「…朝日が…のぼりました…　その光りは（絶句）」
4	ペーターしどろもどろ 隣でハイジ心配そうに見る	ペーター「ええと…　ええと…」
5	先生	先　生「ペーター、そんなやさしい字が読めなくてどうする。本当ならお前はもう六年生なんだぞ」
6	ペーター 再び読もうとするが、ダメ	ペーター「はあ…… うーん　ええと……」

—4—

	画面	音声
	ハイジ小声で教える ペーター、ホッと救われたようになるが再び読めない	ハイジ「死んだように」 ペーター「死んだように……冷い……海の………（絶句）……」
7	ハイジ教えてやる	ハイジ「海の泡を…」
8	ペーター	ペーター「海の泡を…」
9	ハイジ	ハイジ「やわらかく暖めて…」
10	ペーター	ペーター「やわらかく固めて…」
11	ハイジあわてる	ハイジ「ううん、違うったら!」
12	ペーター	ペーター「（オウム返しに）ううん、違うったら」
13	あっけにとられる先生	生徒たち「ドッと笑う 笑声
14	立ちつくすペーター ハイジ恥しそうに	
15	窓外 雪がどんどんふっている	笑声小さく

—5—

上：第39話脚本（2 - 129）
下：第39話アフレコ台本（2 - 130）

※図像キャプション（　）内の番号はすべて桜井コレクション番号
※タイトル下『ハイジ』原画（18 - 801、802、803、804、805、808、810）

火と幽霊――『火垂るの墓』のアニメーション化について

細馬　宏通

はじめに　「アニメーション化」を考えるために

高畑勲は、原作のテキストを非常に丁寧に読み込む演出家である。「アルプスの少女ハイジ」や「赤毛のアン」でも、原作の台詞や時間の流れが綿密に参照されているが、同じことは「火垂るの墓」についても言える。二〇一九年に国立近代美術館で開催された高畑勲展では、野坂昭如原作のテキストを貼り合わせたノートも展示されており、彼が原作のテキストをもとに時間をかけて脚本を思考したことは明らかだ。

実際、原作とアニメーションのいくつかのシーンを見比べたなら、高畑勲は単に原作の台詞だけでなく、そこに記された動作も含めて忠実に再現していることに驚かされる。試みに、原作の前半、清太の死が描かれる箇所を読んでみよう。

もはや飢はなく、渇きもない、重たげに首を胸におとしこみ、「わあ、きたない」「死んどんのやろか」「アメリカ軍がもうすぐ来るいうのに恥やで、駅にこんなんおったら」耳だけが生きていて、さまざまな物音を聞き分け、そのふいに静まる時が夜、構内を歩く下駄のひびきと、頭上を過ぎる列車の騒音、急に駆け出す靴音、「お母ちゃーん」幼児の声、すぐ近くでぼそぼそしゃべる男の声、駅員の乱暴にバケツをほうり

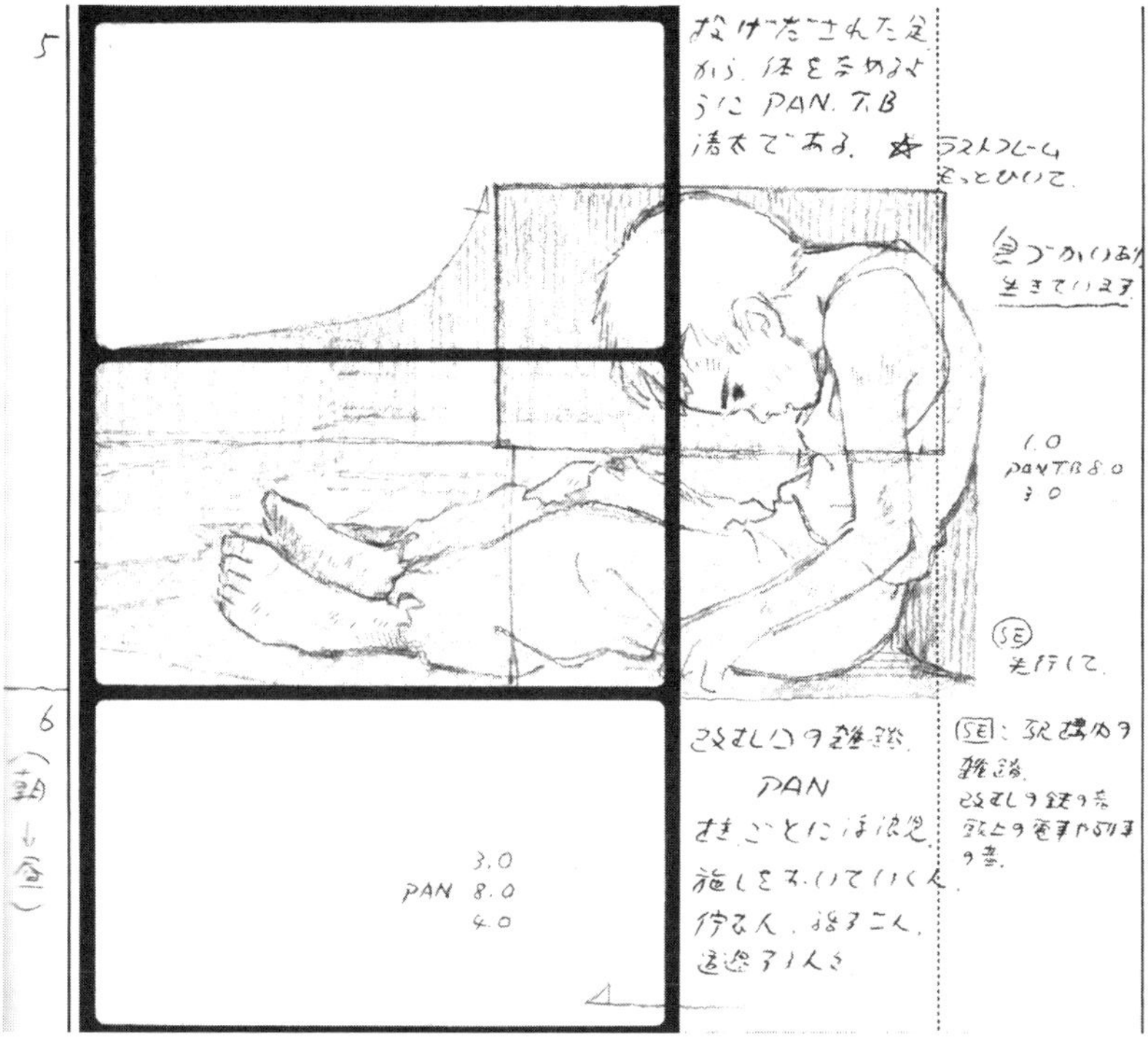

図1：アニメーション版「火垂るの墓」絵コンテ、S1–5〜6（一部）。スタジオジブリ絵コンテ全集4『火垂るの墓』高畑勲・百瀬義行・近藤喜文・保田夏代／徳間書店（2001）より

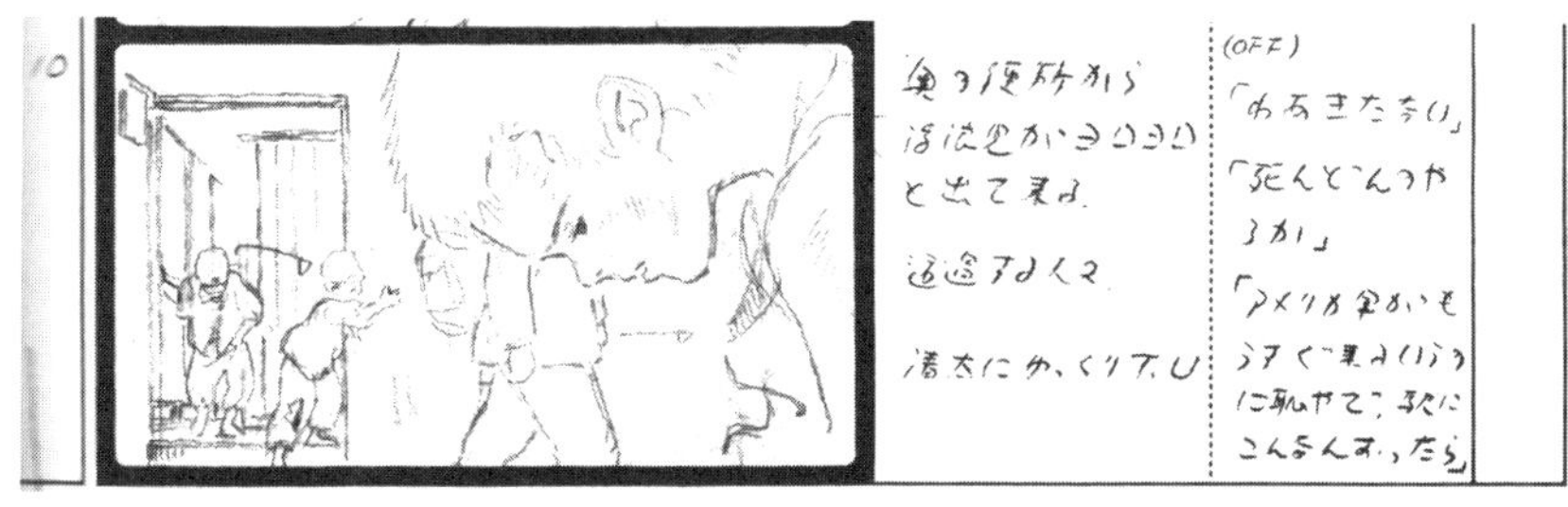

図2：「火垂るの墓」絵コンテ、S1–10（一部）。

出した音、「今、何日なんやろ」何日なんや、どれくらいたってんやろ、気づくと眼の前にコンクリートの床があって、だが自分がすわってる時のままの姿でくの字なりに横倒しになったとは気づかず、床のかすかなほこりの、清太の弱い呼吸につれてふるえるのをひたとみつめつつ、何日なんやろな、何日やろかとそれのみ考えつつ、清太は死んだ。（野坂昭如『火垂るの墓』引用1）

この部分はアニメーションのシーン1、ショット5（S1-5）[1]以降に相当する。一見すると、高畑勲はテキストの細部を丁寧に拾い上げている。まず、少年はテキスト通り、「重たげに首を胸におとしこんで」いる（図1）。さらに、背を柱にもたせかけ、床に脚を投げ出しているのだが、引用1の少し前の部分で「やがて柱に背をもたせかけたまま腰を浮かすこともできなくなり」とあるので、この点でも原作通りだ。S1-6では、駅の騒音がフェイド・インし（図1右下・手書きメモ）、S1-10以降では「わあ、きたない」以下の人々の台詞も忠実に再現される（図2右・手書きメモ）。S1-10の終わりで、急にバックが暗くなり、駅の騒音は「ふいにしずまる」、そこに下駄のひびき、頭上を過ぎる列車の騒音が、原作とまったく同じ順序の音響効果で鳴らされるに至って、テキストとアニメーションとを見比べた者は、アニメーションの冒頭の時間が、台詞のみならず、明暗、音風景に至るまで、かなり正確に原作の内容をなぞっていることに気づいて驚かされることだろう。もちろん、このあとも少年は「今、何日なんやろ」とつぶやき、ばたりと「くの字なりに横倒しに」なるのである。

しかし、こうした原作とアニメーションの内容の一致ばかりを拾い上げていくと、結局、「原作への忠実度」によって作品を語るという、きわめて退屈な評価に落ち着いてしまうことになる。実は後で述べるように、高畑勲は綿密に原作の描写を追う一方で、あちこちに大胆な改変をほどこしている。重要なことは、かくも原作のディテールを拾い上げる演出家が、なぜある部分では大胆な翻案を行うかということだ。

高畑勲は、テキストの時間をどのような方法でアニメーションの時間へと変換したのか。その変換の過程において、テキストから何が読みとられ、テキストに対してどのような改変が行われ、その改変がアニメーション「火垂るの墓」のどのような固有性をもたらしているか。この論考では、「火垂るの墓」を題材に、テキストからアニメーションへの変換、すなわち「アニメーション化」で起こりうることについて考える。

アニメーション化は細部に宿る

まずは細部をさらに見ていこう。先に、引用1における清太の死に至る描写をアニメーションがいかに正確かつ丁寧に拾い上げているかを述べたが、実は細かく見ていくと、この部分には、アニメーションでは、原作とは異なるいくつかの演出がほどこされている。引用1の次の部分を検討してみよう。

急に駈け出す靴音、「お母ちゃーん」幼児の声、すぐ近くでぼそぼそしゃべる男の声、駅員の乱暴にバケツをほうり出した音、「今、何日なんやろ」何日なんや、どれくらいたってんやろ。（野坂昭如『火垂るの墓』引用1：部分）

アニメーション版では、この部分（S1–10）で清太の横顔をアップで写しているのだが、音と声の順番は原作と少しく変更されている（図3）。まず「お母ちゃーん」という幼児の声が先に聞こえる。声は少し距離を置いていることを示すように反響は大きめにとられている。そのあと靴音が駈け出し、近づいてきたちょうどその瞬間に「今、何日なんやろ」という声がする。ただし清太の唇は動かず、かわりに清太の体はがっくりと横倒しになる。そのため、これは実際の発声ではなく、倒れる刹那に清太の脳裏を過ぎた内言であると感じさせる。そし

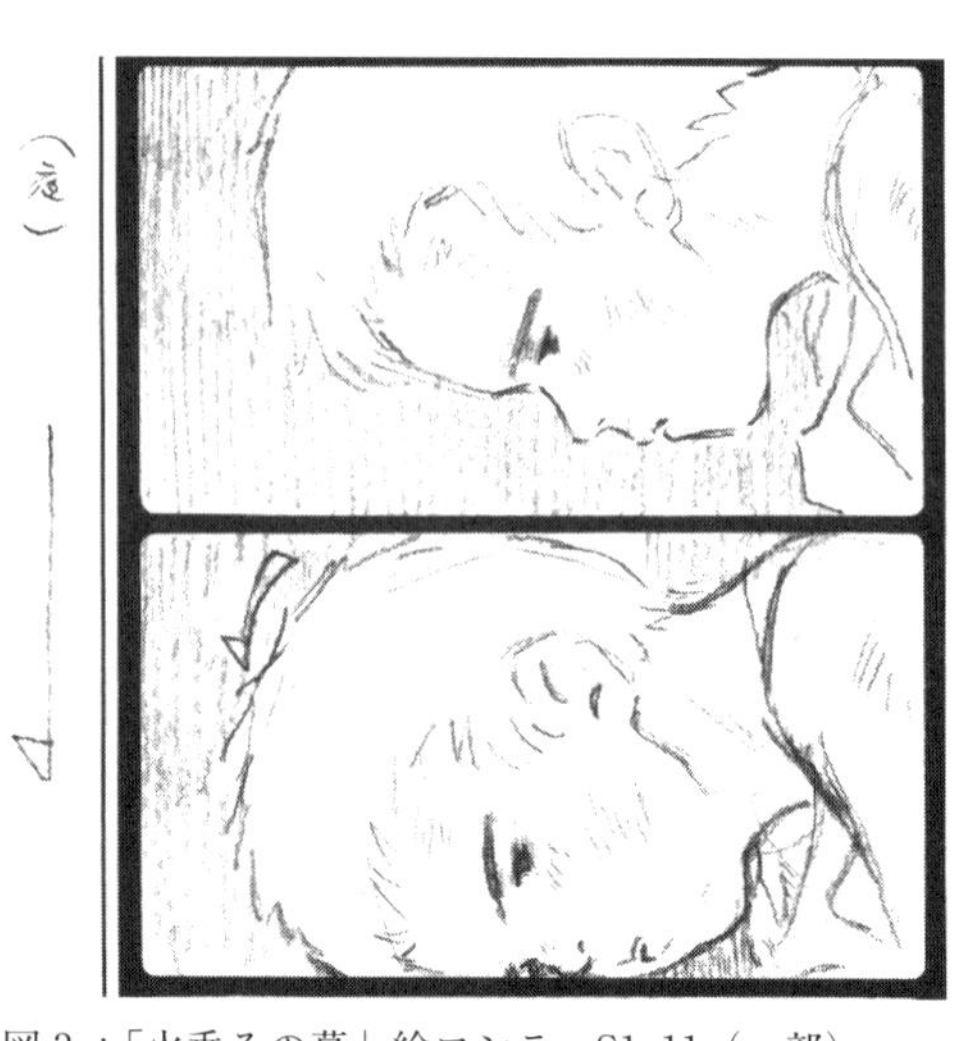

図３：「火垂るの墓」絵コンテ、S1-11（一部）。

て、靴音は、「今、何日なんやろ…」という声、そして清太の横顔が倒れる動作と同期して、フェイドアウトしていく。

ごく些細な変更に思う人もいるかもしれないが、ここには見落とせない演出がほどこされている。原作では靴音と「お母ちゃーん」の声は清太の発話と引き離されているのに対し、アニメーション版では、「お母ちゃーん」という幼児の声をきっかけに靴音が近づいてきて（それは、声の主である幼児の靴音としてきこえる）、靴音のクライマックスで清太が「今、何日なんやろ…」と言う。そのことによって、あたかも「お母ちゃーん」という声の主が清太の想念を引き出したかのように見えるのである。

のちに明らかになるように、アニメーション版「火垂るの墓」は、母を求める節子と、清太との関係を描いた物語である。ここに仕組まれた、幼児が母を求める声とそれが賦活する清太の内なる声の関係は、まさに物語のモチーフを表している。

続くS1-11, 12では、倒れた清太が描かれたあと、その顔がアップになる。ハエが羽音を立てて清太の頬に止まり、手をすり足をするのだが、そのハエが飛び去ると同時に、清太は「セツコ…」と今度は唇を動かして言う。あたかもハエの重さが頬から消えるのを感じて声が発せられたかのように。

原作には、この「セツコ…」の声はない。清太はただ「何日なんやろな、何日やろかとそれのみ考えつつ」死んでしまう。それに対して、アニメーション版では、声、音、そして映像が互いにオーバーラップしながら、「お母ちゃーん」と靴音、靴音がもたらす「今、何日なんやろ…」という想念、その想念に止まるハエ、飛び去るハエがもたらす「セツコ…」の発声を、ひと連なりに表していく。その結果、この時点で、物語をあらかじめ知らない観客も、「お母ちゃん」という声と「節子」との間に、何らかの結びつきを感じることになる。

以上が、原作冒頭のテクストに対する「アニメーション化」で起こったことである。

ちなみに、絵コンテには、SE（効果音）として「雑踏ふいにしずまる．（OFF）下駄のひびき．頭上通過の列車音／急に駈け出す靴音／「お母ちゃーん」（幼児の声）乱暴にほおり出されるバケツの音など．「今、何日なんやろ…」」とあり、原作通りの並びになっている。どうやら幼児の声から「セツコ…」の発声にいたる細かい音と声の演出は、絵コンテの時点ではなく、そのあとの作画や音入れの時点で行われたらしい。「アニメーション化」は、絵コンテの段階ですべて設計されるわけではなく、その後の現場の過程で細部まで詰められていくことも、こうした分析からわかってくる。

赤い少年の登場

ここまで見たような細部の演出とは別に、作品の冒頭部分で、高畑勲は物語の構造を大きく変えるような重要な改変をほどこしている。それはテキストの「清太は死んだ」という部分を「ぼくは死んだ」と言い換えたことである。「ぼく」とは誰か。清太、というのが常識的な答えだろう。原作が固有名詞で三人称的に「清太は死んだ」と書いているのを、清太の視点から一人称的に「ぼくは死んだ」と言い換えた。簡単ではないか。しかし、それは、先に「清太は死んだ」という正解を知っている者の考え方だ。

「ぼくは死んだ」という表現は、「ぼくは食べた」「ぼくは走った」といった表現とは根本的に異なる。生きている者が自分のことを「ぼくは死んだ」と比喩抜きで言うことはできないからである。「ぼくは死んだ」ということが可能な「ぼく」とは、この世ならぬもの、幽霊的存在に他ならない。だから、アニメーション化において「清太は死んだ」を「ぼくは死んだ」に言い換えるということは、アニメーションに幽霊的存在を導入するということである。

では、アニメーション「火垂るの墓」における幽霊的存在とは誰か。それを考えるためには、このナレーションが映像とどのような時間的な関係を持っているかを見るとよい。映画の冒頭をショット順に追っていこう。

最初のショットS1-1で、赤みのさす暗がりの中に、一人の少年の赤い半身が表れる。(2) 半身は、動かない。声が言う。「昭和20年9月21日夜、ぼくは死んだ」。声が発せられている間も、半身は体ばかりか、口元すら動かない。しかし、「死んだ」ということばが発せられた直後、赤い少年はまばたきをし、ゆっくり視線を下手に移す。まるで、「死んだ」ということばを合図にこの世に生を受けたかのように。この、台詞とまばたきのタイミングによって、「ぼくは死んだ」の「ぼく」とは、この赤い少年であることと観客は思わず知らず気づかされる。

そして続くS1-2で、赤い少年が下手に視線を移すと、一人の浮浪児が、こちらはカラーで浮かび上がる。あたかも赤い少年が映写機で、浮浪児は赤い少年の視線の力によって投射された映像であるかのように。これから始まるアニメーションは、どうやらこの赤い少年の念写する物語であるらしい。

S1-3, 4。赤い少年はゆっくり浮浪児に近づいて足を止める。すでにわたしたちはこの時点で、赤い少年は浮浪児の「死んだ」あとの姿であると直観している。だが、二人の間にはまだ、はっきりそうだと言えるほどの関連は示されていない。

そしてS1-5がくる。先に、この部分では、まさに原作のテキスト通りに浮浪児の姿勢が描かれていると指摘した。ただし、それは一気に描かれているわけではない。絵コンテには、「投げだされた足から. 体をなめるようにPAN. T. B 清太である」とある。つまり、まずは動いていない足のアップから始めて、これは誰なのか、生きているのかということを見る者に疑わせるよう演出されているのである。次にカメラは次第に上半身へと移動（パン）し、微かに胸が動いていることを明らかにする。ここで見る者はようやく、さきほどから鳴っている微かな息の音が、この胸から発していること、この体は生きていることを知る。さらにカメラが移動し、浮浪児の横顔を映し出すにいたって、見る者はようやく、これは先に登場した赤い少年の変わり果てた姿だということがはっきりしてくる。そして、「ぼくは死んだ」という不思議なことばとともに現れた赤い少年は、この浮浪児の幽霊ではないかということに気づく。

以上のことからわかるように、高畑勲は、幽霊的存在である赤い少年と浮浪児との関係を、ただ**空間**上に結びつけているのではない。アニメーションという**時間**の中で、映像と音の関係を駆使しながら、彼等の正体と関係をサスペンスとして少しずつ明らかにしていくのである。

赤い節子の誕生

アニメーション版には、赤い清太だけではなく、赤い節子も登場するが、こちらもまた、原作にはない。では、アニメーション化によって導入された赤い節子は、赤清太にとってどのような存在なのか。それを考えるために、赤節子がどのようにアニメーションの中で召喚されるか、原作と引き比べながら追っていこう。

原作では、節子はまず「骨」として記される。

> おっかなびっくり虱だらけの清太の着衣調べた駅員は、腹巻きの中にちいさなドロップの罐をみつけ出し、ふたをあけようとしたが、錆びついているのか動かず「なんやこれ」「ほっとけほっとけ捨てとったらええねん」「こっちの奴も、もうじきいてまいよるで、眼エポカッとあけてるようなったらあかんわ」むしろもかけられず、区役所から引きとりにくるまでそのままの清太の死体の横の、清太よりさらに幼い浮浪児のうつむいた顔をのぞきこんで一人がいい、ドロップの罐もて余したようにふると、カラカラと鳴り、駅員はモーションつけて駅前の焼跡、すでに夏草しげく生えたあたりの暗がりへほうり投げ、落ちた拍子にそのふたがとれて、白い粉がこぼれ、ちいさい骨のかけらが三つころげ、草に宿っていた螢おどろいて二、三十あわただしく点滅しながらとびかい、やがて静まる。
>
> 白い骨は清太の妹、節子、八月二十二日西宮満地谷横穴防空壕の中で死に、死病の名は急性腸炎とされたが、実は四歳にして足腰立たぬまま、眠るようにみまかったので、兄と同じ栄養失調症による衰弱死。
>
> 六月五日神戸はB二九、三百五十機の編隊による空襲を受け、（後略）（野坂昭如『火垂るの墓』引用2）

アニメーションでも、S1−15で駅員は「モーションつけて」「夏草しげく生えたあたりの暗がりへほうり投げ」る。それが九月であることを示すように、秋の虫が鳴いている。続くS1−16で缶は草むらのなかでバウンドし、S1−17で草むらの一角に落ちる。缶は「落ちた拍子にそのふたがとれて、白い粉がこぼれ、ちいさい骨のかけらが」いくつかころげる。と同時に、草むらのあちこちで蛍が光り出し、音楽が始まる。ここまではほぼ原作通りである。

赤い節子が登場するのはそのあとだ。カメラは草むらのロングショットとなり、画面中央で赤い少女が立ち上がる（S1−18）。少女は立ち尽くしたまま、駅構内で死んで横たわっている清太を見つめている（S1−19）。思わず近づこうとすると、左肩に誰かの手がかかる（S1−20）。少女が振り向くと手の主は赤い清太の手である。少女は思わず微笑み（S1−21）、赤清太は答えるようにうなずき（S1−22）、しゃがんで草むらの中に手を伸ばす（S1−23）。のばした手の先にはドロップの缶、赤清太が手にとると缶にこびりついていた泥や錆は消え、真新しくなる（S1−24）。赤清太はドロップ缶を渡すと、少女の手を引いて立ち去る。この間、蛍はずっと舞っており、タイトル「火垂るの墓」が表示される。

以上からわかるように、アニメーションは引用2の段落冒頭にある「白い骨は清太の妹、節子」という一節を、骨の説明としてではなく、むしろ骨をきっかけとする節子の出現ととらえ、S1−17, 18を構成している。このことは、S1−17で何か新たなものの出現を告げるように音楽が鳴り出し、同じ音楽がS1-18以降もずっと続き、やがてタイトルとクレジットへとつながっていくところからもわかる。S1-24以降も音楽が鳴り続け、三宮駅から阪急電車が出発するのだが、車内には赤い清太と赤い少女しかしない。二人は缶からドロップを取り出してなめ始めるが、その傍らでは蛍が一匹、窓外を過ぎる信号機の似姿のように車内で明滅しながら飛んでおり、この光景がこの世ならぬものであることを示している。音楽が鳴り止むのは、電車が鉄橋を渡ると同時に焼夷弾に照らされ明るくなるときまでである。この焼夷弾はあとで分かるように、原作にある六月五日の神戸空襲であり、引用2の末尾部分、節子の死の説明からいきなり六月五日の描写へと移るところに対応している。

つまり、アニメーションは、原作のテクストにおける白い骨から節子の死の描写を経て空襲の描写へと飛躍する部分を、白い骨から赤い少女の出現、少女と赤い清太との邂逅、そこから始まる阪急電車による過去への旅と読み替えているのである。そしてこの飛躍を、画面の赤さと音楽の一貫性によって連続したものとして感じさせるとともに、赤い清太と赤い少女が時間を飛躍する主体、すなわち幽霊であることを示しているのだ。

一方で、原作にある節子の死因の説明はここでは省略され、かわりに、赤い清太と少女とがペアで描かれる。先の清太の死のシーンでも、アニメーションは、幼児の声と清太の末期の発声をひと連なりにすることで、清太と節子の結びつきを強調していた。この赤い少女の登場場面もまた同じことを目指している。これらのアニメーション化は明らかに、物語を、清太と節子という閉じた二人の世界として描き出そうとしている。このことがどのような意味を持っているかについては、さらに後の分析で明らかにしよう。

清太はなぜ赤いのか

それにしても、清太はなぜ赤く描かれるのだろうか。それを考えるには、劇中に彼が登場する場面を見ていくのがよいだろう。順を追って見ていこう。

すでにシーン1では冒頭に現れた赤清太が、草むらから立ち上がった赤節子を連れ、阪急電車に乗り、神戸空襲の焼夷弾が放つ赤い光に照らされることを確認した。次に赤い清太が登場するのは、母親の死のあとである。亡くなった母が火葬され、その紅蓮の炎と清太の抱える遺骨がオーバーラップする（S2-90, 91）。赤清太は眠る赤節子の頭を膝に乗せ、遺骨を膝に乗せた清太を離れた席から見つめている（S2-92, 93）。

シーン4、清太と節子が身を寄せた家で、未亡人が清太・節子の母の遺品の着物を売ろうとするのを見て、節子が泣いて暴れるとき、赤清太はその様子を廊下の影からうかがっている（S4-10, 11, 12）。赤清太が辛そうに耳をふさぐと、画面には桜が散って二年前の春の日、家族が記念撮影をしている場面になる（S4-13）。ここでは、赤清太の出現によって時間が前後に飛躍することがほのめかされている。

さらに同じシーン4、夜泣きする節子をあやすために清太が節子をおぶってシャツ一枚で外に出ると、空襲警報のサイレンが鳴り、あたりが赤く照らされる（S4-97）。次のショットで駈け出しているのは、制服制帽姿の赤清太で、背中にはいつの間にか防空頭巾をかぶった赤節子がおぶさっている（S4-98）。赤清太が駆けていると未亡人の声がする。「清太さん．また横穴いくんか．あんたの年やったら．隣組の防火活動するんが当たり前やないの」赤清太が丘に駆け上がると、遠く眼下の池端に横穴があり、そこに（赤ではない）清太が節子といる（S4-99, 100）。ここでもまた、赤清太は空襲の炎の色と結びつけられている。炎の色があたりを照らした途端、S4-97の清太の姿にカットが入り、S4-98ではすでに赤清太へとすり替わる形で出現していることに注意しておこう。

赤清太ではないが、関連する重要な場面を二つ見ておこう。清太と節子が未亡人の家を出て横穴暮らしを始めたシーン5、前の晩に灯りがわりに集めた蛍が死んだのを、節子が墓を作って埋めている。「お墓つくってんねん．お母ちゃんもお墓に入っててんねやろ」という節子のことばと、ザラッと土に入れられる蛍の姿が、死体の山に投げ込まれる母の姿に重なる。カメラは二人の姿を横穴の中から写す。と、二匹の蛍がどこからともなく現れる（S5-77）。その色は赤く、この世のものとは思えない。カメラは蛍の行方を追うように次第に左にパンしていき、清太が穴の隅に隠した母の遺骨が赤く浮かぶ。そこに赤い蛍が二匹、しばし遺骨のまわりを舞うようにして、暗がりへと飛んでいく。この二匹は、まるで清太と節子の別の姿であるかのように見える。ちなみに、このあと、カメラがもう一度横穴の入口にパンして戻ってくると、清太と節子の姿は消えており、ここで時が飛躍したことがわかる。S4-10以降で見たように、画面が赤く染まること、時が飛躍することは、赤清太の登場場面の特徴であり、この場面もそのバリエーションと捉えることができるだろう。

以上のことから、赤清太は時空を越え、火とともに出現する者であること、亡き母と節子にまつわる場所に現れることは明らかである。では、この赤清太はどのようにして清太から生まれたのだろうか。

赤い清太の誕生

最後に赤清太が登場するのが、先に記した節子を焼く場面（S6-157）である。清太は、節子の骨を焼いたあとの熾火が点っている傍らで、イモをかじっている。そこに、環境音を欠いた声が響く。「翌朝ぼくは、ローセキのかけらのような節子の骨をドロップの缶におさめて山を降り、そのまま壕へは戻らなかった」。アニメーションにおいて、赤清太の声は、環境音を欠きマイクの近くで語られることで清太の声とは区別されるのだが、このような声は冒頭と終盤近くにだけに用いられている。

ここで、声は映像のできごとを現在形で描写するのではなく、映像より少し先の未来（翌朝）のことを過去形で描写していることに注意しよう。テクストで「翌朝」と書くとき、それは時間の経過を表すにすぎない。一方、アニメーションでは、映像の時制（現在）を維持したまま「翌朝」と発声することで、その声が時を越える存在であることを明示する。このことは、冒頭で赤い少年が、少し先の未来（清太の死）を「ぼくは死んだ」と過去形で語っていたことと符丁する。

さらに重要なのは赤清太の現れ方だ。清太の姿は熾火に照らされながら赤清太に、イモはドロップ缶に、熾火は赤い草むらへと置き換わる。アニメーション版「火垂るの墓」において、清太と赤清太とがクロスフェードで置き換わるのは、このショットだけである。さらにこの赤清太への変化は、節子の「にいちゃーん」という声と同期していることにも注意しよう。

以上のことから、これは、亡き節子の声に召喚されて赤清太が清太から幽体離脱する場面と解釈することができる。これはいわば、赤清太＝幽霊の誕生の瞬間であると言えるのではないだろうか（ちなみに、節子の声が赤清太を出現させることは、冒頭シーンで少女の声が死の淵にあった清太の声を一瞬賦活させることを見る者に思い出させる）。

続くショット（S6–158）では、草むらにしゃがんでいた節子が駆け寄ってくる。このショットは直前の赤い清太の出現のショットと連なっているように見えるが、実はひとつ重要な飛躍がある。直前のショットでは「節子の骨をドロップの缶に収めて」という原作の描写と対応するように、ドロップの缶の蓋が開いているのだが、続くショットでは蓋は閉まっており、赤い節子が揺すると、缶の中でドロップの音がするのである。つまり、S6–157と158の間には、小さな時間の飛躍が存在している。

この熾火の場面を赤い清太の誕生の場面とすると、S6–157と158で清太と赤い清太は二つの時空へと分離した

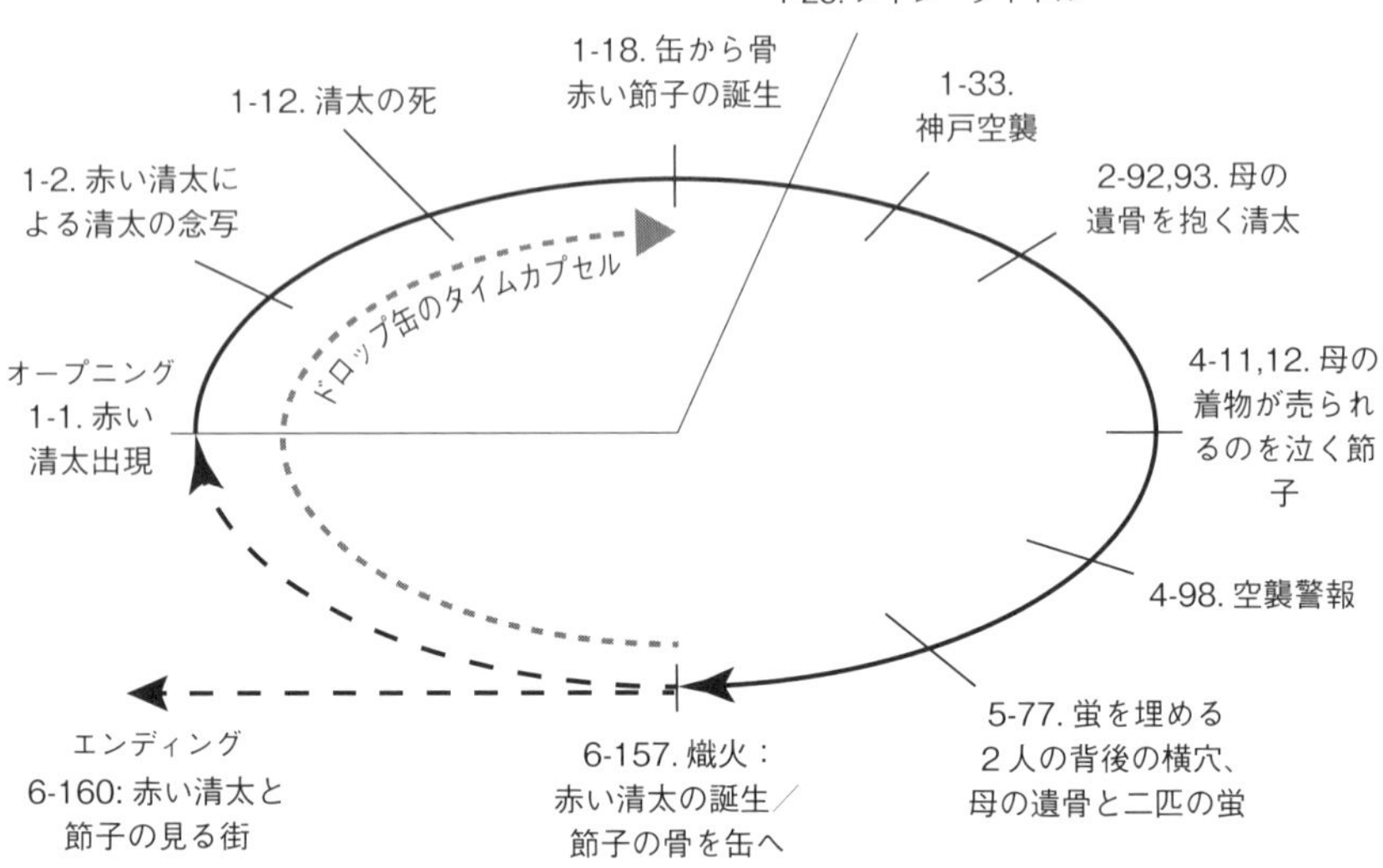

図４：アニメーション版「火垂るの墓」の円環構造。S番号はショットNo. を表す。

と言えるだろう。清太は節子の骨を収め、どこへともなく去る。その後の清太の運命はアニメーションの冒頭で見た通りだ。一方、赤い清太は現代へと飛び、節子とビル街を見つめている。

しかし両者はただ分離しただけではない。このラストシーンまで映画を見た者は、先に示したような解釈がいまや新しい意味を帯び始めているのに気づく。阪急三宮駅構内で死んだ清太は、腹巻きの中にドロップ缶を大事に持っていた。駅員がそれを見つけ、外に放ると、中から節子の骨が転げだし、それが赤い節子となった。熾火のショットで誕生した赤い清太は、節子をタイムカプセルにしまうように封印し、映画冒頭のS1–18でその封印が解けて蘇った赤い節子と再会する。

すなわち、この映画はドロップ缶を媒介とする円環構造を持っており、S6–158以降のシークエンスは、その円環からのスピンアウトと見ることができるのである（図）。ここで、映画のフィルムもまた、金属の「缶」に保存されるということを想起しておこう。S1–2で赤清太が「念写」することによって始まったアニメーション版『火垂るの墓』は、S1-18でのドロップ「缶」の開封を合図に、映画本編の幕を開け、S1-25のメイン・タイトルへと進むのである。

原作の幽霊性

では、高畑勲の演出によって加えられた赤清太という幽霊は、原作とはかけ離れた、アニメーション独自の着想なのだろうか。そうとばかりはいえない。確かに原作には、赤い少年のように表象化された幽霊的存在は現れない。そのかわりに、野坂昭如は、一文の主語を巧みにずらすことで、三人称的視点と一人称的視点との間を幽霊のように往復する。もう一度、先の引用1を検討してみよう。

まず、カッコ書きの中でいくつもの声がしているのが目に付く。カッコ書きは、カッコの中の語り手を三人称視点から眺めるための装置である。「わあ、きたない」「死んどんのやろか」「お母ちゃーん」、これらはいずれも、構内で響く声を三人称的に聞き取ったものとして読み取ることができる。これらを「聞き分け」ているのは「耳」だ。だから読者は「聞き分け」リストを読む勢いで「今、何日なんやろ」という関西弁の問いを、「耳」が聞き分けたことばとして読み取る。しかし、そのカッコを野坂昭如は直後に開く。何日なんや、どれくらいたってんやろ。これは一人称の声だ。誰の声か。「耳」の主ではないか。ここで、「今、何日なんやろ」という問いは、何日なんや、という問いへと、三人称的な声は「耳」の主による一人称の声へと、すべりこむ。「気づくと眼の前にコンクリートの床が」あるのも、一人称的だ。そう思って読み進めると突然、「清太の弱い呼吸につれてふるえるのを」と「清太」という固有名詞が用いられるので、再び三人称へと引き剥がされる。かと思えば、何日なんやろな、というリフレインによってまたしても一人称に引き戻される。さらにリフレインは、何日やろか「と」、「と」という助詞によって一人称から三人称的になり、「清太は死んだ」で一気に一人称から幽体離脱する。

野坂昭如の文体は、「独特な関西弁をいかした饒舌体」(3)と言われることがある。確かに一文が長い点、あちこちに関西弁が混じる点でそれは饒舌であるが、彼の文体の特徴は、単に長いこと、関西弁が用いられていることだけにあるのではない。『火垂るの墓』の冒頭に見られるように、長い文の中で、関西弁と標準語が、そして視点が変化し、読んでいるわたしたちを三人称から一人称へ、一人称から三人称へと幽霊化する点にあるのではないだろうか。

その典型が、野坂作品にしばしば見られる、標準語や過去形、あるいはカッコ書きの声を用いて三人称で長々と語ると見せて、文の最後を不意に関西弁や現在形、そしてカッコから開放された声によって一人称的にしめくくる文である。「節子覚えてるやろかと、口に出しかけて、いやうっかり想い出させてはあかん」。「敵機来襲ババババ、螢の光を敵の曳光弾になぞらえ、そや、三月十七日の夜の空襲の時みた高射機関砲の曳光弾は、螢みたいにふわっと空に吸われていって、あれで当るのやろか」。「樟の木の下の、ちいさい墓で、そや、このお骨もあすこ入れなお母ちゃん浮ばれへん」。これら『火垂るの墓』に見られる文の終わり方は、わたしたち読者を、三人称から一人称へと乗り移らせたままひとときき置き去りにするような奇妙な感覚をもたらす。

以上のように、野坂は、幽霊的存在をはっきり記すかわりに、人称の間を揺れ動く幽霊的文体によって、ときには読者を一人称の身体から自在に引き剥がし、ときには逆に乗り移らせ、幽霊化する。この点を考えるなら、高畑勲が新たに加えた赤清太という幽霊の存在は、けして原作からかけ離れたものではないと言えるだろう。

円環

原作は、「昭和二十年九月二十二日午後、三宮駅構内で野垂れ死にした清太は、他に二、三十はあった浮浪児の死体と共に、布引の上の寺で荼毘に付され、骨は無縁仏として納骨堂へおさめられた」と締めくくられる。その理由について、岩佐(1999)[4]は、野坂自身が「焼跡—戦後に生き延びた清太であったから」としている。『火垂るの墓』は作者自身の体験をもとにしている一方で、野坂は自身と妹の関係が、この作品のように美しいものではなかったこともものちに述懐している。岩佐は、野坂昭如自身のこの来歴を考えた上で「作者は戦後の焼跡に生きていくためにも清太を犠牲に供さねばならなかったのであり、『火垂るの墓』は、その意味でも、作者にとって書かれなければならない作品だったのである」と結論づけている。岩佐の見事な分析については文献を読んでいただくとして、ここでは高畑勲が、清太を葬るしかなかった野坂とは全く異なる表現をしていることに注意しよう。

アニメーション版における赤い清太は、空襲に染まり、母親を焼く火、妹を焼く火に染まり、修羅となって時空のあちこちを彷徨う存在である。ラストシーンでは、赤い清太は現代のビル街を見おろしている。赤い清太と赤い節子は戦争の終わった現在も消えることなく彷徨っている。一方で、赤い清太は、映画の冒頭のシーンへと円環構造をとるべくドロップ缶を用意する。高畑は、物語にこのような円環構造を埋め込むことによって、見る者を再見に誘い、映画冒頭の場面が、初見とは全く異なる意味を帯びていることを気づかせる。赤い清太は、あたかも歌枕に現れる夢幻能の幽霊のように、赤い火とともに現れる。そして野坂が葬るつもりで書いてしまった戦争と、母亡きあとの清太と節子の幼すぎるユートピアを収めた「缶」の中へと、わたしたちを誘うのである。

注

（1）シーン番号、ショット番号は絵コンテ集『火垂るの墓』徳間書店（2001）に従い、S1-1のように「Sシーン番号-ショット番号」で記す。なお絵コンテ集にはアニメーションの最終版では用いられなかったショットも含まれている。例えばショット6, 30, 32, 35は絵コンテのみに存在し、アニメーションでは欠けている。

（2）この赤い少年は、あとで明らかになるように清太自身である。絵コンテでは清太Ⓕと記されている。Fireの意であろうか。

（3）尾崎秀樹（1971）野坂昭如『アメリカひじき・火垂るの墓』新潮文庫（1972）解説。

（4）岩佐壮四郎（1999）「火垂るの墓」を読む　田中実・須貝千里編著『〈新しい作品論〉へ、〈新しい教材論〉へ5』右文書院 pp. 154–172。

【読書案内】

高畑勲、百瀬義行、近藤喜文、保田夏代　二〇〇一　火垂るの墓（スタジオジブリ絵コンテ全集　4）　徳間書店

　本論でも引用した「火垂るの墓」の絵コンテ集。高畑勲の特徴的な手書き文字を読み解くことで、演出の狙いを知ることができるとともに、実際のアニメーション作品がいかに絵コンテにないディテールに満ちているかも実感できる。

野坂昭如　二〇一六　俺はNOSAKAだ：ほか傑作撰　新潮社

表題作は、野坂昭如が小説の映画化権を登録するにあたって体験したNOSAKA/NOZAKAという表記の揺れを発端に、表記の一致を求める事務官に対して抵抗する野坂が、NOSAKAのありかとして神戸の空襲へと想念を飛躍させるさまを独自の筆致で記す物語。現代に空襲の記憶が割って入る点、そしてその記憶が持っている『火垂るの墓』とは別の意味が明かされている点で重要な作品。

蓮實重彦　二〇〇九　反＝日本語論　ちくま学芸文庫

「俺はNOSAKAだ」の重要性をいち早く指摘した「S/Zの悲劇」をはじめ、日仏語を往復する著者の日本語観を表した一冊。

細馬宏通　二〇一三　ミッキーはなぜ口笛を吹くのか　新潮社

サイレント期のアニメーションからトーキーへ、アメリカン・アニメーションの歴史がヴォードヴィルや音声とどのように関わっていたか、それがアニメーションの表現史をどう変えていったかを扱った論考集。

細馬宏通　二〇一七　二つの「この世界の片隅に」　青土社

原作のマンガとアニメーション化作品、二つの「この世界の片隅に」の表現形態を往復しながら、この作品の持つ可能性はいかに翻訳されたかを考える論考集。

◆コラム◆

「長じゅばん腰ひも」のゆくえ

初めて見た高畑勲監督作品は『火垂るの墓』だった。小学六年生の「平和学習」の時間のことだ。夏だけ思い出したように悲惨な映像を流し、紋切り型の反戦を唱えるその時間がわたしは嫌いだった。反発を覚えながら映画を見、そうした中で強く印象に残ったのは、主人公が身を寄せる親戚宅のガラス窓に米字型のテープが貼られていたことだ。文学少女であったわたしは「空襲の際に割れたガラスが飛び散るのを防ぐため、窓にテープを貼る」という知識は持っていた。

しかし、戦時下の暮らしを自分なりに思い浮かべるときに、防空壕や配給や、布をかけた電球の下の暗い部屋は思い浮かべても、テープを貼った窓には思いが至らなかった。自分では触ったことのない蚊帳の質感や開けにくいドロップの缶。親戚が洗いものをしながらお玉杓子でこさげる鍋の底の米粒の固さとがりがりというおいしそうな音。氷の切りくずが少しずつ熱い地面に溶けていく。聞いたことのないアクセントと幼児特有の舌の足りなさが愛おしい節子の言葉と、プップッと雑音の混じる蓄音機の音楽。『火垂るの墓』は、個人の知識や想像力の及ばないところでなされる「プロの仕事」を子ども心に意識させた。

「子ども」として、あるいは研究のためではなく純粋な興味から映画を見られる「素人」として同作を最後に見たのは、大学二年生の夏休み。当時高校一年生の弟、中学二年生の妹と一緒に行った北海道の旅先だった。ホテルの大きなテレビで映画を見るのは、旅行の楽しみの一つだ。しかしその日の「金曜ロードショー」は『火垂るの墓』。わたしたちはそれぞれが、すでにどこかでこの映画を見ていた。弟とわたしは悲しい話を見たくなかったが、妹が「お兄ちゃんが妹に親切にしてくれる話だ」とテレビをつけた。結局、まずはわたしが、次いで弟が視聴に加わり、やがて、弟妹がわたしのベッドに入ってきて、三人で狭々と川の字に寝て声もなく泣きながらラストシーンを迎えた。映画をそのようにして見たのは、後にも先にもその時だけだった。三人で旅行をしたのもこの一度きりなのだが、普段一緒にいない三人がそろって行動する際には小さな喧嘩が絶えず、『火垂るの墓』を見た時間が、旅行中に一番仲良く過ごした時間だったかもしれない。次の日、空港の書店で妹にねだられて原作を購入した。妹が読み終わった『火垂るの墓』を借りて読んだのが、わたしの初めての野坂昭如体験である。物語冒頭で死去する清太が自分の垂れ流した糞尿にまみれる描写にアニメとは違うリアリティを感じたが、文章の読みにくさには辟易した。アニメのような献身ぶりがあまり見えてこない中、節子を抱きしめた清太の「うずくような昂まり」にげんなりしたのを覚えている。映画の中でははかなくも美しい蛍の描写も、原作ではひどくあっさりしていた。当時のわたしは「アニメよりも文学」派で、「アニメ化されると文学作品はダメになる」と信じていた。高畑勲監督『火垂るの墓』は、そんなわたしが「原作よりも優れている」と感じた初めてのアニメだった。

シンポジウムの企画にあたり、大学二年の夏以来久しぶりに『火垂るの墓』のアニメを見かえし、原作を読みかえした。野坂への苦手意識と洗面器をかぶった節子（それが洗面器であることは祖母に教わった）の表紙の痛ましさに胃をキリキリさせながら読み始めたが、今回は一行目から作品世界に引き込まれた。

「研究対象」としてのアニメと原作に接して驚いたのは、アニメの再現度の高さだ。たとえば原作の「『布引の近くの春日野墓地いったことあるやろ、あしこにいてはるわ、お母ちゃん』樟の下の、ちいさい墓で、そや、このお骨もあすこ入れなお母ちゃん浮かばれへん」は、アニメでは「布引の近くの墓地いったことあるやろ、あしこにいてはるわ、お母ちゃん。大きな樟の下の…」の台詞の後、清太が壕に隠した骨壺に蛍がとまることで、実は納骨がすんでいないことが示される。原作の台詞はほぼすべてアニメでも発話されており、読むたび頭の中で辰巳努と白石綾乃の声が響いた。関西弁を知らないわたしが、自分では再現できないアクセントだ。四〇ページに満たない原作を二時間の劇場アニメとして成立させるために、アニメにはさまざまなエピソードや台詞が追加されているが、それぞれが元の要素とうまく溶け合っている。

それにもかかわらず、原作の印象はアニメとはかなり異なる。強いて言えば、原作は清太に冷たい。アニメでは清太がナレーションを務めるが、原作は第三者的な視点から書かれている。アニメの清太は「いま、何日なんやろ」と考えながら倒れた後、かすかに唇を動かして「節子」とつぶやくが、原作では「何日なんやろな、何日やろかとそれのみ考えつつ、清太は死んだ」。先述したとおり糞尿や情欲に関する記述には容赦がなく、蛍の場面もあっさりしている。アニメでは幽霊になった清太と節子が再会するが、そのような救いさえも原作にはない。

　こうした原作において、清太への共感を呼び起こす、しかしアニメには出てこない小道具がある。「防空壕の中で水につかり色の流れあせた母の遺身の長じゅばん帯半襟腰ひも」だ。アニメでは節子を荼毘に付してから自身が息絶えるまでの一か月は描かれないが、原作冒頭では三宮駅に流れ着いた清太が母の遺身と「スフの中学校制服ゲートル靴」を古着商に売って食いつないだと書かれている。「母の遺身の長じゅばん帯半襟腰ひも」は、自身の衣類以外で唯一、清太が最後まで持っていたものだ。そのように大切な品が水につかり色あせた理由は、物語の結末で判明する。

暁に眼ざめ、白い骨、それはローセキのかけらの如く細かくくだけていたが、集めて山を降り、未亡人の家の裏の露天の防空壕の中に、多分、清太の忘れたのを捨てたのだろう、水につかって母の長じゅばん腰ひもがまるまっていたから、拾い上げ、ひっかついで、そのまま壕にはもどらなかった。

　昭和二十年九月二十二日午後、三宮駅構内で野垂れ死にした清太は、他に二、三十はあった浮浪児の死体と共に、布引の上の寺で荼毘に付され、骨は無縁仏として納骨堂へおさめられた。

「翌朝僕は、ローセキのかけらのような節子の骨をドロップの缶に収めて山を降り、そのまんま壕へは戻らなかった」というナレーションの後、幽霊の清太が眠る節子に寄り添ってネオンのついた現代の街を見下ろすアニメのラストシーンとは対照的に、原作は、家族の最後の一人である清太が、母の遺身を二束三文で売り、中学生としてのアイデンティティのよりどころである制服を手放し、妹のことも念頭にない状態で無縁仏となり、一家が遺骨まで散り散りになる事実を告げて幕を閉じる。

「長じゅばん腰ひも」の記述は、野坂の筆致の中に清太への同情がかいま見える数少ない個所だ。同時に、親戚の浅ましさが最も露骨に示される個所でもある。高畑監督は、原作を細かいところまで丁寧になぞり、ナレーションや「節子」という最期の言葉で清太への共感を呼ぶ要素を追加したのに、なぜ母への思いを体現する「長じゅばん腰ひも」を出さなかったのだろう。そう考えたとき、ちばかおりさんに聞いた「コンテ」にまつわるエピソードを思い出した。テレビアニメの放映時間は秒単位で決まっており、最初に作るコンテの設計が甘いと場面をカットすることになる。高畑監督は作画の作業を無駄にしないよう入念にコンテを作るという趣旨だった。妥協しない監督が時にスタッフに厳しく接したというエピソードにはしばしば接したが、スタッフへの敬意と気遣いを示すこのエピソードもすとんと腑に落ちた。この企画にあたり、高畑監督と何度かメールのやり取りをしたが、その際に強く感じたのも、正確な表現への頑固といってもいいほどのこだわりの背後に見え隠れする、わたしたちへの気遣いだった。もしかして高畑監督は、わたしたちに気を遣ったように、あの親戚にも気を遣ったのではないか。アニメ『火垂るの墓』が戦時下の生活を細部まで緻密に表現し、清太と節子の生に真摯に向き合った作品であることは間違いない。「長じゅばん腰ひも」が登場せずとも、兄妹の飢えと死は充分に痛ましいし、親戚の浅ましさも随所に描かれている。それでもやはり高畑監督は、清太の描写に手心を加え、幽霊としてであれ節子との再会という救いを与えたように、親戚にも手心を加え（清太が持参した梅干を「我物顔」で近所にふるまう話も省略されている）、最後の一線を越えさせることを避けたのではないか。原作へのリスペクトとリアリティへのこだわりが手心と共存することで、『火垂るの墓』はアニメを見て原作を読んでまたアニメを見て原作を読むと、そのたびに新しい発見がある作品になったのではないか。

「原作に忠実なアニメ」でも、「原作より優れたアニメ」でもなく、「文学とアニメーションが幸せな出会いをした作品」。視聴者であり、読者であり、研究者でもあるわたしにとって、『火垂るの墓』は今、そのような作品である。

（中丸　禎子）

個を持った少女の憂愁
――『おもひでぽろぽろ』『かぐや姫の物語』の時間の表象

西岡　亜紀

はじめに

二〇一三年の冬に映画『かぐや姫の物語』が公開された際、裳着の儀式（女子の成人儀礼）に続く名付けの宴の途中に人知れず館を抜け出し、形相を変えて憑かれたように疾走する姫のシーンは話題をさらった。疾走の果てに辿り着くのは、幼少期を過ごした里山の冬。しかし里山は、草木は枯れ、人の気配もない。炭焼きの男から、姫がかつてともに過ごした思い出の人々は、定住しない木地師であったことを聞かされる。記憶のなかの彩りに満ちた里山も淡い恋心を抱いた幼なじみの「捨丸」を含む人々も、失われたものである。そのことを悟った姫は行く当てもなく冬山をさまよい、やがて雪原に倒れ込んで意識を失う。気づいたときには、元の装束を身に着けて、再び饗宴の館にいた。

この『かぐや姫の物語』のシーンに顕著に表れるような時間の表象、いわば直線的に進む時間の進行とは異質の時間が、高畑勲の映画のなかにはしばしば現れる。ここで扱うのは、そうした時間の表象が、高畑の作品において持つ意味である。とくに女性を主人公に据えた二つの映画『おもひでぽろぽろ』と『かぐや姫の物語』のなかで、それが、成長のなかで逡巡する女性のリアリティを描くことにおいて持つ意味を考える。

『おもひでぽろぽろ』の時間

『おもひでぽろぽろ』の公開は一九九一年。『風の谷のナウシカ』（一九八四）公開後の一九八五年に設立されたスタジオジブリの、『天空の城ラピュタ』（一九八六）、『となりのトトロ』（一九八八）、『火垂るの墓』（同）、『魔女の宅急便』（一九八九）に続くアニメーション映画作品である。翌一九九二年に『紅の豚』が続く。高畑勲が監督・脚本を担当したジブリ映画としては、『火垂るの墓』に続く第二作目である。

映画制作時は日本経済の安定成長期（一九七三‐九一年）の後半、バブル経済成長の真っただ中である。間もなくそれが文字通り泡と消えるとは疑う余地もないほど、多くの人が浮かれていた。スタジオジブリの公式ホームページの「スタジオジブリの年表」にも、一九八九年に「スタッフを社員化・常勤化。また、動画研修生の制度を発足させ、定期的な新人採用を開始」[1]とある。制作母体であるスタジオジブリも安定期を迎えていた。いわばこの作品は、バブル景気に沸く社会のなかで企業としての体制を整えた後に、スタジオジブリが最初に作った映画と言える。多くの人が目前の繁栄を謳歌して振り返ろうとはしなかった時代に、敢えて一人の女性の「おもひで」を振り返るという映画を制作した。このことこそが、この作品についてなにより特筆すべき点である。

この映画には原作の漫画がある。『おもひでぽろぽろ』（青林堂、一九八八）である。岡本螢が書いた物語に刀根夕子が絵をつけるという、文と画の合作である。『週刊明星』（集英社）で一九八七年三月一八日号から九月一〇日号まで連載されたのを初出とし、一九八八年二月にコミック初版が刊行された。漫画の舞台は一九六六年の東京。岡島タエ子という一〇歳の小学生の日々が一話完結で二五話（一部、前後編含）綴られるものである。時間に着目するなら、漫画に描かれているのは一〇歳の少女の時間のみである。ト書き部分の語りも含めて、一〇歳のタエ子の視点で彼女の日々の出来事を綴る形になっている。

一方、雑誌『シナリオ』に載った映画の公開シナリオを確認すると[2]、タエ子が成長して「いかにも都会的なOL岡島タエ子（27才・原文ママ）[3]」になっているという設定で、大人のタエ子が主人公となり語り手となっている。一〇日間の休暇を取って山形の農村に滞在し紅花摘みを体験するタエ子の物語が、この映画の進行する現在である。そのタエ子の現在の時間に、一〇歳の頃の回想が頻繁に差し込まれるという構造を持つ。原作漫画『おもひでぽろぽろ』は、この回想シーンの素材となっている。いわば映画では、原作の漫画の出来事を「おもひで」として振り返る大人の語り手を、二七歳のOLタエ子としてキャラクター化し、その大人の語り手の現在の時間を進行させたわけである。OLタエ子の物語は、映画のオリジナルである。シナリオでは、「'66」（原文ママ）と記される一〇歳のタエ子の一九六六年のシーンと、「'82」（同）と記されるOLタエ子の一九八二年のシーンが設定されている。同一人物とはいえ二人の主人公と二つの時代を行き来させるという試みである。制作に当たっては、リアリティの追求のために、一九六六年の東京や一九八二年の山形を忠実に描出するための考証に努めたようである。高畑は、作中人物や舞台のリアリズムを追求するために、山形にロケーションハンティングに行ったことを公表している[4]。また、「現実的なキャラクター」造形を目指して、タエ子の顔のしわの描写を作画監督近藤喜文とともに試行錯誤したことも、高畑自身が述べている[5]。

シナリオのシーンの数に着目すれば、全一一五シーンのなかで現在のOLタエ子のシーンが四六、小学生のタエ子のシーンが六九と、回想シーンのほうが多い[6]。OLタエ子の山形での一〇日間が物語の中心であるかのように見えて実は、その現在以上の頻度で過去が登場する企画である。

では、進行する二七歳のタエ子の現在に、「おもひで」である一〇歳のタエ子の過去はどのように介入してくるのか。以下に、映像に照らして具体的に確認してみよう。(7)

上司に休暇願を出した冒頭シーンの次のシーンから、早速一〇歳のタエ子が登場する。そこからタエ子が山形に向かうため夜に寝台列車に乗り込み、翌朝到着するまでの旅程の八割程度のシーンを回想が占めている。かつて田舎の代わりに祖母と二人で出かけた熱海の温泉での三色風呂と湯あたりの失敗、駅の果物屋の陳列から、パイナップルを家族で切り分けて食べたときの期待外れの体験、当時のエレキブームの風景、給食談義、月経を迎えた友達、タエ子のことが好きらしいと噂される野球少年の広田くんとの淡いやり取りなどの「おもひで」が、現在の出来事に触発されて次々とタエ子の脳裡によぎる。広田少年と言葉を交わした出来事の回想シーンでは、うれしさのあまりタエ子が空を飛ぶという飛翔シーンさえある(図1、2)。大人のタエ子がそのときの会話を自宅のベッドのうえで思い出してつぶやき、笑い転げるシーンもある。「おもひで」との往還は果てしなく続く。何かにつけて思い出すタエ子に、既婚の姉ナナ子は「ハハハあなた、まだあんなことにこだわってるの、あなたって大変な過去を背負って生きてんのねえ、ハハハ」(8)と一笑する。しかし本人にとってその「おもひで」は、次のように、いたって真剣な内省を伴うものである。

青虫はさなぎにならなければ、蝶々にはなれない……さなぎになんか、もっともなりたいと思っていないのに……(中略)あのころをしきりに思いだすのは、私にさなぎの季節が再びめぐって来たからなのだろうか……。/たしかに、就職したての数年前とは何かがちがっている。仕事でも遊びでも、私たちは男の子たちより明るく、元気がよかった。私たちはとびたったつもりになっていた。しかしいまおもえば、あれはただ無我夢中で羽根をうごかしていただけだったのかもしれない。/5年生の私がつきまとうのは、自分をふ

図1『おもひでぽろぽろ』飛翔シーン

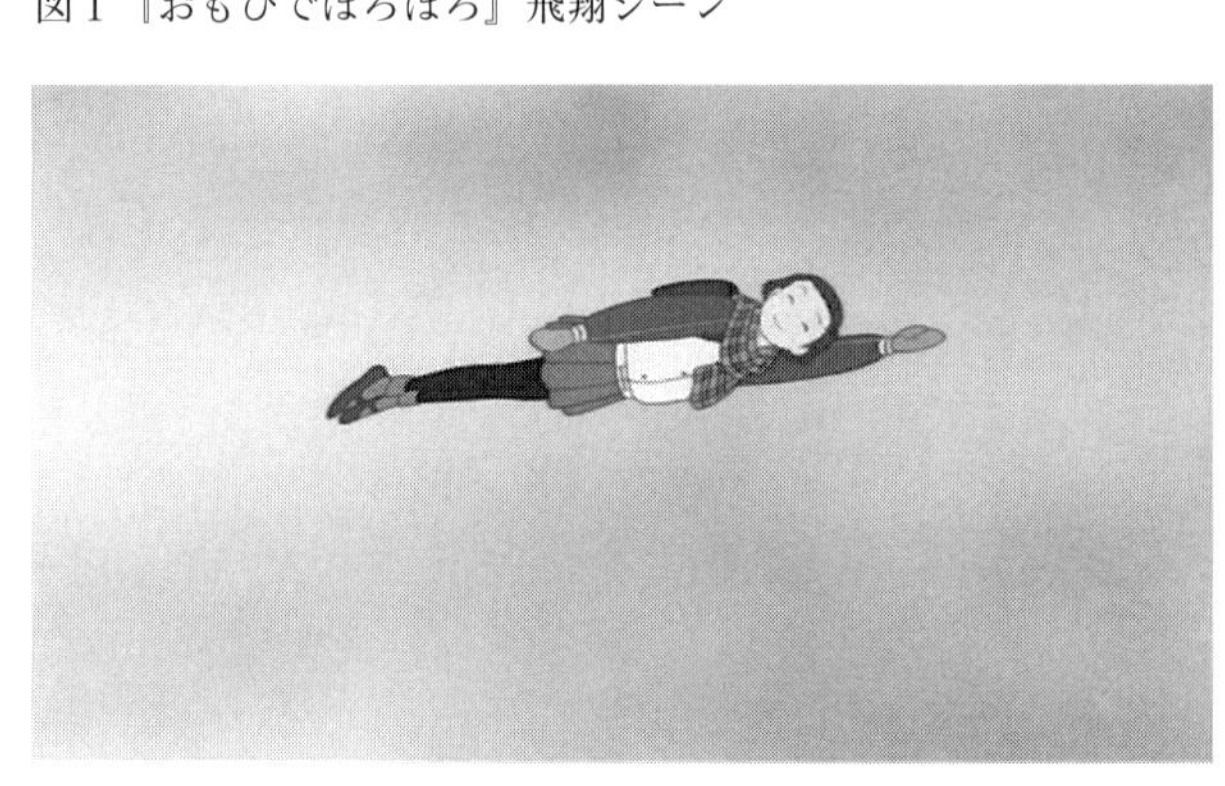

図2『おもひでぽろぽろ』飛翔シーン

りかえって、もう一度はばたき直して御覧、そう私に教えるためなのだろうか。(9)

「さなぎの季節」という比喩からもわかるように、タエ子にとって「おもひで」を振り返ることは、孵化して新たな地平に羽ばたけるかどうか（または羽ばたくか否か）と関わっているのだ。

さて、山形に着いたタエ子には、滞在先の娘で小学生のナオ子や親族で同世代の青年トシオらとの出会いや交流がある。そして彼らとの会話や出来事を契機に、またも次々と過去が浮かびあがる。貧しくて転校を繰り返していた父子家庭の「あべ君」との気まずいやり取り、学芸会の演技が思いがけず評価されて大学劇団から子役に誘われたが父親に却下された苦い記憶、ささいな反抗で父親にぶたれた出来事と、山形での現在に絡んで、過去の失敗、苦い体験の回想が次々に現れる。タエ子は一〇歳と二七歳を行き来する。とりわけ象徴的な出来事は、学芸会をめぐる一幕である。指示のないセリフや振りを自ら考えて行った演技が注目を集め、タエ子は大学劇団に出演してみないかとスカウトされる。女優になれるかもといつもの誇大な妄想を膨らませていたが「芸能界なんてダメだ」と父親に一蹴されて、それは儚い夢と消えた。母親からは、タエ子の代役で選ばれた子への気遣いから、先に打診されたことを口止めされ、忸怩たる思いを抱える。しかし反論もできず、お気に入りだったTV人形劇『ひょっこりひょうたん島』の主題歌の一節「苦しいこともあるだろさ　悲しいこともあるだろさ　だけど僕らはくじけない　泣くのはいやだ　笑っちゃおう　すすめ」をぶつぶつ歌いながら歩くというシーンである。この場面は、そのことのメタファーになっている。現状に違和感を抱くし納得もいかない。淡い夢も失った。しかし断念し許容して前に進む。

二七歳のタエ子と一〇歳のタエ子のこの絶えまない往還のなかに立ち現れるのは、成長しても変わらない愚かさの反復である。現在の彼女は、周囲から適齢期の結婚を期待されるなか、それに応えることもそれを拒むこともできず、自分探しの旅に出る。旅の途中で二七歳のタエ子が迷ったとき立ち止まるたび、一〇歳のタエ子の「おもひで」が二七歳のタエ子の時間に干渉し、苦い過去を呼び覚まし、迷いをさらに増幅する。どこか中途半端で優柔不断なところは小学生のときのままである。夢見がちで内省的なのも同じだ。回想のなかのタエ子は、ときに飛翔し、ときに歌い、ときに妄想のような世界に飛躍さえもする。同じところに立ち戻る、失敗を繰り返す、でも変わらない。彼女は、このような内的時間を反復する。前に進もうという意思を持ちながらも、直線的に未来に向かうことに対して、それでいいのかと問い続ける。こうして、一人の人間の現在と過去との往還のなかに、前に進むことに逡巡する人間の姿が繊細な内面の動きとともに描き出される。この点に関してたとえば宮崎駿は、『おもひでぽろぽろ』をめぐるインタビューのなかで「パクさん（引用者注・高畑勲の愛称）のやろうとしていたことのひとつに、人間の内面をもっと深く描くことができるんじゃないかということがあったと思います」(10)と述べている。また、おかじょうじは、高畑のキャラクター造形について「物語の中でその性格・性質に変化を与えない」「〝成長〟とか〝改心〟等の名の下に、いい人たちへと変わっていくという演出方法を取らないことが多い」点に着目する。そして「人の本質は変らないという捉え方によって、リアリティが更にグレードアップされていく」と指摘する(11)。内面を丁寧に描きながら「本質的には変わらない」タエ子の造形もまた、ここでおかが指摘するような高畑のリアリティの追求とつながるものである。

こうした時間の表象を通して描かれる人間像は一つのテーマを浮き彫りにする。「成長」または「成長し続けること」に対する逡巡である。『おもひでぽろぽろ』の主人公タエ子の造形からは「成長」への楽観的な信頼が読み取れない。一〇歳でも二七歳でも、タエ子は素直に前に進むことにたびたび迷い、立ち止まるのである。そしてときに停滞する。現状になんらかの違和感をこそ抱けども状況を変えるために具体的な行動を起こすわけでもなく、ただぐずぐずと、未来に向かって進んでいく時間を先送りにしている。

もっとも、逡巡しているから後退しているというわけでもない。迷うことも停滞することも許されなかった時代と比べれば前進している。迷う、停滞することができるという選択の自由が与えられているからである。進み続ける「成長」モデルを選ぶ権利はあるがそれを選ばない選択もあるということである。先のタエ子の言葉を借りるなら、「自分をふりかえって、もう一度はばたき直」すことを模索しているという、この立ち位置は、現在のダイバーシティまで続く選択の自由の歴史という視点(それこそが本来の民主主義なのだが)では、むしろ前進している。また、過去と現在を往還したり無限に繰り返したりする時間構造は、「成長」を疑わずに後ろを振り向かず進んでいく経済成長期の日本社会へのアンチテーゼとも解釈できる。こうした「成長のなかで逡巡する女性」のさらにバージョンアップした表象に、視聴者は再び、二〇一三年公開の『かぐや姫の物語』で出会うことになる。

『かぐや姫の物語』の時間

高畑の『かぐや姫の物語』の原作は、周知のように『竹取物語』である。岩波文庫版『竹取物語』（阪倉篤義校訂、一九七〇）を参照して、映画『かぐや姫の物語』と物語の進行を比較すると、少なくとも二点のことが明らかになる。一点は、高畑映画には、『竹取物語』の主要なプロットが基本的には含まれているということである。もう一点は、その原作のプロットに新たな要素を加えるという形で映画の物語が作られているということである。では、それぞれの点について、以下、物語の内容に沿って整理してみる。

まずは、原作の『竹取物語』のプロットを押さえておこう。ある日、竹取の翁が竹藪のなかで光る竹を見つける。切ってみると女の子がいた。夫婦は、その子を大切に育てる。姫はこの世の存在とは異なる速さで、類いまれなる美貌の娘に成長する。姫の誕生以降、竹から黄金を掘り当て裕福になった翁は、裳着の儀式の後、三室戸斎部あきたに姫の名付けを依頼する。「なよ竹のかぐや姫」という名付けを祝う宴の後、姫の美貌は、都で噂になる。五人の貴公子から求婚を受けるも、姫はそれぞれに難題をつきつけては却下する。その噂を聞きつけた帝からもアプローチも受け、文を交わしはするも求婚には応じない。やがて時満ちて、姫の本来の居場所である月からの迎えがくる。翁や帝の抵抗もむなしく、姫は月に帰還する。仔細は諸本によって異同があるが、竹藪の光る竹からの誕生、五人の貴公子の求婚譚、帝のアプローチ、月への帰還というのが大要である。基本的には姫の一生に起こった出来事を直線的・不可逆的に語る展開である。またそこには、姫の内面の描写はほとんどない。

原作と映画のプロットを対照して整理していくと(12)、映画は原作の主要なプロットを踏襲したうえで、そこに少なくとも次の①〜⑨の要素を加えていることがわかる。
①姫の幼年時代の里山の生活と里の人たちとの交流（自然、季節、初恋）
②都での生活（宮廷文化への抵抗、戸惑い、教育係や召使とのやり取り）
③冬の里山への疾走（図3）
④屋敷を抜け出しての花見
⑤初恋の人「捨丸」との再会と別れ
⑥媼との離れの生活（菜園、機織り）
⑦里山での「捨丸」との再会と飛翔（図4）
⑧迎えに来た天人との会話
⑨随所で反芻される「うた」

映画に新たに加わったこれらの要素は、少なくとも三つの異なる時間という観点から考察できる。第一に、①②④⑤⑥⑧の、直線的に進む現在の一部ではあるが、原作の物語には描かれていない時間である。いわば、姫の日常生活や喜怒哀楽といった心情などを細やかに描写する現在である。たとえば、①における里山の自然の豊穣や初恋の記憶といった幼年の幸せな時間に対し、②では宮廷文化への抵抗、成人になること（＝婚姻）への戸惑いが描かれる。④では桜の下で無邪気にはしゃぐ姿から一転、高貴な身分であることを自覚させられる出来事に遭遇し、無邪気な幼年時代との決別を意識する。⑤では初恋の人捨丸を往来で見つけて心浮き立つのも束の間、盗みをして折檻される彼と牛車の御簾から出られない自分との距離を自覚する。これらを集約するように⑧では、天人との会話のなかに、別れを告げる地上の生活への愛着が語られる。「清らかな月の都へお戻りになれば、そのように心ざわめくこともなく、この地の穢れもぬぐい去れましょう[13]」という月の迎えの女官に対して「穢れてなんかいないわ！／喜びも悲しみも、この地に生きる者はみんな彩りに満ちて…… 鳥、虫、けもの、草、木、花、人の情けを[14]」と姫は感情もあらわに反論する。こうした直線的に進む現在の一部でありそれを補完する時間によって、姫の人間性の描写が厚くなり、それと連動する地上の豊穣（映画の言葉を借りれば「彩り」）も豊かに表現される。

図３『かぐや姫の物語』疾走シーン

図４『かぐや姫の物語』飛翔シーン

第二は、③⑦のような、直線的な物語進行から脱線する時間である。それらは直線的に進む現在とは明らかに異次元にあって、現在に介入する時間である。狂気／幻想／記憶／夢といずれとも受け取れるが、姫の心が無意識に現在から離れるときの表象として現れる。③の冬の里への疾走（図３）も⑦の初恋の「捨丸」との飛翔（図４）も、直線的な現在を逸脱した別の次元に出現する。こうした逸脱する時間は、進行する現在を物理的に止めることも変えることもないが、姫の内面には確かに存在していて、その内的時間を止めたり変えたりしているのである。こうした疾走シーンや飛翔シーンは、当然ながら原作である『竹取物語』には存在しない。

実は、二〇世紀の小説や戯曲といった文芸においては、記憶、狂気、無意識やトラウマといった人間の内的時間をどのように描出するかということは、極めて大きな関心事であった。小説の表現形式では、プルースト、ジョイス、フォークナーといった作家たちに代表されるような内的独白、意識の流れ、フラッシュバック、語り・視点の移動などのさまざまな技法が模索されてきた。高畑の時間操作はそうした二〇世紀の文芸の動向とも照応しつつ、アニメーションゆえに可能な描出技法を活用することで、人物の内的時間を可視化し、活き活きと表現している。

第三は、映画の全体にわたって随所で反芻される「うた」であり、先ほどの分類では⑨がそれにあたる。これも進行する「現在」と異次元の時間であり、原作にもない。この「うた」は映画の随所で子どもの輪唱やBGMとして流れる。たとえばラストシーンの都の子どもたちの輪唱は、次の通りである。「まわれ　まわれ／まわれよ　水車／まわれ／まわって　お日さん／呼んでこい／　まわって　お日さん／呼んでこい／鳥　虫　けもの／草　木　花／春　夏　秋　冬／連れてこい／春　夏　秋　冬／連れてこい／まわれ　まわれ　まわれよ　水車まわれ／まわって　お日さん　呼んでこい／まわって　お日さん　呼んでこい／鳥　虫　けもの／草　木　花／咲いて　実って／散ったとて／生まれて　育って／死んだとて／／風が吹き　雨が降り／水車　まわり／せんぐりいのちが／よみがえる／せんぐり　いのちが／よみがえる」[15]。里山の子どもたち、媼、都の子どもたちとうたい手が変わると、同じ旋律でも歌詞は少しずつ変わるが、歌詞のなかには「まわる」「せんぐり」「水車」「よみがえる」といった円環（自然の循環）を表す言葉や「鳥　虫　けもの」「草　木　花」といった命を循環させる自然が繰り返し使われている。また、この「うた」と似ていて地上では姫だけがなぜかうたえるもの悲しい短調（マイナー）の旋律「まわれ　めぐれ／めぐれよ／遥かなときよ／めぐって／心を　呼びかえせ／めぐって／心を呼びかえせ／／鳥　虫　けもの／草　木　花／人の情けを／はぐくみて／まつとしきかば　今かへりこむ」[16]という「うた」も複数回登場する。ここでも円環を思わせる「めぐる」「かへる」「まわる」といった言葉や自然が繰り返されている。後者は姫がかつて月で聴いた、地球から月に戻ってきた天人が涙を浮かべながら口ずさんだ「うた」であることが明かされる。姫は何らかの「罪」ゆえに月から地上に降ろされたという設定なので、この「うた」は姫の前世の記憶ということになる。それは、月にはない生の豊かさが表現された地上の「うた」にかつて心惹かれた姫の無意識の記憶として存在し、「いずれ月に帰る」という彼女の円環の宿命を凝縮している。ここでは、こうした前世の無意識の記憶が現在に干渉する様相を、断片的に反芻される旋律を効果的に用いて表現している。音声を用いるアニメーションの強みを活かして、無意識の記憶という内的時間をそれが出現する状況も含めて描出しているのである。

　これら三つの異なる時間は無関係に存在するのではなく相補的に働くものである。第一の直線的に進む現在の一部でありそれを補完する時間によって、姫の心情や人間性の描写が厚くなる。それが前提となり、第二の現在時を逸脱するような時間や、第三の反芻される「うた」の主人公にとっての意味が、視聴者に理解されるからである。まとめると、時間表象という点から見れば、高畑映画に新たに加えられた要素は、原作の物語には描かれていない主人公の人間的で繊細な心の動き、記憶や幻想に関わるものであり、全体として複線的・多層的な時間を支えるものとして機能している。結果として浮き彫りになるのは、現在に抵抗したり、幻想に飛翔したりするかぐや姫という主人公の内的時間、言い換えれば人間的時間である。この映画では、アニメーションゆえに可能な映像技術や音声も総動員して、原作『竹取物語』には直接には描かれないこの人間的時間、さらにいえば精神の動きを可視化している。そのことにより、個を持った少女の憂愁の描出に成功しているのである。

さらに、姫が再び月に戻っていくという結末によって、これらの複線的・多層的な時間全体が、より大きな円環的時間、いわば時間ループの構造に巻き込まれることになる。名付けの宴を抜け出して疾走した姫は辿り着いた雪原に倒れ込む。薄れゆく意識のなかで、雪山と夜空を目にして「この景色、知ってる」とつぶやいて気を失い、その頭上を天女が舞うというシーンがある。このシーンと月からの迎えとともに姫が月に帰る結末のシーンとがセットになって、姫の物語が実は無限に繰り返している＝時間ループの構造を作っていると解釈できる。このような時間ループの構造のアニメーションにおける起源と意義についてとくに重要なのは、浅羽通明の視点である。浅羽は、過去から現在・未来に向かって進む直線的物語に回収されず無限に時間を繰り返すループ構造が、八〇年代から今日に至るまでアニメーション（とくに「日常系」といわれるジャンル）にしばしば現れることを指摘し、それらを「時間ループの物語」と読んでいる。その起源となる小説や思想などにも言及したうえで、この「時間ループの物語」は、成長しない時代となった現代日本を生きる人間の「生きる指針」を導く鍵を握るものと、ポジティブに捉えている。「成長」しない主人公が現代社会を生きる人間（とくに若者）の哲学的葛藤を引き受けるというこの視点は、『かぐや姫の物語』の多層的かつ円環的な時間構造や『おもひでぽろぽろ』の逡巡する時間の意味を考えるうえで、非常に示唆的なものである。(17)

「成長」への信頼に対する見直し

以上のように、異なる時間が織り成す重層的な時間構造によって個の内面を掘り下げることに重点が置かれる二つの高畑映画では、主人公の「成長」や「変化」を軸に物語が構成されていない。現在のアクションが起こらないのである。または、物語を駆動させるアクションと見えるものでも、実は過去への遡行や夢や幻想に過ぎないという仕掛けである。出来事やドラマの動因となるはずの主人公は、どこにも行かないし行けない。現状を変えるアクションを起こさないからである。以下では、そうした非活動的、不活発に見える主人公を敢えて高畑が描いた意味を考察する。

もちろん、過去から未来に向かって能動的に生きる主人公は、人を勇気づけ、希望を与え、夢を見させる。進歩を切り開く活力にもなってきた。そうしたアクション中心の物語は、娯楽性を求められるアニメーションという媒体にとって不可欠だ。たとえば、宮崎駿が監督を務めた『風の谷のナウシカ』『天空の城ラピュタ』などは、自然破壊や戦闘といった困難な状況にもかかわらず、それを乗り越えて逞しく、未来に向かって歩もうとする主人公の物語である。科学の発展への懐疑は含むものの、基本的には人間の進歩や成長に対する信頼がある。そして、多くの視聴者の支持も集めてきた。実際、宮崎も、内面を描く傾向のある高畑に対して「ぼくはどちらかといったら人間の内面を描くというよりも、活劇物がすきな人間ですからね(18)」と述べているので、この違いは制作者側でも認識している。困難を乗り越えながら前に進む主人公の物語を通じて(19)宮崎映画は、戦後の女性の自立の文脈と足並みを揃えて「成長できる／戦う少女」像の定着に大きな役割を果たした。

しかし現実は、皆が活劇の主人公のように活発というわけではない。そうであらねばならぬわけでもない。『おもひでぽろぽろ』や『かぐや姫の物語』は、そうした能動的なアクション主体の物語に問いを投げかける。人はすべての願いを可能にできるわけでも、毎回成功するわけでもない。叶わぬ願いを諦めたり自分に言い聞かせたりしながら（場合によっては何も叶えられず）、求めたものをごくたまに手に入れて、与えられた時間を生きる。これが、多くの人が生きている現実ではなかろうか。また、ある人が欲しいものを、別の人も同じように欲しいとも限らない。安定した地位や永続的な成果や標準的な家庭を築くと言ったような旧式の男性の自己実現に依拠した一元的成長モデルを、男だけでなく女も実現することが、ある時期までは近代社会のゴールであったのかもしれない。しかし、個人の生き方を中心に考えるなら、何に価値を置くか、どんな人生を送るかを「個人が多様に主体的に選べる」こと、つまり個の多様性に根差す「成熟」という価値を担保することこそが、本来の着地点ではないのか。そうした問いかけを、早くも一九九〇年代のアニメーションで投げかけたことに、高畑の物語の核心があり、先見性があり、なにより哲学がある。また、経済成長期の渦中だったからこそ、その問いかけには歴史的な意味もあった。

しかも『おもひでぽろぽろ』と『かぐや姫の物語』は、逡巡する成人女性の表象であるゆえに、少女の成長の先を描くという意味も持つ。この二つの映画が切り込むのは、そこである。成長に成功した者であれそうでない者であれ、少女が成人し「女」という性の役割に直面する第二の「さなぎの季節」における葛藤のリアリティを掬い取る。『おもひでぽろぽろ』のタエ子は、最初の「さなぎの季節」の頃（初潮を迎える時期）から立ち止まりがちな少女ではあった。しかしそれでも、上述の『ひょっこりひょうたん島』の歌のシーンのごとく、その都度言い聞かせながら、進学、就職、キャリアという成長に歩を進めた。しかし「次は結婚」という声が周囲でささやかれ始めたところで、大きく迷い始める。かぐや姫の憂いが顕著になるのも「裳着の儀式」という成人儀礼の前後、「高貴な殿方」との婚姻の準備が始まる時期である。ここで、それまで同じ文脈や路線で成長してきた男女が、「男」とペアとしての「女」／「女」とペアとしての「男」の役割を問われ、「同じ」でないことを意識させられるからである。

ここまで眺めた高畑の二作品は、この第二の「さなぎの季節」に葛藤する女性の内面のリアリティに肉薄している。一見『おもひでぽろぽろ』のエンディングは、農村に嫁ぐという形でタエ子が能動的に変化する打開策を見つけたかのようにも思わせる。しかし、なにしろ妄想を得意とするタエ子のことである。それが電車の中でのタエ子の妄想や夢ではないという確証がどこにあるだろうか。しかも、その展開が現れるのは、映画本編ではなくエンディングロールにおいてである。また、仮に夢でも妄想でもなかったとしても、農村に引き返す（＝結婚する）大人のタエ子を寂しそうに見つめる一〇歳のタエ子の表情（図５）は、このエンディングが「さなぎが蝶になる」未来を手放しで礼賛してはいないという解釈も許している。実際に、この場面は評者によって解釈はさまざまである。たとえばちょうどタエ子と同世代の切通理作は、農村に引き返すタエ子を「見送る十歳のタエ子の快活な顔が、フッと淋しげな表情に変わり、周囲の暗転とともに浮き上って、映画は終わる」ところに着目する。そして「この結末の後、タエ子が、「農家の嫁になる」とか「トシオと結婚生活を送る」ということをまったく想像できなかった。その代りに、なんともいえない孤独で不安定な感触を手渡されたのだ」と述べている[20]。一方で、同じ結末を、タエ子が農家の嫁になると解釈するものもある。本田和子はタエ子の決断を「女たちが、脱現代、そして反近代を志向するとき、しかも、解体を終えて調和が求められるとき、しばし

図５『おもひでぽろぽろ』最終場面

ば、無自覚に選択されるのが前近代への回帰ではないだろうか」と問いかける。[21] この「前近代」という語の使用に検討の余地はあるが、ここでは、タエ子の結婚が少なくとも近代の文脈の一元的成長モデルとは異なる意味を持つことは示唆される。また、農民連書記の女性の投稿に、タエ子が農村に引き返した気持ちへの純粋な共感が綴られるものもある。[22] このように視聴者によって多様な解釈を許すことは本作の結末の多義性を証明する。

そしてまさに『おもひでぽろぽろ』の結末は、こうした多義的な解釈を許す、つまり結末を視聴者に委ねるという点に意味があるのだ。実はそれは、月に帰ることで無限の円環構造を作るかぐや姫の結末とも共通している。つまり、この二つの映画の時間構造は、予定調和的に「誰もが成長する」わけでもないし、「いつも成長できる」わけでもないし、「成長したい」人ばかりでもない、という現実に寄り添っている。ゆえに、一つの分かりやすい形では決着しないし、する必要もないのだ。そこにリアリティもある。そのように捉えればこれは、戦時下を生き抜く術を知らずに妹を守れず自分も死んでいく少年の表象（『火垂るの墓』）にも、環境破壊に住処を奪われ、一致団結して抗うも勝利できないたぬきの表象（『平成狸合戦ぽんぽこ』）にも、高畑の監督・脚本のアニメーションにしばしば現れているリアリズムである。一種のペシミズムとも言える。高畑の物語では、正義が必ずしも非正義に勝利するとは限らない。それどころか多くの場合、敗北するか孤立するか、宙ぶらりんのまま保留される。なお、この高畑の主人公における成長の失敗という主題系については、たとえば福嶋亮大や大塚英志といった論者も指摘するところである。[23]

仮に「少女」の成長の可能性を描いてきた宮崎の物語を陽画（ポジ）とするならば、高畑の物語はまさにその陰画（ネガ）として、宮崎の物語と相補的に、民主主義の物語の全体像を提示してきたと言える。この点、たとえば南波克行の論考では、高畑勲の物語が円環構造を持つのに対して「宮崎駿は徹底的に話を前に進め、決して円環などせずに、すべての時間は予期せぬ未来に開かれている」と分析する。[24] 進歩に向かって能動的に進むように見える物語に対してそうではない物語もある。この陰画があったからこそ、スタジオジブリのアニメーションに文学性や哲学性が内包されるものとなったのである。そしてその高畑の意図を最も理解していた一人が、おそらくは他ならぬ宮崎であったことは想像に難くない。どこにでもいる等身大の女性を描くことのドラマ性の希薄を理由に高畑が『おもひでぽろぽろ』の制作を断ろうとした際に、「とにかくこれが出来るのはお前しかいない」と背中を押したのは、宮崎だったという。[25] 果たして高畑はその宮崎の思いに応えた。『おもひでぽろぽろ』では現在と回想との往還、表情のリアリティ、飛翔シーン、挿入歌の工夫など、『かぐや姫の物語』では、姫の日常の喜怒哀楽、飛翔や疾走シーン、反芻される「うた」などによって、人間の内面（本稿の趣旨ではとくに内的時間）の表象を、アニメーションの描出手法を駆使して試みた。この両輪があってこそ、スタジオジブリは常に前衛的であり続けたとも言える。

ただ、娯楽アニメーションは、現実では叶えることのできない視聴者の夢や希望を描いてきた。よって、等身大の成人女性の内面に肉薄した二つの高畑映画は、この娯楽の王道には沿っていない。「夢を見させる」ものでも、女性にも男性と同じ（またはより勇敢な）活劇の主人公が演じられると「希望を与える」ものでもないゆえに、視聴者を素直に喜ばせたり大いに励ましたりすることはできない。

しかしまさに同じ理由によって、この二作品は視聴者に問いかけ、考えさせ、新しい価値に働きかけることはできる。アクション主体の娯楽アニメーションでは掬い取れない、日常や循環や停滞といった変わらない現実とそこを反復する人間のリアリティを映しだすからである。だからこそ高畑作品は、今日のアニメーションの重要な特徴の一つと指摘される成長しない時代のなかで数多く生み出されてきた「時間ループ物語」にも連なるものであると読むことができる。つねに反復する日常そのものを主題に据えることで、そこで生きる人間の内面や意識に光をあてる物語である。ゆえに、こうした内面を掬い取ることを可能にする高畑の映画に見られる時間操作は、二〇世紀の小説の世界で常に主要な関心となってきた人間の内的時間をどのように描くかという問題意識とも重なり合う。この点においてこそ高畑作品は、そこにある種の文学性を付与しているのである。

注

（1）「スタジオジブリの年表」（公式ホームページ内）http://www.ghibli.jp/chronology/
（2）「シナリオ　おもひでぽろぽろ」（以下、注では「シナリオ」と略記）日本シナリオ作家協会監修『シナリオ』四七巻八号、一九九一年八月、一三七―一七五頁。
（3）注2「シナリオ」一三八頁。
（4）「高畑勲監督『おもひでぽろぽろ』の演出を語る」『シネ・フロント』一七七号、一九九一年七月、二三頁。
（5）高畑勲「タエ子の顔のいわゆる「しわ」について」『アニメーション、折りにふれて』岩波書店、二〇一三年、八六―九四頁。「高畑勲展　日本のアニメーションに遺したもの」（東京国立近代美術館、二〇一九年七月二日～一〇月六日）の展示にあったタエ子とトシオの声優を務めた今井美樹と柳葉敏郎の表情のスケッチ画も、その努力を裏づける。
（6）注2「シナリオ」から計数。
（7）映像は『おもひでぽろぽろ』DVD（ウォルト・ディズニー・スタジオ・ジャパン、二〇一五年）を用いた。台詞や歌詞等はここから注2「シナリオ」を参照して書き起こした。以下、テキストの参照部分は、注2「シナリオ」○頁参照、と略記し、DVDの該当箇所と併せて注記する。
（8）注7DVD（0:06:58）及び注2「シナリオ」一四〇頁参照。
（9）注7DVD（0:37:55）及び注2「シナリオ」一五一頁参照。

（10）「「おもひでぽろぽろ」宮崎駿ＰＤインタビュー「パクさんと「ぼくらの時代」」『キネマ旬報セレクション　高畑勲―「太陽の王子　ホルスの大冒険」から「かぐや姫の物語」まで』キネマ旬報社、二〇一三年、一七二頁。

（11）おかじょうじ「おもひでぽろぽろ　アニメに何ができるのか？　―高畑勲監督作品の系譜―」（『キネマ旬報』一九九一年八月上旬号、三八頁）参照。引用箇所の表記を一部改めた。

（12）映像は『かぐや姫の物語』ＤＶＤ（ウォルト・ディズニー・スタジオ・ジャパン、二〇一四年）を用いた。台詞や歌詞等の引用はここから『かぐや姫の物語　ビジュアルガイド』（KADOKAWA、二〇一三年）を参照して書き起こした。以下、テキストの参照部分は、注12「ビジュアルガイド」〇頁参照、と略記し、ＤＶＤの該当箇所と併せて注記する。

（13）注12ＤＶＤ（2:07:50）及び同「ビジュアルガイド」一一四頁参照。

（14）注12ＤＶＤ（2:08:00）及び同「ビジュアルガイド」一一四―一一五頁参照。

（15）注12ＤＶＤ（2:07:04）及び同「ビジュアルガイド」一一二―一一三頁参照。

（16）注12ＤＶＤ（1:51:24）及び同「ビジュアルガイド」五五頁参照。

（17）浅羽通明『時間ループ物語論―成長しない時代を生きる』（洋泉社、二〇一二年）参照。

（18）注10インタビュー、一七二―一七三頁。

（19）斎藤環『戦闘美少女の精神分析』（筑摩書房、二〇〇六年）及び同「「戦闘美少女」としての「かぐや姫」」（『ユリイカ』二〇一三年八月号、一一八―一二五頁）なども関連事項を論じる。

（20）切通理作「プアボーイ、プアガール　高畑勲「おもひでぽろぽろ」にみる戦後」『思想の科学』第七次（１５８）一九九二年一一月、四―一七頁。

（21）本田和子「古い器に注がれたもの『おもひでぽろぽろ』の場合」『情況』第二期三巻五号、一九九二年六月、五四―五八頁。

（22）栗原澄恵「映画「おもひでぽろぽろ」を見て」『あすの農村』Ｎｏ．２０６、一九九二年一月、三五頁。

（23）福島亮大「神の成長―高畑勲『かぐや姫の物語』論」『百年の批評―近代をいかに相続するか』（青土社、二〇一九年、二二〇―二二九頁）及び大塚英志「『おもひでぽろぽろ』解題」『ジブリの教科書6　おもひでぽろぽろ』（文春ジブリ文庫、二〇一四年、二八九―三一一頁）などを参照。

（24）南波克行「高畑勲と宮崎駿——相互補完する作品群」『文芸別冊　高畑勲』二〇一八年八月、一四〇—一四九頁。

（25）注4インタビュー、二一一頁参照。

【読書案内】

福嶋亮大『百年の批評　近代をいかに相続するか』青土社、二〇一九

スタジオジブリ・文春文庫編『ジブリの教科書19　かぐや姫の物語』文藝春秋、二〇一八

スタジオジブリ・文春文庫編『ジブリの教科書6　おもひでぽろぽろ』文藝春秋、二〇一四

高畑勲『アニメーション、折りにふれて』岩波書店、二〇一三

浅羽通明『時間ループ物語論　成長しない時代を生きる』洋泉社、二〇一二

走る女と忘れられた帝

――『竹取物語』から『かぐや姫の物語』への継承と乖離

中野　貴文

はじめに

本論は、高畑勲監督作品『かぐや姫の物語』とその原作『竹取物語』との比較を通じて、前者の世界観の一端を明らかにすることを目指すものである。後ほど改めて言及することになるが、『かぐや姫の物語』は、原作『竹取物語』に極めて忠実である。[1]だからこそ、両者の相違点に光を当てることは、高畑作品の拠って立つところを闡明するために有益であると思われる。以下、本論が俎上に載せるのは、かぐや姫の疾走、帝との関係、かぐや姫の昇天、これら三点についてである。中でも先んじて取り上げるべきは、同作品の予告ＣＭでも印象的に繰り返された、かぐや姫の疾走場面をおいて他にあるまい。

かぐや姫の疾走

『かぐや姫の物語』の主人公が、極めて元気な少女として描かれていることは、このアニメを鑑賞した人なら誰しも納得してもらえるだろう。特に原作ではほとんど記述されない、子ども時代のかぐや姫の様子も、至って丁寧に表現されている。その中で、アニメのオリジナルキャラクターである捨丸という男の子と野山を走り回るシーンは、かぐや姫が貴族の屋敷に住まう身となった後も印象的に回顧されている。そして中盤、慣れない都暮らしに辟易し、とうとう屋敷を飛び出したかぐや姫は、衣装を脱ぎ捨てながら、野山へ向け都大路を走り出して行く。

実は古典文学の世界において、公達や姫君は基本的に一切走らない。単純に、直衣や小袿が重くて走れないという現実的な問題はあったろうが、そもそも貴族社会では、走るという動作自体が無作法で品のない行為として認識されていたと思われる。古典における「走る」場面を渉猟、分析した稲田利徳氏は、以下のように結論づけている。(2)

貴族の創作した、貴族生活を内容とした王朝文学には、いわゆる大人の「走る」場面は極めて稀少だった。「人が走るとき」は、なにか異常な衝撃を受けたときで、その内情が、真剣、深刻、苦悩、あるいは感動などの極限状況を背景とした行為の現れであった。

その際、走る人物を取りまく、内的、外的な状況判断により、あるいは作者の形象化の方向によって、その人物の心情が、そのまま享受者側に、同質の次元で受けとめられるケースと、逆に滑稽で笑いの対象となるケースが認められた。

いったい、前述の平安装束も、むしろそのような価値観を反映して定着していったと見るべきであろう。古典文学上においては、身分が高い貴族層ほど、走るという行為とは縁遠くなる一方、身分の低い者は、滑稽さを表現するために走らされることが少なくない。例えば、アニメの原作である『竹取物語』にも、以下の如き走る翁の存在が認められる。

たけとりの翁、走り入りて、いはく、「この皇子に申したまひし蓬萊の玉の枝を、一つの所あやまたず持ておはしませり……はや、この皇子にあひ仕うまつりたまへ」といふに、物もいはず、頰杖をつきて、いみじく嘆かしげに思ひたり。

蓬萊の玉の枝を持って来た（と嘘をつく）くらもちの皇子の来訪を告げに、翁は興奮してかぐや姫のもとへ走りこんでくる。これでかねてからの願い通り、かぐや姫を結婚させることができる（「はや、この皇子にあひ仕うまつりたまへ」とある）と思ったからに他ならない。ここでの翁の様は、

総じて「竹取物語」では、竹取の翁はやや戯画化されているが、この「走る」シーンも、翁自身は真剣そのものだが、その周章狼狽ぶりは老人の動作だけに、滑稽感を抱かせるし、作者も翁を走らせて戯画的に造型したのではなかろうか。

稲田氏の右の指摘で外れまい。

加えて、貴族の「女性」が「走る」と表現されることは非常に珍しく、中世以前においては、

忍びてと思へば、はらからといふばかりの人にも知らせず、心ひとつに思ひ立ちて、明けぬらむと思ふほどに出で走りて、賀茂川のほどばかりなどにて、いかで聞きあへつらむ、追ひてものしたる人もあり。

右に挙げた『蜻蛉日記』中巻において、作者道綱母が鬱屈した日々から逃げ出すように、突如石山詣でを思い立った場面ぐらいしか見当たらず、またこの場面にしても、新全集が「走るように家を出」と訳出しているように、「走る」は比喩的な表現に留まるだろう。

一方、中世文学以降においては、これも稲田氏が既に指摘していることであるが、走る女性はその狂気性に言及されることとなる。

さて、常に障子をたてて、ひき被きてのみありければ、心なく寄り来る人もなし。かかるほどに、あたり近く飴入れたる桶のありけるを取りつつ、我が髪を五つに髻に結ひ上げて、この飴を塗り乾して、角のやうになんなしつ。人、つゆ知ることなし。さて、紅の袴を着て、夜、忍びに走り失せにけり。

（『閑居友』下巻第三話）

男に捨てられたと思い込んだ若い女が、徐々に心を病み、とうとう出奔してしまう場面である。人知れず常軌を逸していった様が、「忍びに走り失せにけり」という表現で示されている。この他、一目ぼれした若い僧を追いかけて大蛇に変じた道成寺縁起なども、容易に想起されよう。まさに「狂人の真似とて大路を走らば、すなはち狂人なり」（『徒然草』第八五段）、女の疾走は、「まとも」な社会からの逸脱の表象として機能していた。

逆にいえば、普通の大人ならざる子どもには、上述の感覚は当てはまらないということになる。このことを象徴的に示すのが、『源氏物語』の中でも名高い、若紫の垣間見の場面であった。

中に、十ばかりにやあらむと見えて、白き衣、山吹などの萎えたる着て走り来たる女子、あまた見えつる子どもに似るべうもあらず、いみじく生ひ先見えてうつくしげなる容貌なり。髪は扇をひろげたるやうにゆらゆらとして、顔はいと赤くすりなして立てり。

多くの優れた先行研究が既に指摘しているように、この初登場の場面において、若紫は過剰に幼い「少女」[(3)]として描かれている。いまだ何者にも染められない、原始的な力強さを持った存在として、光源氏の前に「走って」現れるのだ。[(4)]「十ばかりにやあらむ」姫君としては甚だ異例なこの疾走の描写が、社会通念の枠に収まらない、彼女の生命力を描出したものであることは認められるだろう。事実、この後光源氏と契る前までの若紫は、少女特有の純粋さを発揮して、光源氏の持つ貴族社会の常識を揺さぶっていくこととなる。この点において、高畑版かぐや姫は、原作『竹取物語』のかぐや姫以上にむしろ若紫と重なっているのだ。

このように見てきたとき、高畑作品におけるかぐや姫の疾走の意味は、自ずと明らかになるだろう。そもそも、「原作で姫が結婚しようとしないのは、月の都に帰らねばならない運命だったからだが、『かぐや姫の物語』では、山里に戻って自由に走り回りたいからという理由になっている」[5]という指摘に見えるように、『かぐや姫の物語』において、山里を走り回ることは、彼女のアイデンティティの中核を形成していた。そしてそれは常に、彼女の自由を奪う都での日々、桎梏の多い貴族社会と二項対立的に描出されていた。都で髪上げをした後、彼女は御簾の中の狭い空間に押し込められ、重い服を幾重にも着せられ、眉を抜くことを強いられ、そしてついには結婚を求められた。結婚という制度が、女性の自由を奪って男性中心の社会に取り込んでしまうものであることは、説明を要すまい。髪を束ねる櫛を投げ捨てて、故郷へ向け走り出すかぐや姫の描写は、そのような社会の窮屈さを否定し、しきたりや決まりにとらわれることなく動き回ることができた子ども時代を賛美するものであった。都（都会）と自然、大人と子どもを対立的にとらえ、常に後者を称揚していくという構図の一致において、高畑のかぐや姫は、まさしく彼の代表作『アルプスの少女ハイジ』の後継と位置づけられよう。そういえばハイジも、自然を走り回る少女であり、また髪を「もじゃもじゃ」[7]に伸ばす女の子であった。

戯画化される帝

前節では、高畑の造形したかぐや姫が原作『竹取物語』のかぐや姫以上に、『源氏物語』の若紫と重なることを指摘したが、実はこの若紫自体、先行する『竹取物語』の影響下にあることが、既に論じられている。煩瑣を避けるべく、一例のみ紹介しよう。

　かねてより病篤い紫上がその生涯の幕を閉じたのは御法巻のなかほど、秋風が萩を吹き乱す八月十四日の明け方のことであった……さらに等閑にしえないのは、源氏物語では紫上唯一人にかぎって「十四日に亡せたまひて、これ（稿者注・葬送）は十五日の暁なりけり。」と明瞭に記されている点である。(8)

北山で幼い姿で「発見」され、都で物憂い日々を過ごし、右の指摘にあるように八月十五日に最期を迎えて昇天した若紫（紫の上）は、確かに『竹取物語』のかぐや姫と重なるであろう。若紫が異なるのは、彼女を目にしたのが翁ならざる光源氏であり、二人の間に、物思いの絶えることない愛執の日々が続いた点に他ならない。そしてこの、異性との恋愛における物思いこそ、『源氏物語』が『竹取物語』より引き継いだテーマであった。

　原作『竹取物語』において、かぐや姫は五人の色好みの求婚に対し、至って冷ややかな反応しか示さない。いわば、「心」ない女性として描かれていた。

『かぐや姫の物語』（2013）より、「燕の子安貝」を獲ろうとして落下した石上の中納言。原作では、鼎の上に仰向けに落ちるが、アニメでは甕の中に垂直に落下しており、おかしみを誘う。

『かぐや姫の物語』（2013）より、かぐや姫に入内をせまる帝。その異常に尖らされた顎は、しばしばSNSなどで話題とされた。

しかし、「燕の子安貝」の段において、自分の願いを叶えるために不具となってしまった石上の中納言に対してはわずかながらも心を動かされ、彼女は自ら歌を詠みかける。そして、その歌を形見にこの世を去ったと聞いたとき、「少しあはれ」との感情を姫は抱くのだ。この辺りから、本文中にも「あはれ」という言葉が散見するようになる。

原作では、その後ついに帝から言い寄られ、手紙を遣り取りする仲になって三年を経、徐々にではあるがかぐや姫に、他者に心惹かれる気持ちが芽生える過程が描かれていた。その「頂点」(9)こそ、かの名高い昇天の場面に他ならない。月に戻る間際に帝に向けて詠まれた歌「今はとて天の羽衣着る折ぞ君をあはれと思ひ出でける」、ここでかぐや姫は、昇天(=永遠の別れ)の直前になって、とうとうあなたを「あはれ」と思う自分の気持ちに気づいたのだと詠い上げている。

この歌も含め、かぐや姫の昇天場面に関しての分析は次節以降に譲るとして、今は原作において彼女と「あはれ」を交感していった帝が、高畑『かぐや姫の物語』においては、完全に戯画化されている点を確認したい。そもそも高畑のかぐや姫は、最初から、心の豊かな少女として描かれていた。そして、そのような彼女が気持ちを通わせる相手は、帝や、まして色好みの貴公子たちではなく、既述の通りアニメのオリジナルキャラクターであった捨丸という男の子である。成人後、(夢の中で?)再会する二人の会話を、二箇所ほど抜粋しておこう。

「私もずっと、帰ってきたかったの」

「帰ってって、ここに?」

「うん」

「俺はお前と逃げたいんだ。行こう」

「捨丸兄ちゃん」

「よしっ」

「私も走る。力いっぱい」

鍵語とも呼ぶべき「走る」という動作を介しつつ、二人が心をひとつにしている様がうかがえる。捨丸は作中、野山を巡り各地を流浪して暮らす様子が描かれる一方で、「都に行って幸せになったんじゃないのか。いい着物着て、大きなお屋敷に住んで、うまいもの腹いっぱい食って」とかぐや姫の都暮らしをなじったり、あるいは都で置き引きの末に打擲されるシーンが描かれたりするなど、終始、都を批判的に見る山里側の人間として表現されている。かぐや姫の交感の相手として石上の中納言ら貴顕が排され、代わりにかかるキャラクターがわざわざ用意されている事実は、高畑がこのアニメ（無論、その先には彼の政治的な立場全般が問われることとなるはずである）において、貴族層を如何なる存在としてとらえていたかを、如実に示すものであろう。前節で指摘した、かぐや姫の疾走シーンの意味も、かかる文脈の中に置いて理解されなければなるまい。

繰り返すが原作『竹取物語』において、帝はかぐや姫が人の心、人を愛する気持ちを理解する過程で登場する重要人物であり、かぐや姫と徐々にではあるが、心の距離を縮めていく様が描かれていた。

ところが高畑『かぐや姫の物語』において、帝は何事も自分の思い通りになると高をくくっている傲慢な性格であり、女の気持ちを無視して欲望のままに迫る男性の暴力性を象徴した人物として描かれていた。原作にあった、少なくとも人間の世界においては最も尊く、かぐや姫を思う心を有した帝王としての面影は微塵もなく、むしろ巷間話題になったように、その奇妙に尖らされた顎に象徴される如き、戯画的な存在として表現されているのだ。

いったい、高畑の物語の場合は、そもそも男女の心の接近は、主題から遠いところにあったといわねばならない。前掲の捨丸との場面において、この会話の後二人は互いに追いかけるように走り出し、手を取り合い、抱きしめ合いながら天空を飛翔する。大人の男女としての、性的なニュアンスを感じさせる場面描写となっていることは間違いない。しかし、それ以上の遣り取りが続くことはなく、この場面自体、夢中の幻ともとれる枠の中に埋め込まれている。その上、この前後の場面で、捨丸は既に結婚して子どもまでいることが示されており、少なくとも原作が描出した如き、男女の心の接近の過程が描かれているわけでは、決してない。

後述するように、高畑は原作『竹取物語』が、如上、人の心の問題を大きな主題として抱えていたことを見抜いていただろう。にもかかわらず、それを打ち捨ててまで彼は何を描きたかったのか。次節改めて、映画のクライマックスである昇天の場面を取り上げたい。

輪廻を肯定する

先ほど、昇天を映画のクライマックスと評したが、実はここも原作とアニメーションにおいて大きく異なる点の一つであった。原作『竹取物語』においては、かぐや姫の昇天の後、残された人々の悲しみを叙述した箇所がしばらく続く。帝や翁たちは、かぐや姫の置き土産ともいうべき不老不死の薬を飲まない。「逢ふこともなみだに浮かぶ我が身には死なむ薬も何にかはせむ」という帝の詠歌が端的に示すように、かぐや姫を失ったにもかかわらず永遠不変の命を得るよりも、彼女への愛と思い出を抱いたまま人として死ぬことを残された者たちは選択する。ここには始皇帝の逸話等で知られる、不老不死への憧れを強く打ち出した大陸的価値観に対する、明確な拒否が垣間見える。(10)

そして原作の最後の場面、帝は富士山の頂上で、かぐや姫への思いを乗せて、不老不死の薬と手紙を燃やさせる。そこから出た煙は、今も雲の中へ立ち昇り続けている、という一節をもって物語は閉じられる。古来、火から生まれる煙は、恋心の象徴として和歌に多く詠まれてきた（「火」と「思ひ」は、しばしば掛詞として用いられる）。ここからも『竹取物語』における帝の重要性、および人を思う気持ちとそれゆえの物思いこそ、この物語の主題であったことが知られるであろう。(11)そしておそらく、このことを高畑の慧眼は見抜いていた。

話を昇天の場面に戻そう。アニメのラストシーン、使者たちに天の羽衣を着せられ月に帰って行くかぐや姫には、もはや両親との別れを悲しむ心も月の使者たちへの怒りも失われている。まるで能面の如き無表情で、迎えにきた使者たちとともに、地球を振り返ることなく昇天していく。これが凡百の映像作家であれば、残していく老夫婦を涙ながらに振り返らせることだろう。(12)しかし『竹取物語』中にも

ふと天の羽衣うち着せ奉りつれば、翁を、いとほし、かなしと思しつることも失せぬ。この衣着つる人は、物思ひなくなりにければ、車に乗りて、百人ばかり天人具して、昇りぬ。

とあり、羽衣を身につけた時より、かぐや姫はそれらの感情を無くしたと明記されている。高畑はここで、原作通りの残酷な別れを選択したのだ。

前掲の「今はとて……」の詠歌は、まさにこの、感情を無くす直前に詠まれていた。そして、その直後、かぐや姫は昇天する。昇天とはまさに文字通り、「人としての死」を意味していよう。この歌も、いわば辞世の歌と見なければなるまい。再び大井田晴彦の言葉を引用しておこう。

「今はとて天の羽衣着るをりぞ君をあはれと思ひ出でぬる」の絶唱は、二つの世界に引き裂かれつつある姫の、人間としての自己への惜別の歌でもあった[13]。

心を失って、昇天する。これは逆にいえば、心があるからこそ人間なのだという、物語の人間観が現れたものと見なせよう。原作の最後で帝が手紙を燃やした煙は、途切れることなく、今も立ち昇っているという。先行研究が既に論じている如く、ここには「ふし山」とは「不尽山」であるというレトリックが隠されていよう。肉体は永遠ではなくとも、人が人を思い、愛する心は永遠だということではないか。あえて原作同様の別れを描写した高畑が、この物語に流れる如上のテーマに、気づいていなかったとは思えないのである。

しかし、既に前節で説明した通り、高畑は帝や公達との愛をアニメーションから徹底的に排除してしまった。にもかかわらず、人の心をテーマとして残していたのだとしたら、代わりにいかなる「心」が問われていたのであろうか。前掲の羽衣を着る直前のシーンを、今度は『かぐや姫の物語』において確認しよう。

「待って。待ってください。この羽衣をまとってしまったら、わたくしはこの地のすべてを忘れてしまうでしょう。……穢れてなんかいないわ。喜びもかなしみも、この地に生きるものは、みんな彩りに満ちて、

鳥、虫、けもの、草木花、人の情けを」

「人の情け（原作の「あはれ」という表現も想起される）を」と叫んだ瞬間、かぐや姫は羽衣を着せられ、以降彼女の台詞は途絶してしまう。まさに原作同様、月に帰るために人としての「心」を失う場面だが、ここで彼女が最後まで訴えようとしていたのは、地球の草や木、鳥や虫たちへの愛おしみであった。

そもそもアニメにおいて、かぐや姫は山里の中で発見され、そこで育ち、山里こそを自らの居場所と考えて生きていた。都に移った後も、そこでの出世にとらわれる翁を尻目に、山里同様の暮らしを守ろうとする嫗とども

に、立派な母屋とは別に設けられた小屋で主に暮らし、その軒先にミニチュアの山里のような空間を作っては、愛おしんでいた。前掲の疾走にしても、都会からの脱出と自然への回帰の象徴として描かれていたことは、既に述べた通りである。そしてそれらの場面では、次のようなわらべ歌が繰り返し挿入されることとなる。

鳥　虫　けもの　草　木　花
咲いて　実って　散ったとて
生まれて　育って　死んだとて
風が吹き　雨が降り　水車まわり
せんぐり　いのちが　よみがえる

このわらべ歌は昇天の場面においても、かぐや姫に仕える女童（彼女もまた、極めて印象的なキャラクターであった）が、子どもたちとともに歌いながら歩くシーンに用いられていた。この歌詞からは、山里の純朴な自然への賛美、およびそれらが個々の生を輝かせ、やがて終わりを迎えても、また次なる生命へと受け継がれていくという自然観の存在を看取することができるだろう。このことは、インタビュー(14)における高畑自身の言葉からも確認し得る。

僕自身はきわめて俗流で日本人的な死生観や無常観を持っているだけです。それをそのまま出しているにすぎなくて、「草木国土悉皆成仏」という言葉がありますけど――別にみんなが仏にならなくてもいいだろうと思いますけど――、草や木や動物といったあらゆる生命はそれぞれの生をただ享楽すればいいと思うんですね。

高畑はここで、「きわめて俗流で日本人的な死生観や無常観」と語っているが、生きとし生けるものが全てそれぞれの生を謳歌し、終わりを迎えればまた次の生へと受け継がれるのだという輪廻転生的な発想は、確かに現在、日本人の持つ自然観として、比較的指摘されがちなものであろう。不老不死であろうとも生きる喜びを持たない世界へは、はっきりとノーをつきつけ、穢れや悲しみに満ちてはいてもなおこの地上こそを愛おしむ、この点において、高畑の物語は原作を完璧に再現しているといわねばなるまい。本論冒頭で触れた、高畑『かぐや姫の物語』が『竹取物語』に忠実であるという感想は、まさに如上、原作の有していたメッセージが見事に表現し直されている点にこそ求められるべきだろう。もちろん繰り返し述べてきた通り、原作で不老不死に対置されていたのは、生きる喜びの中でも自然への賛美ではなく、異性を愛する思い、ではあったのだが。

おわりに　歌の記憶

右のように見てきたとき、アニメーションのラストシーンにおいて、かぐや姫を迎えにくる使者たちの一行が、明らかに阿弥陀如来の来迎として描かれている点は重要である。月の都が穢れのない、苦しみも悲しみもない不老不死の世界というのであれば、それは確かに阿弥陀の浄土とも近しいものであろう。実際、中世以降、『竹取物語』を絵画化した絵巻等においては、月からの使者を聖衆来迎図（しょうじゅらいごう）に寄せて描いているものも少なくない。

だが、浄土の世界には咲いては散り、地に戻っては再び芽吹く自然の循環は存在しない。時間の止まった永遠の美はあっても、滅んで、後に再生するという自然のたくましさはない。それどころか、アニメにおいてかぐや姫の無意識の記憶の中として描写される月の宮殿は、実に荒涼として、清浄ではあるかもしれないが、草や木の

(15)

姿もほぼ見えない、いわば何もない場所に過ぎなかった。楽しげな音楽に包まれつつも、月の使者の王（阿弥陀か）がどこまでも無表情なことが、これらを如実に物語っているだろう。

それに対し束の間の抵抗を試みるものの、結局かぐや姫は月へと戻っていく。ただし、ここでアニメーションは、原作との最後の乖離を見せる。昇天の途中、感情を失ったはずのかぐや姫は、しかし突然振り返り、一筋の涙を流す。そして最後のカットにおいて、月に赤ん坊の姿が描かれて物語は閉じられる。ここには、彼女の中にわずかながらではあってもこの地での記憶が残されていること、およびあたかも輪廻転生の如く、彼女の記憶はいずれ他の誰かに受け継がれる、そのような希望が失われてはいないこと、以上二点が暗示されていよう。

『かぐや姫の物語』（2013）より、かぐや姫を迎えに来た月の使者の王。その容貌は確かに阿弥陀を想起させる。

『かぐや姫の物語』（2013）より、天の羽衣を身につけ、感情をなくして昇天するかぐや姫が、一瞬だけ地球を振り返る場面。目許には涙も見える。

そもそも、かぐや姫が地上に降ろされたのはそこに憧れたからであり、そのきっかけとなったのが、彼女が月の宮殿で耳にした、おそらくは彼女以前に地球に下ろされた女性のものと思しき「歌」であった。「歌」こそ、記憶も感情も失った後にすら断片として残り、忘却への抵抗(16)として最後まで脳裏に留まり続けていた。原作『竹取物語』において歌は、かぐや姫と帝（あるいは石上の中納言）との心のつながりの過程を表現したものであった。一方、高畑作品においては、かぐや姫と他の誰かとの（無意識下レベルでの）記憶の共有、継承として機能している。確かに、つながる対象こそ両作品は異なっている。しかしここには、散文ならざる「歌」にこそ、単なる情報伝達を超えた力があることが、千年の時を超えて、共通して示されているのではないか。高畑『かぐや姫の物語』は、その根底に、古典文学的な発想をしっかりと内包していたのである。

※本論中の資料の出典は、以下の諸本によった。なお表記等、一部私に改めた箇所がある。
『竹取物語』『蜻蛉日記』『源氏物語』……新編日本古典文学全集
『閑居友』『徒然草』……新日本古典文学大系
※『かぐや姫の物語』の台詞の引用は、DVD高畑監督作品『かぐや姫の物語』（ウォルト・ディズニー・ジャパン株式会社、二〇一四年一二月）より、筆者が書き起こした。

注

（1）例えば上代文学研究者の三浦佑之も、「さて、その『竹取物語』を原作とする今回の高畑勲監督によるスタジオジブリ作品『かぐや姫の物語』だが、試写を観て、あまりに原作に近いので驚いた。似ているらしいという噂は聞いていたのだが、わたしにとっては噂以上に『竹取物語』だった」（「罪とはなにか　『竹取物語』と『かぐや姫の物語』」（『ユリイカ』二〇一三年一二月号）と指摘している。
（2）『人が走るとき　古典のなかの日本人と言葉』（笠間書院、二〇一〇年）。以下、稲田氏の指摘はいずれも同書による。
（3）一例として、原岡文子『『源氏物語』に仕掛けられた謎—「若紫」からのメッセージ』（角川叢書、二〇〇八年）。
（4）同様に、彼女の生命力を表現していると思われるのが、「髪は扇をひろげたるやうにゆらゆらとして」という部分である。これも先行研究が指摘している如く、『源氏物語』中に髪が「ゆらゆら」と揺れる描写は、ほとんど見当たらない。既述の通り、溌剌とした動きを制御されていた当時の女性たちにおいては、激しく動かない以上、髪もさほど揺れないということではないか。

（5）木村朗子「前世の記憶」（前掲『ユリイカ』二〇一三年一二月号）

（6）『源氏物語』「若紫」においても、件の登場場面で若紫の眉は「眉のわたりうちけぶり」、すなわち「眉毛を抜き、眉墨を引く成人女性の化粧をまだ施さない童女の顔の様を、鮮やかに伝え（注（3）原岡前掲書）」ていた。

（7）本田和子「児童文学に見る子ども像―もじゃもじゃの系譜―」（二〇〇六年四月二二日、国際子ども図書館三階ホールにおける講演。kodomo.go.jp/event/pdf/2006-3.pdf）

（8）河添房江「源氏物語の内なる竹取物語―御法・幻を起点として―」（『国語と国文学』一九八四年七月号）

（9）大井田晴彦『竹取物語―現代語訳対照・索引付』（笠間書院、二〇一二年）所収の同氏解説より。

（10）『竹取物語』が中国文学、中でも仙人の世界を描き出した神仙譚の強い影響下にあること、およびそれらに底流する、不老不死を重んじる価値観に疑問を突きつけたものであること等については、渡辺秀夫『かぐや姫と浦島　物語文学の誕生と神仙ワールド』（塙書房、二〇一八年）に詳しい。

（11）前節でも少し言及したが、この「物思い」というテーマもまた、『源氏物語』に発展的に引き継がれることとなる。

（12）事実、今日『竹取物語』を原作として制作された絵本や映画作品などにおいては、そのほとんどが昇天の場面をラストシーンとし、またそこでかぐや姫は涙ながらに翁たちを振り返っている。

（13）注（9）大井田前掲書

（14）高畑勲インタビュー「躍動するスケッチを享楽する」（前掲『ユリイカ』二〇一三年一二月号）

（15）例えば中世文学等において浄土を表現する際、東に桜が咲き、南に草木が生い茂り、西では紅葉が、北には銀世界が同時に存在するなどといった表現が好んで用いられた。そこでは基本的に、時間は推移することなく永遠のまま循環し、停止している。詳しくは小松和彦『異界と日本人―絵物語の想像力』（角川選書、二〇〇三年）。

（16）「天の羽衣を身につけたかぐや姫からも、瞬時に記憶と感情が失われる。このとき、わずかに忘却に抵抗するものが「歌」だ」

（斎藤環「「戦闘美少女」としての「かぐや姫」」（前掲『ユリイカ』二〇一三年一二月号））

【読書案内】

本田和子『少女浮遊』（青土社、一九八六年）

大井田晴彦『竹取物語―現代語訳対照・索引付』（笠間書院、二〇一二年）

「特集＊高畑勲『かぐや姫の物語』の世界」（『ユリイカ』二〇一三年一二月号）

ちばかおり『ハイジが生まれた日―テレビアニメの金字塔を築いた人々』（岩波書店、二〇一七年）

渡辺秀夫『かぐや姫と浦島　物語文学の誕生と神仙ワールド』（塙書房、二〇一八年）

「五コマ目」を紡ぐ

――四コマ漫画『ののちゃん』から『ホーホケキョ　となりの山田くん』へ

兼岡　理恵

はじめに

高畑勲監督作品『ホーホケキョ　となりの山田くん』（一九九九）（以下、「山田くん」とする）は、朝日新聞朝刊連載の四コマ漫画・いしいひさいち『ののちゃん』を原作とする長編映画である。原作『ののちゃん』は、小学三年生の、ののの子を主人公に、兄・のぼる（中学二年）、父・たかし、母・まつ子、祖母・しげ（まつ子の母）、さらに飼い犬・ポチという山田一家を中心として繰り広げられる四コマ漫画である。[1]本作は、高畑映画の中では興行的にもあまり成功せず、公開後、テレビでの放送も少なく、どちらかと言えば人気が無い作品である。そもそも四コマで一話完結するショートストーリー、省略された線で描かれた三頭身のキャラクターという、およそ長編アニメーション映画には向かない、いしいひさいちの原作を、高畑はいかに約二時間弱の作品として作り上げたのか。本稿ではその方法を、映画の構成と絵コンテから探っていきたい。

「四コマ漫画」から「長編映画」へ――エピソード構成

四コマ漫画『ののちゃん』を一篇の映画とするために、高畑はどんな方法を用いたのか。その構成について、高畑は次のように語っている[2]。

（長時間の映画を観る上で）時間的に退屈せずにすごせるためにはどうすればよいかを考えて、ストーリーをなくすと言いながら、ストーリー的な気分を感じさせるような構成にしています。

「ストーリーをなくすと言いながら、ストーリー的な気分を感じさせる」とは、どのようなことか。それを解き明かすために、「山田くん」のエピソード構成を一覧にしたのが、別表（「山田くん」構成）である（一八二―一八五頁参照）。「山田くん」は、サブタイトルが付けられたエピソードを積み重ねて構成されており（以下、サブタイトルごとのまとまりを「パート」と称す）、各パートは、基本的に原作『ののちゃん』をもとに構築されている。しかし各パート間の繋ぎ目にあたる部分には、その多くに原作には無い、「山田くん」独自のエピソードが挟まれていることがわかる（別表「原作」項目の×）。

また、各パートごとにメイン人物が決まっている点も、「山田くん」の構成における特徴の一つである。たとえば「家政の天才」（別表14～19）は、まつ子、「我が家の夫婦道」（別表20～26）では、たかし・まつ子、「少年易老学難成」「思春期」（別表54～64）はのぼる、という具合である。また表を眺めて気づくのは、のの子がメインとなるエピソードがほとんど無いという点である。冒頭部に近い「のの子の迷子」（別表11）は、ほぼ唯一の、のの子メインのエピソードだが、これも、のの子が中心というより、のの子の迷子に対して他の山田一家がどのように振る舞うかによって、各キャラクターの性格が描かれるといった趣である。この山田一家の描き方については後述する。

高畑は「山田くん」シナリオ執筆にあたり、原作において山田一家の登場しない話、時事・流行・スポーツがらみの話、強烈な個性を持つサブキャラクターが中心の話などを排除した上で、似通った場所（台所・玄関・学校内など）やテーマの数話を選択してまとめあげ、一九九七年一一月に二百の挿話で構成された第一稿、一九九八年二月に九十話に圧縮した第二稿、さらに数話を削って決定稿を作成したという。(3)

高畑の脚本について、映画『かぐや姫の物語』のプロデューサー・西村義明は、その特徴を次のように指摘する。(4)

高畑さんは脚本の作り方には二通りあるってよく言うんですが、ひとつはストーリーを組み立てた後にそれにふさわしいシーンを選ぶ。もしくは描くに値するシーンを作り上げて、それが当てはまるようにストーリーを組み立てていく。お話の運びが先か、描くべきシーンが先か。アニメーション映画はまずもって絵で描写するものですから、描くに値するシーンの集積こそアニメーション映画の脚本にはふさわしいと高畑さんは言っていたんです。

「描くに値するシーンの集積こそアニメーション映画の脚本にはふさわしい」という高畑の主張は、原作『ののちゃん』すべてに目を通し、そこから脚本作りにふさわしい四コマ漫画を取捨選択して執筆していった、高畑の「山田くん」脚本作成過程に通じるものである。

また、『おもひでぽろぽろ』はじめ、高畑と多くの作品を手がけてきた作画監督・百瀬義行によれば、高畑は映画の脚本・絵コンテ作成の前段階として、作画担当に自由にイメージボートを描かせ、そのイメージボードを見ながらストーリーを作っていくという。そしてそこから、作画自身が思いも寄らなかった効果が生み出されているとする。(5)

（高畑は、作画担当が自由に描いたイメージボードを）「どうしたらこの絵が使えるか」と一生懸命考えるんですね。その結果、絵コンテを一緒にやっていても、フィルムになると「こうなったのか」と驚くんです。それについて不満は全くないんですよ。むしろひれ伏す感じです。あの絵を拾ってくれたということと、あの絵がこんな風な繋がりのシーンになったのかと。こちらが描いた時に全く考えもしなかったような深い感情を表現したシーンになっていたりするわけです。どこをどうしたら、あれほど上手く繋がるのか分かりません。だから、やはり誰が描いても「高畑さんの作品」なんだと思うわけです。

このイメージボードに基づく脚本作りも、先述した「山田くん」脚本執筆作業と繋がるものだろう。

さらに、「山田くん」全体の流れにメリハリをきかせているのが、ところどころに挿入された俳句である。高畑は俳句を入れた意図について、インタビューの中で次のように答えている。(6)

――俳句を入れられたということですが、それはエピソードとエピソードを繋ぐ節目のところに入れられたのでしょうか。

高畑　節目じゃなくて、場当たり的に入れました。俳句というより俳諧ですね。俳句はもともとそういう洒脱さ、ユーモアみたいなところからはじまっています。芭蕉は俳聖とかいわれて奉られるようになっていますが、やはり洒脱なものです。たった十七文字でなにかを現実から掬いとって表現するわけですから、絵柄からみても、内容からみても、単純化した俳画のような絵に俳句をつけると相応しいはずだというのは最初から考えていました。

これは、「山田くん」における高畑のユーモア感覚にも通じるだろう。鈴木敏夫は、「山田くん」の高畑脚本について、次のように語る。(7)

僕が高畑さんに感心したのは、漫画として笑っちゃうものは全部排除するんです。〝面白いものを削るのは、どういう意味があるんですか〟と聞くと、〝当たり前でしょう。そこで笑ったら、次にいけませんよ。くすっと笑うくらいの漫画がいいんです〟と言われて、なるほどと思いました。

高畑映画の一作品として「山田くん」をどう評価するかについて、「(高畑映画において) かつて目指されたリアリスティックな描写や強度のある物語はすでに跡形もなく消え去り、実験的な描線と断片的なエピソードの集積のみがきらめく」という、従来の作品にあった「強度のある物語」性の欠如に対する批判もある。(8) しかし「断片的なエピソード」を有機的に結合させ、ゆるい紐帯で結びつけられた一篇の作品、すなわち高畑が本作品で目指すところであった「ストーリーをなくすと言いながら、ストーリー的な気分を感じさせるような構成」こそ、評価されるべきだろう。

深い人間洞察—絵コンテをひもとく

高畑は、「山田くん」で表現したかったことについて、一九九八年に紫綬褒章を受章した際の会見の中で、次のように述べている。(9)

現実の中にある機微や共感、思いっきり笑ったりすることで、自分は生きていける。ごく日常的なことの中にある喜び。『山田くん』では、そんな、ささいな喜びをこそ描きたいんです。

「ごく日常的なことの中にある」「ささいな喜び」。普段、人々が何気なく暮らしている中にひそむ、そうした「喜び」を描くには、人間に対する深い洞察が必要である。西村義明は、高畑の作品は常に「人間」を描いているとして、次のように語る。(10)

キャラクターがどんなにデフォルメされていても絶えず描いているのは人間であり、人間が暮らす社会のことを描いている。こんなアニメーションの作り手は彼以外にいない。人間らしさや人間の営み、人間の社会を描かせたら高畑勲の右に出るものは世界中にいないと思います。

また百瀬義行も、原作に基づいて制作された高畑作品について、その人間観察の深さを指摘する。[11]

「高畑さんは原作を尊重する」という言われ方もよくされていますよね。あれも少し言葉が足りない気がするんです。（中略）原作の一コマの絵をそっくりに再現したカットや、コマの絵の並び通りにカットを繋いだシーンがあったりします。しかし、同じ絵・同じ進行なのに、そこから感じる印象が原作と全く違うということがあるんですよ。（中略）不思議なんですが、原作そのままの絵でも、原作を読んだ時と全く違う感情が湧き起こってくるんです。おそらく、原作者の方々の思いとは違ったところへ到達してしまっている。より人間観察が深いと言いますか。結局、どんな原作でも「高畑さんの作品」になってしまうんですよ。

こうした指摘をふまえつつ、高畑の人間に対するまなざしが「山田くん」においてどのように現れているか、以下、いくつかエピソードを取り上げ、その絵コンテにおける記述から読み解いていきたい。

①「お見舞い」（別表52）～「薄明かり」（別表53）

入院している友人（眼鏡の老女）を見舞うしげ。病室に入ってきたしげに対し、友人は〈襟元などかき合わせたり〉身づくろいしたりする（〈　〉内は絵コンテの記述。以下、絵コンテの記述は〈　〉で示す）。その間、友人の病状がわからず〈緊張〉するしげ。そんなしげに対し、ちょっと笑顔を見せながら応じる友人の態度について〈日本的笑いであり、同時に来てくれた嬉しさが続いている〉。いずれも何気ない動作であるが、絵コンテの

右：原作（いしいひさいち『となりの山田くん』③　東京創元社　2002、52p）

左：絵コンテ（『スタジオジブリ絵コンテ全集12　ホーホケキョ となりの山田くん』徳間書店　2002、392p）

記述から、高畑がその動作の意味づけを一つ一つ丁寧に行っていることがうかがえる。

その後、同室患者の不倫話に興じたり、食堂でうどんを元気いっぱいすする友人。そんな友人に対し、しげは「ところであんた、どこが悪いんや?」と問う。原作では、このしげの台詞でオチとなる（上・右図参照）。しかし映画「山田くん」では、このしげの言葉に対し、友人は「は?」と言って〈笑顔が突然こわばる〉〈じわ～と来て〉〈よよと泣き崩れ〉、「しげちゃん…!」〈としげにすがりつく〉〈泣く〉（上・左図参照）。そして二人は〈病院の冷たい廊下を、ゆっくりゆっくりしげが女を支えて去ってゆく〉。そこに〈頓（やが）て死ぬけしきは見えず蝉の声〉という芭蕉の俳句が重ねられ、このシーンは終わる。原作の四コマ目のオチからさらに展開させた「五コマ目」の表現は、病に倒れた人間の見せる様々な表情を、深く描きあげている。

　このシーンに続くのは、病院から一変して山田家の一室。しげの部屋の前を通り過ぎようとしたまつ子は、「あらお母ちゃん」と叫ぶ。この「あら」という台詞に対し、絵コンテでは〈一寸重大時（ママ）にも聞えるような口調で〉という指示がある。前のお見舞いシーンから見ている観客は、しげの心情に寄り添っている状態であり、この「あら」も、しげの身にも何か起こったのではないか、という緊張を抱かせる効果を生み出している。そして次のシーンでは、〈薄暮、うす暗がりのなかにポツネンしげの孤影が…〉、まつ子「デンキつけたら？」、しげ「ああ…知らん間に暗うなっとるわ…」と続く。こうした、しげの心象風景のようなシーンが続いたあと、今度は、のぼるの部屋の前を通りがかったまつ子、机の電気スタンドが煌々と点いているのに対し、「あ、ちょっと！　のぼる、デンキ消したら？」、のぼる「起きてるよッ！」〈ここまで自分の向学心を期待してくれない親に対し、口惜し涙が…〉として、のぼるのシーンでオチとなる。重いシーンから軽妙なオチへ。この電気のエピソードは原作にあるものだが、「お見舞い」のシーンと結びつけることで、原作にはない人間の深い心の動きを描き出しているのである。

②「暴走族注意」「たかし仮面大活躍」（別表72・73）〜「かさ忘れ」（別表74）

バイクの騒音をたてて近所を走り回る暴走族に対し、しげに促されて防御用のヘルメットを被って注意に行くたかし（このシーンでは、キャラクターが通常の三頭身と、リアルな絵柄が交差し、後者は〈現実的世界〉として示される〉。しかし結局、暴走族を注意したのはしげであり、たかしは何も出来なかった。しげが、暴走族に対して「正義の味方、やってくれまへんか」と言った台詞から、たかしは、自身が正義の味方―「月光仮面」ならぬ「たかし仮面」として、悪漢から家族を守る姿を想像する。けれども所詮は妄想。〈しかし現実はキビシイ。小公園内。たかし、ヘルメット手に、ブランコに坐って自分の腑甲斐なさを噛みしめている〉〈虫の声〉〈溜息ひとつ〉〈膝の上のヘルメット〉〈力なく、手から落ち〉〈地面に転がる〉〈虫の声がやむ〉、〈(ヘルメットが)揺れる〉〈また虫の声〉。〈悄然たる孤影。(たかしは)「月光仮面」登場の歌〽月の光を背に受けて…を低く呟く〉、そして公園が〈大俯瞰〉され、〈むざんやな甲(かぶと)の下のきりぎりす　芭蕉〉という句で、このシーンは閉じられる。

続くシーンは、山田家の玄関。〈玄関戸にたかしの影が出〉、たかし「ただいま〜」〈開けて入ってくる。どこかうしろめたそう〉。そして絵コンテには〈☆前シーンは、〈暴走族始末〉なので、一瞬、その続きか、と思わせたい〉とある。実際、このシーンを見る観客は、絵コンテの指示通り、前シーンからの連続だと思い、だからこそたかしは〈うしろめたそう〉な態度を取っているのだ、と解釈する。しかし、それが誤りだということを、次にまつ子が発する台詞、「カサを持って帰りましたか?」によって、気づかされる。すなわち前シーンと、このシーンは全く別の日で、たかしの〈うしろめたさ〉とは、カサをまたしても忘れてしまったことに対する〈うしろめたさ〉なのである。

暴走族・たかし仮面・カサ忘れというシーンの連続は、暴走族とやりあうという非日常的な事件、「たかし仮面」という空想の世界、そしてカサを忘れるという日常、それらすべてが隣り合わせだということを絶妙に示す、高畑の「仕掛け」と言えよう。高畑は、映画の中の世界と、現実世界について、次のように語っている。(12)

いま僕が模索しているのはそうじゃなくて［引用者注：ファンタジーでなくて］、開かれた、閉ざされていない、現実と繋がった世界なんですよ。その点で言うと『となりの山田くん』をやったのは必然だったと思います。『山田くん』の原作は一コマ一コマの中には描きたいものだけ描いてあって、それ以外のものは描いてない。マンガってもともとそうですよね。だからそれほどのめり込まずに、客観的に読めるし、だから笑えたりするんです。映画の中でいくら願望が満たされても〝癒やされる〟だけで、現実を生きていく上で何の役にも立たないですよね。（中略）結局、（現実に）帰る以外ないと思うんです。

どんな夢物語を描こうとも、われわれは現実で生きるしかない。人間を深く観察し、その姿を描こうとする高畑の姿勢は、人物の心理描写や場面設定の背景を詳細に記す、あたかも文学作品のテキストのような絵コンテの記述からも、うかがえるのである。

「山田くん」とは誰か？──「山田一家」が出来るまで

映画「山田くん」が、山田一家の物語であることは言うまでもない。しかし、この山田一家がどのように構築されているかについて、改めて作品全体の構成から考えたい。ここで注目したいのは、この作品が「披露宴」に始まり「披露宴」に終わるという点である。すなわち冒頭は、たかしとまつ子の披露宴（別表7〜9）、一方、ラスト近くは、たかし・まつ子・しげが親戚の披露宴に参列、そこでたかしがスピーチをするというシーンである（別表80「披露宴」）。このシーンについて、以下、絵コンテの記述を確認しつつ見ていこう。メモを見ながらスピーチしようとするたかし。ところが、まつ子から手渡されたそれは買物メモだった。たかしは、気が動転することと極まりない。しかし、もはや開き直って何とかスピーチをやり遂げる。そのたかしの姿を見たしげ・まつ子について、絵コンテでは次のように示される。〈感動している。しげ、（身を）のりだし、たかしへの呼びかけの気分で〉「見直したで、たかしさん…（涙ポロリ）男になったんや」。〈まつ子、わっと泣き伏す〉〈しげも袖で涙をぬぐう〉。

映画の冒頭、自身の披露宴で「キクチのばあさん」から、人生に対するスピーチを貰っていたたかしが、ラスト近くの披露宴シーンでは、今度は夫、人生の先輩としての立場からスピーチを捧げる者として、成熟した姿を見せているのである。

ここで、本作品のタイトルにある「山田くん」とは誰か、という問いを投げかけたい。普通に考えれば、原作の当初のタイトルに基づき「のぼる」となるだろう。しかし映画「山田くん」における「山田一家」とは、「山田たかし」と「まつ子」によって作られた家族の物語なのである。先のたかし披露宴スピーチに続くシーンは、たかしとまつ子のデュエットによる「ケ・セラ・セラ」（同歌の翻訳も、高畑が担当）。絵コンテでは、このシーンのまつ子について〈まつ子、歌いながら傍を見ると、マイク持って酩酊状態のたかし。緊張して微動だにしない〉。続いてたかしは「ケーセラーセラー」と〈突如歌いだす。人生に対するその真摯な歌いぶりにまったく動じないで、信頼しきって体をゆするまつ子〉。そして同シーンは、絵コンテでは「我々は後ずさりしつつ未来に入っていくのだ。—P・ヴァレリィ」というポール・ヴァレリーの言葉が示され、閉じられる（ただし映画本編では、このコマはカットされている）。

そしてラストシーン。山田一家は満面笑顔でプリクラを撮影、その後、〈さぞやニヤケたカオで出てくるかと思いきや〉〈にこりともせず、（プリクラボックスの）覆いをよけて〉たかしがプリクラボックスから出てくる。〈ギュウ詰めのプリクラ撮りにはしゃぎ、出来上りを待つ女子供を尻目に、家長は一服する〉。「さてと、メシでも喰いに行くか…」というたかしの声に対し、「トンカツがええな」「わたしピザ！」「テンプラや」「スパゲッティ！」と、てんでバラバラな家族に対し、「ウルサイッ！　オレが決めるぞ！」という「家長」たかしの台詞で、この映画は締めくくられる。「山田くん」は、四コマ漫画では成し得ない、長編映画だからこそ可能となる「山田一家」の形成と日常の集積を描き上げた作品なのである。

おわりに

二〇一九年七月。東京国立近代美術館にて「高畑勲展─日本のアニメーションに遺したもの」が開催された。高畑作品に関する数多くの展示がある中で、とりわけ圧巻だったのは、高畑の手による作品構想のための研究ノート、そして絵コンテの数々であった。その作品世界を構築するために、高畑が様々な事象、人間に対して深い洞察を行っていたことは、これまで見てきたように「山田くん」の絵コンテの随所からもうかがえた。「山田くん」は他の高畑作品に比し、一般的には認知度が低く、あまり見られていない作品かもしれない。しかしその一方、「山田くん」を見たことがきっかけで、人生が大きく一変したという人物もいる。映画『トイ・ストーリー3』の脚本で知られる映画脚本家マイケル・アーントは、そのキャリアをスタートした頃、なかなか脚本が認められず、脚本家を諦めようと思っていたという。そんな時、MoMA（ニューヨーク近代美術館）で開催されていたジブリ回顧展（一九九九）で「山田くん」を見て、衝撃を受けたという。「この世の中に、何ら特別でない家族のささいな日常を切り抜いて、このような傑作を作り上げてしまう映画監督がまだ残っていたのか」と。そしてこういう映画があるならば、自分もまだ脚本を続けられるのでは、と思い、家族の日常を描いた一本の脚本を書き上げた。その映画『リトル・ミス・サンシャイン』はアカデミー脚本賞を受賞、『トイ・ストーリー3』への脚本依頼に繋がったという(13)。

アーントの言葉を借りれば、高畑は、人生は「なんでもない」「日常」の集積であるということを、「山田くん」を通じて見事に描き出した。日常、すなわち現実の世界では、ドラマティックなことがそうそう起こる訳ではない。往々にして淡々とした、あるいは退屈とも言える日々が続くのが「日常」である。時にはそれに倦み、あるいは辛いこともあろう。しかし我々はその世界で生き抜くしかない。それには山田一家のように「適当」に生きること。映画「山田くん」は、夢物語の中では生きられない、現実に生きる我々にこそ、必要な物語なのである。

[別表]「山田くん」構成

※「シーン」および「サブタイトル（表中の〈　〉で括った太字部分）」の項目名は、DVD「ホーホケキョ　となりの山田くん」（一九九九）に拠る。

※「原作」項目の記号：○＝原作アリ、×＝原作ナシ、○×＝両者ふくむ

	シーン	原作	メイン人物	
1	導入	×	（のの子ナレーション）	山田一家
2	丹精した菊と毛虫	○	しげ	
3	今日こそカレー	○	まつ子・（のの子）	
4	勉強は役に立つか	○	たかし・のぼる	
5	メインタイトル	×	山田一家	
6	種を播かなきゃ	×	山田一家	
7	結婚・家族・家	○×	山田一家	山田一家
8	土地か家か	○	山田一家	
9	凪の怖さ	×	山田一家	
10	TVゲーム	○	山田一家	
	〈家庭崩壊の危機〉			
11	のの子の迷子　秋の夜を打崩したる咄かな〈芭蕉〉	○×	のの子・山田一家	

12	見ろよ青い空白い雲	×	山田一家	
13	居眠りバス	○	まつ子	まつ子
〈家政の天才〉				
14	洗濯物	○	まつ子	
15	なんかあった買い物が	○	まつ子	
16	のぼるのうどん	○	まつ子・（のぼる）	
17	蛍光灯	○	まつ子・（のぼる）	
18	お茶と洗い物	○	まつ子・（山田一家）	
19	大掃除してたことに	○	まつ子	
〈我が家の夫婦道〉				
20	OKKの封筒	○	たかし・まつ子	たかし・まつ子
21	おいとはい	○	たかし・まつ子	
22	覚えられるはず	○	たかし・まつ子	
23	上海定食	○	たかし・まつ子	
24	日曜の亭主	○	たかし・まつ子	
25	リモコン騒動	○	たかし・まつ子	
26	たかしとまつ子のタンゴ	×	たかし・まつ子	
〈親子の会話〉				
27	キャッチボール	○	たかし・のぼる	
28	勉強しなはれ	○	のぼる・たかし・（まつ子）	

29	辛口だね	○	のぼる・たかし・（まつ子）	たかし・のぼる
30	親子の会話	○	たかし・のぼる	
〈父権の回復〉				
31	汁かけ飯	○	たかし・（のぼる）	
32	迷いばし	○	たかし・（のぼる）	
33	自由研究	○	たかし・（のぼる）	
〈親父の背中〉				
34	初雪 うしろ姿のしぐれていくか〈山頭火〉	○×	たかし・山田一家	山田一家
〈山田家の歳時記　抄〉				
35	初春・賀状かるた	○	山田一家	
36	寒の入り・炬燵	○	山田一家	
37	春の雨・牛バラ三百 春雨やものがたりゆく蓑と傘〈蕪村〉	○×	山田一家	
38	ブラックホール	○	まつ子・（しげ）	
〈名コンビ〉				
39	寿司かストロガフガフ	○	まつ子・しげ	まつ子
〈おさんどんの鉄人〉				
40	ええことある朝食	○	まつ子・（たかし）	

41	はよからボケんといて	○	まつ子・（しげ）	まつ子
42	冬は鍋もの	○	まつ子	
43	そうめんづけ	○	まつ子	
	〈ミョウガの朝〉			山田一家
44	パジャマ	○	のぼる	
45	靴ちがい	○	のぼる・たかし	
46	弁当忘れ	○	のの子・しげ	
47	やかん戸締まり	○	まつ子	まつ子
48	宅配	○	まつ子	
	〈反省〉			
49	クラシック	○	まつ子	
	〈芸術は短く人生は長し〉			しげ
50	桜百まで	○	しげ・（まつ子）	
51	税金ポストへ	○	しげ・（まつ子）	
52	お見舞い 頓て死ぬけしきは 見えず蝉の聲〈芭蕉〉	○ ×	しげ	
53	薄明かり	○	しげ・（まつ子・のぼる）	
	〈少年易老学難成〉			のぼる
54	ラーメンみたい	○	のぼる・（まつ子）	

55	ロスタイムはない	○	のぼる	のぼる
56	鬼のように勉強 蛸壺やはかなき夢 を夏の月〈芭蕉〉	○	のぼる	
57	家庭教師	○	のぼる・（まつ子・たかし・しげ）	
58	バレンタイン	○	のぼる	
	〈思春期〉			
59	ホワイトデー	○	のぼる	
60	相合い傘	○	のぼる	
61	先生なぐりに	○	のぼる	
62	ボスニアの悲劇	○	のぼる	
63	アンパンマンと	○	のぼる・（まつ子）	
64	彼女の電話 梅が香にのっと日の 出る山路かな〈芭蕉〉	○	のぼる	
	〈山田家の歳時記　抄〉			たかし・まつ子
65	秋の夜長・ドラやきとバナナ こちらむけ我もさ びしき秋の暮〈芭蕉〉	○ ×	たかし・まつ子	
66	天とじ弁	○	山田一家	

〈我が道を行く〉				
67	ゲートボールポスター	○	しげ	しげ
68	公園ボランティア	○	しげ	
69	分別ゴミ	○	まつ子・（しげ）	
〈正義の味方〉				
70	金の斧銀の斧	○	しげ	
71	ガードレール	○	しげ・（まつ子）	
72	暴走族注意	○×	しげ・（まつ子）・たかし	
73	たかし仮面大活躍 むざんやな甲の下のきりぎりす〈芭蕉〉	×	たかし・（山田一家）	たかし
74	かさ忘れ	○	たかし・（まつ子）	
75	かさ二本	○	たかし・（まつ子）	

〈山田課長！〉				
76	ケーキ買ってきた	○	たかし・（山田一家）	たかし
〈山田課長!!!〉				
77	寝坊・息切れ	○	たかし	
78	カゼと宮仕え	○	たかし	
79	出勤	×	たかし	
80	披露宴	○×	たかし・（まつ子・しげ）	
81	ケセラセラ	×	山田一家	山田一家
82	わが家の平和	○×	山田一家	
83	藤原学級「今年の決意」	○	藤原学級	
84	プリクラ前	×	山田一家	
85	ENDING 春の海終日（ひねもす）のたりのたり哉〈蕪村〉	×	山田一家	

注

（1）原作は、一九九一年一〇月『となりのやまだ君』として朝日新聞朝刊に連載を開始、一九九七年四月に『ののちゃん』と改題された。

（2）「高畑勲インタビュー」特集「ホーホケキョ　となりの山田くん」（『シネ・フロント』第二七三号　一九九九・七）

（3）叶精二「長編アニメーションの革新と創造」（『高畑勲展―日本のアニメーションに遺したもの』図録　NHKプロモーション二〇一九）

（4）西村義明インタビュー「日本一のアニメーション映画監督と過ごした八年間」（『ユリイカ』「特集・高畑勲『かぐや姫の物語』の世界」二〇一三・一二）

（5）百瀬義行インタビュー「誰が描いても「高畑さんの作品」になる」（『ユリイカ』「総特集・高畑勲の世界」二〇一八・七）

（6）同・注2

（7）鈴木敏夫インタビュー（『キネマ旬報』「追悼　映画監督・高畑勲」二〇一八・六）

（8）高瀬司「高畑勲フィルモグラフィー」、同・注4

（9）中村健吾『『もののけ姫』から『ホーホケキョ　となりの山田くん』へ』（徳間書店　一九九九）一八一頁

（10）同・注4

（11）同・注5

（12）同・注2

（13）スタジオポノック・オフィシャルブログ「悲惨日誌第六九回　マイケル・アーント②」（二〇一三年七月三日）https://lineblog.me/studioponoc/archives/110480.html（最終閲覧日　二〇二〇年一月二二日）

【読書案内】

高畑勲・田辺修・百瀬義行『スタジオジブリ絵コンテ全集十二　ホーホケキョ　となりの山田くん』（徳間書店　二〇〇二）

いしいひさいち『となりの山田くん』全十一巻（東京創元社　二〇〇二～二〇一五）

いしいひさいち『ののちゃん』一～十一（徳間書店　二〇〇四～二〇一八）

スタジオジブリ・文春文庫編『ジブリの教科書十一　ホーホケキョ　となりの山田くん』（文春文庫　二〇一五）

物語・風流・浄瑠璃——芸能から読む『平成狸合戦ぽんぽこ』

加藤　敦子

はじめに

『平成狸合戦ぽんぽこ』は、高畑勲が原作・脚本・監督を担当し、一九九四年七月に公開されたアニメーション映画である。キネマ旬報社の映画データベースにもとづくKINENOTEの作品情報には次のようなあらすじが載る。

東京・多摩丘陵。のんびりひそかに暮らしていたタヌキたちは、ある時、エサ場をめぐって縄張り争いを起こす。原因は人間による宅地造成のため、エサ場が減ってしまったから。このままでは住む土地さえ失くなってしまうと、タヌキたちは開発阻止を目論み、科学の発達した人間たちに対抗するため先祖伝来の〝化け学〟を復興させることとなった。化け学の特訓が始まる一方、四国や佐渡に住むという伝説の長老たちへも援軍を頼む使者が向けられた。かくして人間たちが露とも知らぬ所でタヌキたちは勝手に蜂起したのだが、根はいじらしいけど、そこはまぬけなタヌキたち。思わぬところで計画は紆余曲折。一生懸命頑張るわりには何の効果も挙げられなかった。遂にやってきた四国の長老たちを中心に妖怪パレード作戦を展開するが、それも失敗。絶望のどん底に陥るタヌキたちは最後の気晴らしと宅地全体を緑多き昔の姿に変身させようとする。そんなタヌキたちの存在に気づき、人間たちは自然の景観を出来るだけ活かすことに。開発阻止は出来なかったが、人間に変化したタヌキたち、なお残った自然の中で暮らすタヌキたち、それぞれにたくましく生き続けるのだった[1]。

この作品を制作するきっかけについては、高畑自身が何度か語っている。ここでは映画制作にあたって高畑自身が記した「たぬき通信」からその経緯を見ておこう。

> タヌキをやってみないか、杉浦茂の『八百八だぬき』が面白い、と言われた。読んでみた。さっぱり分からなかった。しかし一方で、日本的想像力の宝庫である「狸ばなし」を何故日本のアニメ界は取り上げないのか、怠慢ではないのか、という主張を以前したことを思い出した。日本人が過去、どのような視覚的想像力を持っていたかを明らかにするためにも、基本の仕事としてアニメ化する義務があるのではないか。（中略）そしてきわめて安易に、誰もがおもいつくように、現代の開発とのからみを考えてみた。それが図式的であまりに安易であったので、自分ではすぐ駄目だと思った。タヌキを扱うことは断念した[2]。

杉浦茂の漫画『八百八（はっぴゃくや）だぬき』は、雑誌『少年画報』昭和三〇年三月号に特別読切付録として発表された『八百八狸』を改稿し、昭和三〇年一二月刊行の『杉浦茂傑作漫画全集8』に収録された作品である。両親を亡くした平太郎が仙人のもとで修行して武芸を身につけて広島の浅野家に仕官し、人間に悪さをする狸たちを懲らしめるというのが大筋で、主人公平太郎の荒唐無稽で愉快な活躍ぶりが描かれる。高畑はこの作品について「さっぱり分からなかった」と言い、狸の長編アニメを一旦断念したが、日本人の「視覚的想像力」を明らかにするためにも「狸ばなし」をアニメ化すべきという考えを抱いていたという。さらに、

> その後、『平家物語』を少し勉強した。アニメーションにしてみたくなった。特定の主人公を取り上げ、

その一生をドラマ化するのではない。（中略）ある限られた時間をさまざまに生き、死んでいった個々人を鮮やかに描写しつつ、結果として歴史的群像を浮かび上がらせる。（中略）構成に『平家物語』のような考え方を導入すれば、開発で滅んでいくタヌキたちを、化けばなしなども取り込んで面白く描けるかもしれない。戦記物の『平家物語』が想像をまじえたドキュメンタリーであることに励まされ、「空想的ドキュメンタリー」として現代のタヌキたちをパロディー的に描いてみたらどうだろうか。『平家物語』を引合いに出すなど恥ずかしいかぎりであるが、これが『平成狸合戦ぽんぽこ』をおもいついたもう一つのきっかけである。(2)

と、『平家物語』から『平成狸合戦ぽんぽこ』の構想を思いついたことを述べている。

こうした発想から出発して制作した『平成狸合戦ぽんぽこ』について、高畑は次のように語っている。

〈語り物〉として狸の年代記をやろう、〈語り〉を中心にして見せたいところを見せ、集団としての狸の運命を描こうと。これは〈ある狸の物語〉ではなく〈狸たちの物語〉なんですよ。

この映画はファンタジーではありません。〈語り物〉であると同時に狸の年代記であり、一種のドキュメンタリーと考えています。(3)

高畑はこの作品が「狸の年代記」であると述べているが、そのことは作品の中でも時間の流れを明記するという演出によってはっきりと表されている。物語は、「ぽんぽこ三十一年」の多摩狸たちの合戦で始まり、「ぽんぽこ三十二年夏」に権太たちの奇襲作戦が行われ、「ぽんぽこ三十二年秋」には化け学指南招聘の使者が出立する。「ぽんぽこ三十三年夏」に大団地への人々の入居が開始され、「ぽんぽこ三十三年秋」に四国三長老を迎えて決起集会を開き、「ぽんぽこ三十三年暮」に「妖怪大作戦」が発動される。本作品はこのような「年代記」形式で語られている。さらに、この作品は『平家物語』を意識した「語り物」であるがゆえに、ナレーションを話芸の名人古今亭志ん朝に依頼したという。[3]

本稿では、『平成狸合戦ぽんぽこ』が『平家物語』に触発された「語り物」であることを踏まえた上で、本作の大きな見どころである「那須与一扇の的」「妖怪大作戦」の二つの場面と物語の構造に注目し、本作が高畑自身が語っている以上に芸能的要素を取り込み、語り物の様式を備えた作であることを考察する。

那須与一扇の的―「物語」

先に見たように、『平成狸合戦ぽんぽこ』は多摩ニュータウン開発を推し進めた人間に抵抗する狸たちの年代記を語り物として仕立てたものである。いわば、狸たちの『平家物語』なのである。

作品中でそのことを示唆しているのが、四国の長老狸の最年長者である禿狸こと浄願寺太三郎が、若い頃に見た屋島の合戦における「那須与一扇の的」を再現してみせる場面である。この場面は、「特訓中の一挿話」[4]とされ、禿狸太三郎が九九九歳の誕生日を迎えて狸たちから祝福されつつ所望されるという設定となっている。作品中では、四国三長老を迎えたのは「ぽんぽこ三十三年秋」、同年夏に大団地への入居が始まったとされる。モデルとなっている多摩ニュータウンへの入居開始は一九七一年（昭和四六年）であるから、「ぽんぽこ三十三年」は一九七一年と考えられ、ここから逆算すると、禿狸太三郎は西暦九七三年生まれ（九九九歳が数え年の場合）となり、一一八五年の屋島の合戦を二一三歳の若き頃に見たということになる。

四国には狸伝説が多く、本作に三長老として登場する隠神刑部[5]や金長[6]をはじめ、名のある狸の逸話が数多く伝わっている。禿狸太三郎は、「屋島の禿狸」と通称され、屋島寺に祀られる狸である。屋島の合戦を見物し、後に源平合戦の様子を幻術を用いて再現してみせたという伝承[7]がある。禿狸太三郎の年齢設定と「那須与一扇の的」の再現は、こうした伝承にもとづいている。

さて、この場面は次のように描かれる。禿狸太三郎から化け学の伝授を受けている狸たちは、禿狸太三郎の九九歳の誕生日を祝う席で、禿狸太三郎に「若き日にご覧になった那須与一を願います」と所望する。禿狸太三郎は感動して快諾し、「那須与一扇の的」を演じてみせる。化け学の師匠にふさわしく、自分は那須与一に化け、若い狸の権太を馬に変えて、竹竿に括り付けた扇を見事弓矢で射抜いてみせるのである。禿狸太三郎が化けた那須与一の出で立ち、権太の馬につけられた馬具は美麗なもので、高畑が制作したかった『平家物語』の一場面を彷彿とさせる映像である。

シナリオ決定稿では次のように記述されている。

　正吉、先に〈日出したるみな紅の〉扇を結わえ付けた竹竿を差し上げ、
正吉「先生、若き日にご覧になった那須の与一を願います!」(中略)
　与一は扇の的に狙いを定め、矢をつがえ、きりりと弓をひきしぼりひょうと放つ。
かなめに矢は命中し、扇は空に舞い上がり、折からの夕日にきらり光って一瞬たゆたい、すっと波間に落ちる。[4]

これを『平家物語』の本文と比べてみよう。

与一鏑をとッてつがひ、よッぴいてひやうどはなつ。(中略)あやまたず扇のかなめぎは一寸ばかりおいて、ひィふつとぞ射きッたる。鏑は海へ入りければ、扇は空へぞあがりける。しばしは虚空にひらめきけるが、

禿狸太三郎が「那須与一扇の的」を演じてみせる場面。(16)

春風に一もみ二もみもまれて、海へさッとぞ散ッたりける。夕日のかかやいたるに、みな紅の扇の日いだしたるが、白波のうへにただよひ、うきぬ沈みぬゆられければ(8)

本作シナリオにおいて、正吉が差し上げた扇は「日出したるみな紅」と記され、太三郎の与一が放った矢が見事扇の要を射抜く様は「ひょうと放つ」「扇は空に舞い上がり」「折からの夕日にきらり光って一瞬たゆたい」と描写される。これらの印象的な描写は、『平家物語』の「みな紅の扇の日いだしたる」「ひやうどはなつ」「扇は空へぞあがりける」「しばしは虚空にひらめきけるが、春風に一もみ二もみもまれて、海へさッとぞ散ッたりける」「夕日のかかやいたるに」といった表現を踏まえている。

当然のことであるが、この場面は『平家物語』の再現なのである。

『平家物語』のアニメを制作したがっていた高

畑は、アニメ化の際には、当時の武士たちの装束や仕草を緻密に再現したいという意欲を抱いていた。(9) その制作欲求の一端を狸たちによる「那須与一扇の的」の再現場面で実現したといえる。高畑は本作の化ける狸たちを借りて、源平合戦当時のリアルな武士をアニメで描いたのである。

このような合戦場面の再現は、歌舞伎や人形浄瑠璃の舞台ではお馴染みの場面である。「物語」と呼ばれる手法で、よく知られるものでは、『一谷嫩軍記』「熊谷陣屋」で熊谷次郎直実が須磨の浜辺で平敦盛を討った時のことを語って聞かせる場面がそれである。

其日の軍の有増と。敦盛卿を討つたる次第。物語らんと座を構。扨も去 六日の夜。早東雲と明くる頃。一二を争ひ抜けかけの。平山熊谷討ち取れと切つて出たる平家の軍勢。中に一際勝れし緋威。さしもの平山あしらひ兼浜辺をさして逃け出す。ハテ健気なる若武者や。逃くる敵に目なかけそ。熊谷是に控へたり。返せ。戻せ。ヲ、イ。おいと。扇を持つて打招けば。駒の頭を立て直し。波の打物二打三打。いでや組んと馬上ながらむんづと組。両馬が間にどうど落。（中略）されば御顔を能見奉れば。かね黒々と細眉に。年はいざよふ我子の年ばい。定めて二親ましまさん。其歎きはいか計りと。子を持つたる身の思ひの余り。上帯取て引立て塵打払ひ早落給へ。（中略）早落給へとすゝむれど。イヤ一旦敵に組しかれ何面目にながらへん。早首取れよ熊谷。（中略）サア其仰にいとゞ猶。涙は胸にせき上し。(10)

『一谷嫩軍記』は熊谷が敦盛の身替りとして息子の小次郎を討ったとする物語であるが、この場面の熊谷はそのことを隠して、敦盛の母とされる藤の局と自らの妻であり小次郎の母である相模の二人に「敦盛」の最期の様子を語って聞かせる。『平家物語』の本文からはかなり改変されているが、観客は『平家物語』「敦盛最期」を想起しながら熊谷の「物語」を聞くのである。このような「物語」は、時代物の主役が過去の事件や述懐を物語る重要な場面であり、能の「語リ」を取り入れたものと考えられている。

もとより、ここで取り上げられている『平家物語』の「那須与一扇の的」は、能「八島」(「屋島」)の替間(かえあい)(間狂言の特殊演出)である「那須」(「那須語」「奈須与市語」)の「語リ」にもなっている。

つまり、この禿狸太三郎による那須与一は、能狂言や人形浄瑠璃・歌舞伎といった古典芸能の演出である「語リ」「物語」の手法をなぞっているのである。能狂言の「語リ」や人形浄瑠璃・歌舞伎の「物語」は作品中の重要な見どころ聞きどころである。同様に、本作における那須与一は、「特訓中の一挿話」とされる短時間のエピソードであるが、本作の大きな見どころとなっている。

妖怪大作戦―「風流」

「妖怪大作戦」は、狸たちが化け学修行の成果を生かして様々な化け物に変身し人間を驚かし、狸たちへの畏敬の念を起こさせることによって開発を止めることを目論んだものである。狸たちは様々な化け物に変身しパレードのように行列を作って練り歩く。

その光景は確かに人間たちを驚かせ、また不思議がらせた。テレビのニュースにも取り上げられ、一体何が起こったのかと、一時は人間社会を混乱させる。しかし、この機に乗じてレジャーランドの経営者が自社でオープンするレジャーランドの宣伝であったと名乗り出て、この妖怪大作戦を自分たちの企画として横取りしてしまうことによって、狸たちの目論見は残念ながら崩れ去ってしまう。人間社会の中で生きるために人間に化けて暮らすことをレジャーランド会社に食い込んだ狐のアドバイスによって、正吉やおろく婆たちは最終的に人間社会で人間に化けて暮らすことを選択する。
妖怪大作戦は、百鬼夜行の絵巻物を見るような楽しさにあふれ、絢爛たる迫力ある場面となっている。視覚的表現においては「那須与一扇の的」に並ぶ本作の見どころであると言える。狸たちが化けた妖怪は、シナリオにおいてその元ネタが明らかになっている。いくつか列挙してみよう。

花咲か爺
狐の嫁入り
北斎ばりの提灯お化け
ねぶた祭りの張り子灯籠となる不動明王
ミニチュアの阿波踊りの一連
宗達・光琳ばりの雲に乗ったミニチュアの雷神と風神
国芳風のだるま
巨大福助
怪猫
『百鬼夜行絵巻』から抜けだした奇怪な付喪神（つくもがみ）の行列
『鳥獣戯画』の猿・兎・蛙
蕪村の尻目玉
国芳の巨大骸骨(7)

このように狸たちが化け学の成果を遺憾なく発揮した妖怪大作戦は、大仰な妖怪の姿で人間たちを追い払おうとしたものである。列挙した妖怪たちを見ると、「花咲か爺」「狐の嫁入り」のように狸または人間と等身大のもの、「阿波踊り」「雷神」のように小さなものもあるが、「提灯お化け」「ねぶた祭りの張り子灯籠」「巨大福助」「巨大骸骨」など巨大なハリボテ様のものが目立つ。いずれも凝った造りや装いで人目を引くものであり、これは、「風流（ふりゅう）」の一種であると見て取ることができる。

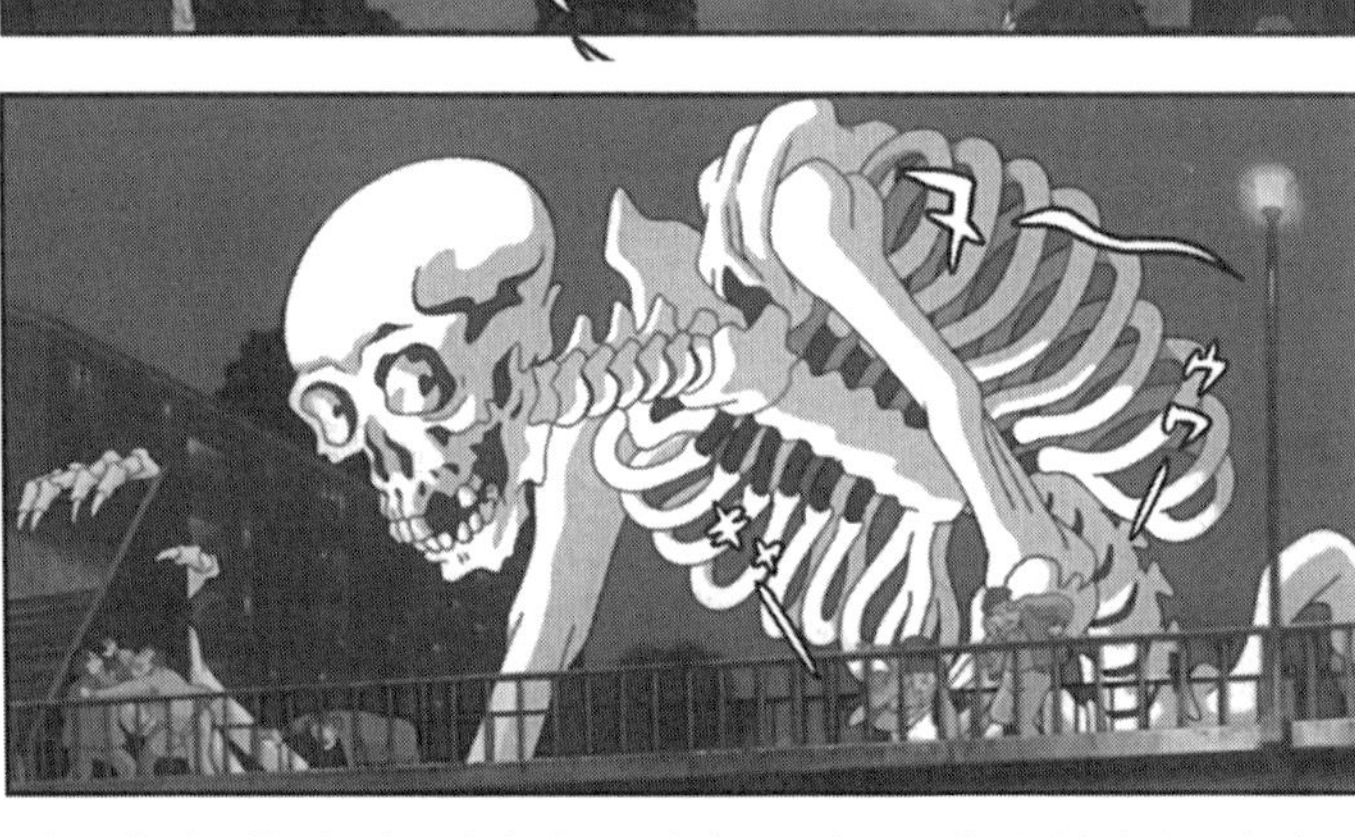

妖怪大作戦の場面。虎が火を吐いて赤鬼のような不動明王を出す。（上）国芳の巨大骸骨。（下）(16)

> 風流とは「花やかに飾り立てること」を意味するが、行事でも芸能でも、その花やかさを引き立てるため、笛・太鼓・鐘などではやし、歌唱の加わることが多かった。（中略）本来は設備や衣装・持ち物などの花やかなことが風流であり、神社の祭礼で鉾や山車が綺羅を飾ったり、行列の人たちが派手（時には異様）な衣装を競ったりするのは、風流の出発点だった(11)

「風流」は現在では、京都祇園祭の山鉾巡行やねぶたの大灯籠にその片影が継承されているが、本作の妖怪大作戦でも「不動明王」の「ねぶた祭りの張り子灯籠」が登場している。祇園祭の山鉾巡行は洛中から疫病や厄災を追い払おうとして行われたとされ、狸たちが妖怪大作戦で人間を追い払おうとするのは、祇園祭の山鉾巡行と同じ発想に基づいているのである。そのことは、本作の妖怪大作戦の背景に宗教性を帯びた日本の原始的な芸能の思想があることを意味すると同時に、一方で、妖怪大作戦の本質が合理的な実効性の薄いものであり、「祭り」に回収されてしまう性質のものであることを暗示してもいる。

それゆえ、この妖怪大作戦はレジャーランドに横取りされてしまう。レジャーランドとは、即ち、一年三六五日、パレードを繰り広げ、祭りを続ける夢の国である。人間たちの資本主義が狸たちの化け学を飲み込み、妖怪大作戦は現代の消費社会の中で消費されてしまうのである。

これと同じような経緯は、高畑が参照していた杉浦茂の漫画『八百八狸』(12)に見ることができる。『八百八狸』では、悪さばかりする狸たちを退治しようとする人間の平太郎を、狸たちが様々なものに化けて脅かそうとする。ところが平太郎は狸たちの脅かしに全く動じずに日常生活を送る。その結果、平太郎の住居は化け物屋敷として有名になり、平太郎の家の周囲は化け物を見物しようとする人々と、その見物客を目当てとした屋台の物売りで賑わう。高畑は『八百八狸』の改作である『八百八だぬき(13)』を読んでいるが、どちらもこの場面はほぼ同じである。『平成狸合戦ぽんぽこ』で狸たちが最大限の努力を払って人間の原始的な本能や情動に働きかけようとした妖怪大作戦が現代の人間たちの資本主義社会の中で消費され飲み込まれていくという、ある種皮肉な経緯は、昭和三〇年刊行の杉浦茂の漫画の中ですでに描かれているのである。

そもそも狸たちは人間に勝つことができない。本作の中ではその理由を狸たちの大らかさ無邪気さ楽天的な性格によるものとしているが、現在から多摩ニュータウン開発の歴史を振り返ってみれば、開発は既に完了しており、狸たちの住む里山は大規模な団地に完全に造り替えられている。つまり、『平成狸合戦ぽんぽこ』の狸たちの戦いは、負け戦であることが歴史的結果として証明されているのであり、必ず負けるということが初めからわかっている戦いなのである。

しかしそこで、狸たちはなすすべもなく人間たちに追い払われたのではなく、人間の知らないところで団結し、知恵を絞り、長老の指導を仰いで化け学の技を磨き、人間たちに抵抗しようとしたのだということを、多摩ニュータウン開発のビハインドストーリーとして描いているのがこの『平成狸合戦ぽんぽこ』である。

高畑は本作品について、これはファンタジーではないと述べている。

『平成狸合戦ぽんぽこ』も、狸が化けたりして一見ファンタジー風に見えるかもしれないけれど、じつは、狸の変化（へんげ）という一点を除けば、すべて現実に多摩丘陵で起こったことばかりを描いています。(14)

『平成狸合戦ぽんぽこ』の物語は、ファンタジーではなく、多摩ニュータウン開発という人間の歴史の裏で人知れず行われていた狸の抵抗の歴史物語であり、年代記なのである。先に見たように、高畑はこの物語の構想を『平家物語』から得たとしているが、この物語構造は江戸時代の人形浄瑠璃の常套的な作劇手法と重なるものである。

人形浄瑠璃では、『平家物語』などの先行文芸をもとに、そこでは語られていない〈隠された歴史〉を語るという構造の物語を組み立てる作劇法がある。『一谷嫩軍記』「熊谷陣屋」は、『平家物語』に記される熊谷次郎直実が平敦盛を討った話を、実は熊谷が討ったのは自身の息子小次郎であったとして、『平家物語』や能「敦盛」の記述を再構成して〈隠された歴史〉を語ってみせる。『義経千本桜』「渡海屋」「大物浦」では、『平家物語』、能「船弁慶」「碇潜」の記述を利用して、入水して死んだはずの平知盛が密かに生き延びて安徳天皇を養育しながら平家一門の仇を討とうとする企てを実行していた、という〈隠された歴史〉の物語を紡ぐ。これらの物語は、熊谷直実に討たれたのは敦盛でなく小次郎だった、平知盛と安徳天皇は死んでいなかった、という設定の一点を除けば、『平家物語』の記述と齟齬がないように緻密に物語が組み立てられている。「狸の変化という一点を除けば、すべて現実に多摩丘陵で起こったことばかり」と高畑が言う『平成狸合戦ぽんぽこ』は、〈表向きの歴史＝人間による多摩ニュータウン開発史〉には記されなかった〈隠された歴史＝狸たちの抵抗史〉を語った浄瑠璃であったと言うことができるのである。

このような浄瑠璃の作劇法について、伊藤りさは「平家物語などに描かれた歴史を前提としつつも、その中に近世社会に生きる観客と等身大の、名もなき市井の人々を描き出し、すでに定まった歴史の流れの中で、彼らが与えられた可能性を精一杯生き抜こうとする姿を通して、歴史と人間の関係を近世人の眼差しで新たに読み直そうとする態度が認められる[15]」と述べている。

『平成狸合戦ぽんぽこ』はこうした浄瑠璃の枠組を備えることによって、多摩ニュータウン開発の歴史を前提としつつ、その中に同時代を生きた里山の狸たちを描き出し、すでに定まった開発の歴史の流れの中で狸たちが与えられた可能性を精一杯生き抜こうとする姿を通して、それが目的ではないのであるが、見る者に高度経済成長と日本人について狸の眼差しで改めて考えさせる作品に自ずとなっているのである。

おわりに

以上、『平成狸合戦ぽんぽこ』が日本の芸能から大きな影響を受けつつ成立していることを「那須与一扇の的」「妖怪大作戦」の各場面と物語の構造に着目して考察した。

『平成狸合戦ぽんぽこ』は、『平家物語』から構想され、能狂言の「語リ」、浄瑠璃・歌舞伎の「物語」の手法を用いて「那須与一扇の的」を演出し、「風流」を背景に「妖怪大作戦」の絵巻物的行列を描き、表の歴史に記されない裏の歴史を語るという人形浄瑠璃の作劇手法で狸たちの抵抗の物語を語った作品なのである。

『一谷嫩軍記』の平敦盛、『義経千本桜』の安徳天皇は、それぞれの物語世界の中で、表向きには死んだことになっているが実は密かにどこかで生き延びているという結末を迎え、私たちの想像世界の中で生き続ける。『平成狸合戦ぽんぽこ』の狸たちが、人間に化けて人間社会の中で密かに生き延びているという結末にたどり着くのは、浄瑠璃の作劇手法に沿う本作の結びとしてまことにふさわしいと言えよう。

注

（1） KINENOTE
http://www.kinenote.com/main/public/cinema/detail.aspx?cinema_id=28320（最終確認二〇一九年一一月八日）

（2）「たぬき通信」（高畑勲『平成狸合戦ぽんぽこ』所収、スタジオジブリ、一九九四年）

（3）「「平成狸合戦ぽんぽこ」高畑勲監督インタビュー」（キネマ旬報セレクション『高畑勲』所収、キネマ旬報社、二〇一三年）

（4）「平成狸合戦ぽんぽこシナリオ（決定稿）」（高畑勲『平成狸合戦ぽんぽこ』所収、スタジオジブリ、一九九四年）

（5）隠神刑部は『松山騒動八百八狸物語』として知られる松山藩のお家騒動の物語に登場する古狸である。享保一七年（一七三二）に起きたこのお家騒動は、文化二年（一八〇五）にその顛末が『伊予名草』と題する実録にまとめられた。天智天皇の時代から松山に棲むという隠神刑部は人間に助けられた恩から松山城を守護していたが、お家騒動に巻き込まれ、最後は広島藩浅野家の支藩であった三次藩ゆかりの稲生武太夫（平太郎）によって洞窟に封じ込められる。杉浦茂の『八百八狸』は、題名が「八百八狸」であること、主人公「平太郎」の仕官先が「広島藩浅野家」であり、悪さをする狸の親玉が「刑部たぬき」であることから、この松山騒動の物語をもとにした創作であることが明らかである。

（6）金長は「阿波狸合戦」として知られる物語の主人公。天保一〇年（一八三九）頃、徳島小松島のあたりで数多くの狸が死んでいるのが発見されたことから、日開野村の金長という狸の一派と津田の六右衛門という狸の一派が合戦を行ったという物語が生成され、『古狸金長義勇珍説』『淡路名高古狸物語』などにまとめられた。金長は命を助けられた恩から茂十郎という藍染紺屋を守護していたが、官位を授かるために日開野の六右衛門の元で学ぶ。金長の才能を恐れた六右衛門は金長を手元に置こうとするが、金長がこれを断ったため両者は対立し、合戦に至る。金長は六右衛門の首を取るが、自らも力尽きて死に、後を養子の小鷹に託し、小鷹は二代目金長を名乗る。『平成狸合戦ぽんぽこ』の「金長」が「六代目」として登場するのは、この物語をふまえて「金長」の名跡が代々継承されているという設定である。

（7）後藤捷一「阿波に於ける狸傳説十八則―附「外道」について―」（『民族と歴史』43号、一九二二年）

（8）引用は『平家物語』（新編日本古典文学全集、小学館、一九九四年）による。

（9）「特別対談　高畑勲×池澤夏樹「現実を映し出す新たな表現を目指して…」」（キネマ旬報セレクション『高畑勲』所収、キネマ旬報社、二〇一三年）

（10）引用は『義太夫節浄瑠璃未翻刻作品集成32　一谷嫩軍記』（玉川大学出版部、二〇一三年）による。但し、読みやすさを考慮して表記を一部改めた。

（11）『国史大辞典』（吉川弘文館、一九七九～一九九七年、「風流」の項）

（12）『怪星ガイガー・八百八狸』（杉浦茂傑作選集、青林工藝舎、二〇〇六年）
（13）『0人間・八百八だぬき』（杉浦茂ワンダーランド4、ペップ出版、一九八八年）
（14）高畑勲「あとがきにかえて」（『映画を作りながら考えたことⅡ』所収、徳間書店／スタジオジブリ、一九九九年）
（15）伊藤りさ『人形浄瑠璃のドラマツルギー──近松以降の浄瑠璃作者と平家物語──』（早稲田大学出版部、二〇一一年）
（16）シネマ・コミック8『総天然色漫画映画　平成狸合戦ぽんぽこ』（文春ジブリ文庫、二〇一五年）による。

【読書案内】

キネマ旬報セレクション『高畑勲』（キネマ旬報社、二〇一三年）
日本古典文学大系『文楽浄瑠璃集』（岩波書店、一九六五年）
新日本古典文学大系『竹田出雲・並木宗輔浄瑠璃集』（岩波書店、一九九一年）

『平家物語』読者としての高畑勲
――アニメーション映画監督としての感性

鈴木　彰

はじめに

映画監督としての高畑勲は、「最後まで『平家物語』をやりたいと言っていた」という。(1)その映画化について、関係者のあいだでは「短いエピソードを繋いでいくダンゴ型の企画」として話し合われていたようで、その最晩年にはアニメーション映画制作会社「スタジオポノック」の短篇映画企画の一つとして、「平家物語中の一つエ(ママ)ピソードをそのまま短篇として作」る準備が始められていたようでもある。(2)

高畑自身、「一九九六年一二月五日」付けの「『鳥獣平家』断巻　遊びをせんとや　企画案」(3)で、国宝『鳥獣人物戯画』甲巻がひろげられ、動物たちが遊び、はしゃぐ様子が進むうちに、狐と鹿を馬に見立てた兎と猿の競馬のやりとりから、『平家物語』の「宇治川先陣争い」へと場面が転じ、猿の琵琶法師による平家語り、そして美しい巴御前に化けた狐の登場、といった流れをもつ、「前代未聞の鳥獣戯画による『平家物語』断巻」の導入部を提示している。この企画書では、映画監督として、なぜ、どのように『平家物語』を描きたいのかが述べられており、貴重である。

じつは、これに先立って一九九四年七月に公開された映画「平成狸合戦ぽんぽこ」の制作過程では、一九九二年五月に、『平家物語』を作ることが関係者の間で話題にのぼったものの立ち消えとなり、翌六月になって、高畑から鈴木敏夫プロデューサーに「『狸たちが主人公の『平家物語』はどうでしょうか』……『平家物語』の人々の激しく生き、壮烈な死にざまをさらす姿を狸に置き換え、集団劇として描くんです。……」」というアイディアが提案されたという。(4) そして、その後も対談や文章などにおいて、『平家物語』のアニメーション化にしばしば言及している。(3)(5)(6)(7) 二〇一五年九月一日に行われた本書『高畑勲をよむ　文学とアニメーションの過去・現在・未来』収録インタビューでも、それが話題とされている。

いつからかはわからないが、(8) 高畑の心の片隅に『平家物語』を扱いたいという思いがあり続けたようだ。そして、それは折々に、おかれた状況に応じてかたちを変えて浮上し、実現へのみちすじがくり返し模索されていたことがうかがえる。

しかし、それはついに作品化されることはなかった。

映画監督としての高畑勲は、『平家物語』のアニメーション映画化の可能性を模索する際、『平家物語』のいかなる側面に注目し、そこから何をどのように読み取っていたのか。本稿では、遺された言葉をとおして『平家物語』読者としての高畑の姿を追う。それは、『平家物語』を現代に生まれ変わらせようとした表現者の感性と向き合うことにもなるだろう。すがたかたちのない作品を分析対象とはできないが、『平家物語』の一読者であり、映画監督でもあった高畑の着眼点がもつ意義についても可能なかぎり掘り下げてみたい。

人物エピソード集としての『平家物語』

「『平家物語』はもともと短いエピソードを繋いでいくダンゴ型の企画でした」という証言（前掲）がある。高畑は自らの作品で『平家物語』の全体像を描くつもりはなく、また、その主題も無常観とは切り離して構想していたようだ。そのことは、『鳥獣平家』断巻の企画を経たのちの心境を回顧した、次の発言に端的に表されている。

私はその後、やはり人間で『平家物語』をアニメーション化したいと思うようになりました。「盛者必衰の理」を大河の流れのように詠嘆するのではなく、もがきあがき、しかしまた驚くほどいさぎよい、生々しく裸でむき出しの、激しく生き、壮絶な死にざまをさらす人間たちを、個々に活写してみたい。(7)

ここで「個々に活写してみたい」という「人間たち」の姿とは、主に武士が戦うありさまと考えてよいだろう。高畑は、『平家物語』の映画化に言及する際、折に触れて、合戦における騎射や組み討ちの様子はアニメーションでしか表現できない、と述べており(3)(5)(7)、また、本書収録インタビューでも、描きたいのは「戦闘シーン」だと明言している。

高畑が読み取っていたのは、戦闘という「行為に込めた武者の迸るエネルギーや溢れだす心情(7)」、「戦闘している人たちの戦闘に込めた気持ち(5)」であった。「木曾最期」で巴がみせた最後の戦いには「本当は義仲と生死を共にしたいのに、そう出来ない巴という女性の気持ち(5)」を、「瀬尾最期」の瀬尾兼康に対する義仲の言動には「子どもっぽい単純さ、直情的でさっぱりした、あるいは一途な気性」を、義仲を裏切る瀬尾兼康の行為にも「心情の一途さ」を読み取っている。(3)「木曾最期」や「瀬尾最期」に記されたエピソードは、長く高畑の関心の中心であったことがうかがえる（本書収録インタビューも参照）。

高畑は「各エピソードに夢中になり」、「『平家物語』を通読することはなくなっていた」という。(7) そうした関心のありかたは、次の発言に集約されていよう。

そして私は思います。この古川訳で大長編の『平家物語』を楽しんだ方にこそ、多彩な人物の個性が粒立つ傑作エピソードを、個々に、あらためて原文で読んでもらいたい、聞いてもらいたい。(7)

これは、高畑自身がふだん行っていた読みかたを読者に推奨する言葉とみてよいだろう。つまり、このころの高畑は『平家物語』を人物エピソード集として受け止め、作中の人々の姿を選択的に読んでいたのである。こうした態度は、少なくとも、『平家物語』の合戦譚を、「個々人の心身合一の極限力発揮といさぎよい諦念の結びつき」(3) とみて個々に焦点化しようとしていた「『鳥獣平家』断巻」企画のころから続いていたと考えられる。

こうした読みかたは、それをアニメーション化するという目的と表裏一体であったことには留意しておきたい。戦闘シーンには残酷さが伴う。現代人である見る側がその光景自体に目を奪われたり、それに嫌悪感を抱いたりすることになると、それを描くことで伝えたい、「その行為に込めた武士たちのあふれんばかりの心情とエネルギー」や「その行為の意義や意味」(3) を受け止めてもらえなくなる。高畑はそれを避けるためには「墨一色の荒々しい筆の勢い」(7) で描くのが有効(9) だという考えをくり返し述べている。

つまり、新たなアニメーション表現を追究することと、戦闘シーンを選んで描くこととは、高畑にとって分かちがたいものだったのである。アニメーション映画監督としての感性と表現意欲が、『平家物語』の読みかたをかかる方向に収斂させていったといえよう。

映画監督としての高畑は、『平家物語』にみえる、戦う武士たちの個々のエピソードを選び出し、そこに描かれた武士たちの行動に内在されている「エネルギー」「心情」「気持ち」を読み取り、それをアニメーションとして視聴者に的確に伝えられる表現方法（たとえば「線」の描きかた）を模索し、追究し続けていたのであった。

「天真爛漫の本然」をめぐって

高畑が読み取った武士たちの「エネルギー」「心情」「気持ち」とはどのようなものだったのだろうか。高畑はそれを「天真爛漫の本然」と表現する。この言葉は、古川日出男による『平家物語』の現代語訳に寄せた一文のタイトルともされている(7)。その文章のなかで、高畑は「『鳥獣平家』断巻」の企画のころを回想し、次のように記している。

『鳥獣戯画』の動物たちの示す「天真爛漫の本然」が、じつは直情的で一途な『平家物語』の武者たちの根底にもあったのではないか（重盛や知盛はちがいますが）、というのが私の発想でした。一所懸命、力の限り闘って、運が尽きたらまことにあっけなく命を散らす(7)。

この発言は、企画書(3)で、『平家物語』の合戦譚の読後感は「不思議なほど爽快で」、「壮絶に死んでいった武士たちへの哀惜の情のみが残る」とし、それについて、

なぜだろうか。かれらの本性がもともと天真爛漫な「遊ぶ子ども」だからではないだろうか。かれらは自分の意志で、いわば、命を懸けて遊びきるのだ。そして、運が尽きればじつにあっけなく死ぬ。だからこそその死は子どもの死のようにひとしお哀れ深い(3)。

と述べたことと通底している。また、「直情的で一途な『平家物語』の武者たち」という理解は、同企画書にいう「子どもっぽい単純さ、直情的でさっぱりした、あるいは一途な気性」、「まるで子どものように単純」といった理解と響きあう。

高畑は、『平家物語』の合戦譚から、まるで「子どものよう」に「単純」に、「直情的に」、「一途」に、すなわち「天真爛漫」に戦う武士の「エネルギー」「心情」「気持ち」を読み取っていたと考えられる。だからこそ、『鳥獣人物戯画』甲巻の動物たちと『平家物語』の武士たちは、高畑のなかで重なり合い、共振しえたわけである。

そののち、高畑は動物ではなく人間で『平家物語』をアニメーション化したいと考えるようになったと述べる[7]。表現したいものの具体像に変化が生じたようだ。しかし、高畑は、これから『平家物語』を読む人に向けて、「多彩な人物の個性が粒立つ傑作エピソードを、個々に」読むことを勧め[7]、「天真爛漫の本然」というタイトルをつけている。『平家物語』に対する右のような認識自体は、「『鳥獣平家』断巻」企画から晩年まで、変わらずに持ち続けていたとみてよいだろう。

ところで、この「天真爛漫の本然」という理解の一部には、武士の「死」を「運」「運命」と結びつけるという視座が含まれていることに注意しておきたい。高畑は、「『鳥獣平家』断巻」企画以後、「そして、運が尽きればじつにあっけなく死ぬ[3]」、「運が尽きたらまことにあっけなく命を散らす[7]」といった表現を続けている。それらは明らかに、

> かれらには、目的のためにただ力の限りたたかい抜くことこそが生き生きと生きることであり、結果としての生死はいさぎよく「運」「運命」（キイワードの一つ）にまかせてしまう。むろん、平家の命運を見とおし

ながらなおかつ戦い抜く平知盛など、もっと複雑な武将たちの人間像も描かれているけれども、基本に変わりはない(3)。

という理解に立脚している。本書収録インタビューでもその点への言及がある。

高畑は『平家物語』を、運命と向き合う人々の姿を描いた物語とみていた。それは、高畑が「「運命」を描いてじつに大きく素晴らしい傑作である(3)」と述べる木下順二の『子午線の祀り』、溯れば、戦後の『平家物語』観に大きな影響力をもった歴史学者石母田正の『平家物語』(岩波新書)などから続く系譜・影響関係にある物語理解にほかならない。

高畑の『平家物語』理解と向き合うために

ここまで確認してきたような、『平家物語』読者としての高畑の姿勢や理解とこれから向き合っていくための、いくつかの留意点を示しておきたい。

高畑は「『鳥獣平家』断巻」を今なぜ企画するのかについて、「われわれが、〈天真爛漫の本性〉をすっかり失っているからである(3)」と述べている。「失っている」とはつまり、かつてはそれを持っていたという理解を前提にした物言いにほかならない。また、「われわれ」とは、高畑を含めた現代日本で生まれ育った人々を主に指していると考えられる。したがって、この発言は、前述したような意味での「天真爛漫の本然(本性)」なるものがかつてこの世に実在していた、と高畑が考えていたことをうかがわせるのである(10)。

しかし、この点には慎重さが必要である。作中に描かれた武士たちが、本当にそのように考え、発言し、振る舞ったのか、その事実性を確認するすべはない。もちろん、物語の表現にはその時代の価値観が反映する面もある。しかし、『平家物語』はそもそも武士によって書かれた作品ではなく、武士の感性がそのままに表出された文学ではない。

また、やや細かな問題となるが、『平家物語』は一二三〇～四〇年代にはひとつの作品としての歩みを始めていたが、もとよりその姿は流動的なもので、当初は今日にみるような一二巻構成でさえなかったようだ。また、作品生成の当初から改訂が重ねられ、結果として、他に例をみないほどに膨大な種類の異本が生み出された。それらを読み比べてみると、同じ事件や人物などの描写や全体像がそれぞれに異なったり、伝本ごとに記事の有無が存在したりする。異本を生み出す本文改編がなされた年代もさまざまで、後世の理解が改作本文に組み込まれ、意味内容が重層的になっている記事も見受けられる。高畑は応安四年（一三七一）に成立した覚一本系統の本文に拠って発言しているようだが、右のような事情を踏まえてみれば、覚一本に平安末期の歴史事実や武士の実態がそのまま反映しているとは考えがたい。じっさい、これまでの研究で、『平家物語』の最も古い姿を相対的に多く留めていると理解されるようになった、延慶三年（一三〇九）・四年に書写された本文を基調とする延慶本を参照してみると、高畑が関心を寄せる「木曾最期」の巴の姿も「瀬尾最期」の義仲の姿も、覚一本とはかなり異なるものになっているのである。

高畑は「天真爛漫の本然」を『平家物語』の本質のひとつととらえて「『鳥獣平家』断巻」の企画書を書いた。しかし、作中の武士が戦いに臨む姿や心情のすべてを、あるいはその多くを、そのように読むことはできそうにない。作中には、戦いに臨む立場も、目的も、姿勢も、じつに多様な武士たちが登場する。むしろ、戦いと向き合う武士たちのさまざまな価値観が混在し、対立し、反響しあい、ときにひとつの人格のなかでも変化したり、矛盾したりしているというのがこの物語の実状である。それこそが、時間をかけて多くの人たちのあいだで読み継がれ、育まれてきた『平家物語』の特徴といえる。

このことは、高畑もどこかで理解してはいたようである。それは、「結果としての生死」を「いさぎよく「運」「運命」(キイワードの一つ)にまかせてしまう」と述べた前掲記事[3]のなかで、それに続けて、

むろん、平家の命運を見とおしながらなおかつ戦い抜く平知盛など、もっと複雑な武将たちの人間像も描かれているけれども、基本に変わりはない。[3]

と、自らの理解では例外ができてしまうことにも言及しているからである。

にもかかわらず、その結びで「基本に変わりはない」と述べたのはなにゆえであろうか。この発言は看過できない。これでは、『平家物語』に描かれる武士はみな、その生死を運命にゆだねていて、死ぬこと自体への格別な思いは存在しない、と総括しているに等しい。そのくくり方は、『平家物語』の基礎的な理解として決して首肯できるものではない。

この問題とかかわって、「運」「運命」に関する物語解釈にも注意したい。『平家物語』を運命劇とみる読みは、今日でも続いている。ただし、現在では、そうした読みかたに内在された歴史性への検証も進んでいる。明治期以来の日本の近代化の過程でそうした解釈がどのように形づくられ、戦時下に続く体制や思想状況といかに関わり(「国民的叙事詩」「日本精神」「武士道精神」「英雄」といった概念と交わる)、戦後にも形を変えて生き残っているか、という問題も見定められている。[11]とりわけ、戦後、石母田正が提起した運命劇としての読みは、じつは明治期に行われていた解釈の反覆にすぎず、かつ「運」の語義解釈を踏まえて、『平家物語』を「西欧的な運命論・宿命論で理解しようとすることは相当に慎重であるべきだ」とする理解が提示されてもいる。[11]

石母田による岩波新書『平家物語』（一九五七年初版）から影響を受けて、木下順二が群読劇「『平家物語』による群読——知盛」（一九六八年上演）の脚本を作り、それがのちに「子午線の祀り」（一九七九年初演）に改作された。その「子午線の祀り」を高く評価する高畑の読みは、明らかにこの系列に属する。しかし、それはそもそも、中世にはありえなかった『平家物語』の読みかたなのである。

こうした概念を組み込んだ「天真爛漫の本然」なるものを、かつての武士が本当に持っていた「エネルギー」「心情」「気持ち」とする読みかたははたして成り立つであろうか。

また、命のやりとりをする戦いが遊びと重ねられることについても、少しく立ち止まって考えてみたいところである。こうした見方は、結果として、死ぬことを厭わぬ、自分の死を何とも思わない武士像を現出させることになっているのではないか。

しかし、『平家物語』には戦場で命の価値と向き合い、悩み、苦しむ武士が登場する。平知盛はわが子知章が身代わりとなって討たれる間に戦場から逃げ延びた。そして、子を犠牲にしてまで生き延びたという事実を前に、わが身の命は惜しいものだとつくづく思い知ったと語る（巻第九「知章最期」）。瀬尾兼康は、いったんはわが子小太郎を置き去りにして戦場から逃亡するが、よくよく考えて思い返し、引き返して親子ともに討死する（巻第八「瀬尾最期」）。両話は、わが子の死という現実と直面した親の姿という点で、対比的に配置されている。実際に死ぬわけではないが、那須与一は、義経に指名されて、射損じたらその先は武士としては生きられないと考える。彼らはみな自らの命の価値と向き合い、戦場におけるそれぞれの状況のなかでそれを痛感し、苦しみながら、ある者は生き続け、ある者は死んでいく。彼らにとって、自らの死の意味は決して軽いものではないし、その結果を心穏やかに受け止められたようには描かれていないのである。

『平家物語』はこれまでさまざまな読みかたをされ、その社会に求められる人間の育成に利用されてきた。そうした歴史の一環に、死を厭わぬ勇ましさや覚悟、死ぬことの美しさやそれを甘受する心の潔さといった要素を強調する偏った解釈によって創り出された武士像やその精神性が、教育や芸術や文芸・文化といった領域を介して社会に広められたという過去がある。ここで高畑の読みをあえて問い直しているのは、そうしたかつての文脈で行われていたものに近い読みを、おそらく図らずも内在してしまっているからである。

高畑は反戦の立場を貫いていた。本書収録インタビューでも「反戦を主張する僕が……」と発言している。問題は、こうした高畑のような人でも、『平家物語』の読みかたとしては、近代以降に創り出された読みの系譜にいつのまにか搦め捕られてしまっていたという事実である。『平家物語』読者としての高畑と向き合うには、そうした現実の重さを認識することから始めなければなるまい。

高畑がこうした読みに陥り、抜け出せなかった事情のひとつは、実写では描けない、アニメーションならではの表現への志向が、武士の激しい戦いを描くという課題と結びついていたことにあると私は考える。戦争を全面否定している高畑のこと、意図してそうした隘路に入り込んだわけではあるまい。『平家物語』を最後までこのように語り続けたということは、ここで述べたような陥穽にはまっていることに自覚はなかったのかもしれない。

高畑は社会的にきわめて大きな影響力がある表現者であった。彼が『平家物語』をどのように理解し、そこから何を選び取り、どのように表現するかという点は、その後の社会に与える影響力は小さくなかったはずである。場合によっては、高畑が作ろうとしていた作品は、世の中の『平家物語』観を大きく方向付けるような力をもったかもしれない。

高畑が遺した言葉自体がもつ、表現者としてのエネルギーやその価値を否定するつもりはない。また、『平家物語』をどのように読むかは、その人の自由である。ただし、誰の言葉であろうと、その言葉の質やなしとげようとしていたことの方向性については、過去と未来をみすえながら多角的に吟味し、たえず検証しながら受け止めなければなるまい。

残酷さと偶然性

高畑がもっていた『平家物語』を読む視点には、これからの『平家物語』の読みかたに活かせそうな点も存在する。最後に、それらのなかから二つを指摘しておきたい。

まず注目されるのは、高畑が『平家物語』の合戦譚の残酷さを指摘していることである。

『平家物語』のなかの合戦譚はほとんどすべて、悲惨無残としか言いようのないものばかりである。描写も死屍累々、「頸ねぢ切って捨ててんげり」「内甲（兜の内側）を射抜かれ」「御頭をば賜はりけり」「太刀の鋒を口に含み、馬より倒に飛び落ち、貫かってぞ失せにける」「柄も拳も通れ通れと、三刀刺いて首を取る」「右の肘を、臂のもとよりふつと打落す」「泣く泣く首をぞ掻いてげる」など、酸鼻を極めている。(3)

これはきわめて重要な指摘ではなかろうか。今日、多くの人は学校教育の場で『平家物語』の原文と出会う。各社の国語科教科書に採用されている場面は、中学校用では「那須与一」と「敦盛最期」、高等学校用では「木曾最期」「忠度都落」「能登殿最期」が多く、「宇治川先陣」「先帝入水」がそれに続く。戦場の残酷さを含む話題ばかりである。では、その教科書を読むときに、その残酷さをどれだけ痛感しながら読んでいるだろうか。

『平家物語』（覚一本）に血の描写が出てこないことはよく知られている。近年では、たとえば佐倉由泰[12]が、「頸」と「血」の表現に注目して、覚一本に顕著な傾向として、「（頸に）言及することを抑制する傾向が顕著に認められる」、「なまなましさの緩和を図っているのではないだろうか」、「凄惨なイメージの喚起を可能な限り弱め、回避しようとする」と発言している。また、大津雄一は[13]、「『平家物語』（覚一本）に残酷な描写が少ないことはしばしば指摘されてきた。……そもそも『平家物語』は、戦場の残酷さを積極的に描こうとはしていない。宇治川に流された六百騎の武士の姿は……もはや一つの美しい風景にしかすぎない。……もちろん『平家物語』でも、いくさによって多くの人々が死ぬ。しかしこの物語は、「穏便」に戦争の暴力を表現することを選んだのである」と述べている。もちろん、これらとて『平家物語』の描写が残酷ではない、と述べているわけではない。しかし、こうした理解のしかたとも相まって、『平家物語』が描いていることに付随している残酷さを、次第に読み取れなくなってはいないか。

『平家物語』は人を殺しあう戦場のさまを描くこともある。それは本質的に悲惨で無残なものである。その点への実感があれば、あるいはそれを想起する力を持とうとしさえすれば、たとえその様子が具体的に表現されていなくとも、戦場で傷つけあう様子やその痛み、さらには敵の身体の重さや力感などを補いながら本文を読むこともできる。また、本来はそうした実感があることを前提としていればこそ、あえて譬喩を用いることで残酷さを伏せるように戦場の光景を描くこと——たとえば、色とりどりの鎧を着た武者たちが宇治川に流される様子を龍田川に紅葉葉が流れるさまに譬えること（巻第四「宮御最期」）——が効果をもったのではないかとも思われる。出来事をとりまく諸々の感覚を掘り起こし、言葉で表現されていなくとも状況から充分に想起しうる光景を脳裏に描き出すような読みを試みていくことが、これからのひとつの課題となる[14]。

『平家物語』の合戦譚を読む際に、どれだけその残酷さを受け止められるか。高畑が持っていた観点を、こうした問題意識をもって深めていくことは可能であろう。

二つ目に、事件の偶然性という観点にも注目してみたい。本書収録インタビューで、一騎打ちとテニスの類似性を語るなかで、高畑は次のように述べている。

……テニスなんてすごい一騎打ちですからね。ウインブルドンは芝生だから、イレギュラーがあったりする。それで失点したって、もうしょうがないですね。戦闘も同じです。一騎打ちの戦闘で、偶然によって負けたりするわけでしょ。その場合は運命を甘受するしかないわけじゃないですか。……

引用の末尾で述べられている「運命を甘受する」という解釈に伴う問題についてはくり返さない。ここでは、ある出来事の結果に作用する偶然性に着目している点を受け止めたい。というのは、作中のそうした要素をまだ読み込む余地があると考えられるからである。

『平家物語』巻第四「橋合戦」には、以仁王と源頼政の挙兵にかかわって、宇治川渡河戦が描かれている。宇治橋でのせめぎ合いが続くなか、足利忠綱が一軍を率い、見事な下知をしながらまっさきに川を渡って平等院に攻め込む。そのとき、「おりふし五月雨のころで、水まさッて候」と、ちょうど水かさが増していたという設定がとられている。水量の多さはそのまま、川を渡した者たちの力量をものがたる要素でもある。また、もしこの時期でなければ、他の誰かが先に川へ打ち入れていたかもしれず、それはすなわち、忠綱がこうした活躍をする機会はなかったかもしれないということを意味する。つまり、ここには、水量にことよせて偶然性が埋め込まれていることがわかる。そしてじつは、『平家物語』のもうひとつの宇治川合戦である巻第九「宇治川先陣」でも、雪解け水で「水はおりふしまさりたり」という設定がなされている。佐々木高綱と梶原景季のいけずき・するすみを駆った先陣争いもまた、同様の偶然性に支えられた出来事とされているのであった。

巻第九「忠度最期」で、平忠度は岡辺六弥太に追われ、馬上での組み討ちとなる。忠度は刀を抜き、即座に六弥太を三度刺すが、二度は鎧にあたって通らず、一度は内甲（顔面）を刺したが浅い傷を負わせただけであった。そのまま組み敷いて首をとろうとしたが、遅れて駆けつけた六弥太の童に右腕を肘元から切り落とされ、結局六弥太に首を取られてしまう。「大ぢからのはやわざ」とされ、この組み討ちでも相手を圧倒した忠度だが、三度刺したにも拘わらず致命傷を負わせられなかった。それゆえに、六弥太の童が駆けつける時間が生まれたのである。結果、忠度は逆に討たれた。圧倒的に有利な状況での刀での攻撃がうまくいかず逆転されてしまった。偶然が作用したというよりほかない展開である。

これらのように、作中に埋め込まれた偶然性を伴う条件が、その場面の情景に奥行きを与えている場合がしばしばある。そうした表現の仕組みはていねいに読み解かれてよい。

ここでは、残酷さと偶然性という二つの観点のみを、限られた例を示しながら取りあげたにすぎない。高畑の言葉からさまざまなヒントを聞き取る余地はまだ残されていよう。すべては今後、高畑の発言や文章を読み継いでいこうとする者に与えられた課題である。

おわりに

『平家物語』は古典文学作品のひとつにすぎない。けれども、日本社会の歴史的変遷とさまざまな形で交叉し、人々の生きかたや価値観、感性に作用を及ぼしてきた。その読まれかたの歴史を把握しなければ、この物語にかかわって今起こりつつあることの本質や、その行く先への冷静な批評眼や抑止力を養うこともできない。そうした問題意識をもつ立場から、本稿では、『平家物語』読者としての高畑勲と向き合おうと試みた次第である。
高畑が遺した言葉や試みをどのように受け継ぐか。各方面の課題となるだろう。本稿は『平家物語』との関わりという、狭い範囲での検討に留まるものではあるが、高畑の言葉と営みを批判的に継承していくための一歩として位置づけられるとしたら幸いである。

注

(1)『キネマ旬報　二〇一八年六月上旬特別号』(二〇一八・五) 巻頭特集「追悼　映画監督・高畑勲」に収録されたインタビューでの鈴木敏夫の発言(取材・構成金澤誠)。
(2) 注(1)インタビューでの西村義明の発言(取材・構成岡崎優子)。
(3) 高畑勲「『鳥獣平家』断巻　遊びをせんとや　企画案」(『映画を作りながら考えたことⅡ』徳間書店／スタジオジブリ・カンパニー、一九九九・七)。以下、「企画書」。
(4) 劇場用パンフレット『平成狸合戦ぽんぽこ』(東宝、一九九四・七)。なお、スタジオジブリ・文春文庫編『ジブリの教科書8 平成狸合戦ぽんぽこ』(文藝春秋、二〇一五・一)によれば、高畑が狸たちが主人公の『平家物語』についての提案をしたのは、一九九二年六月ではなく七月のこととされる。論述は劇場用パンフレットに拠った。
(5) 池澤夏樹・高畑勲「特別対談　現実を映し出す新たな表現を目指して…」(『キネマ旬報　一九九五年三月上旬号』一九九五・三)
(6) 高畑勲・宮崎駿・鈴木敏夫「スタジオジブリ30年目の初鼎談」(『文藝春秋　平成二十六年二月号』二〇一四・二)
(7) 高畑勲「天真爛漫の本然」(『日本文学全集09月報　平家物語　古川日出男・訳』河出書房新社、二〇一六・一二)
(8)「60年間も高畑さんが温め続けた」と西村義明はいうが(注(2))、ひとまず措く。

（9）「アニメーションでザーッとしたようなもので描く」（注5）、「『かぐや姫』と同じような線であれば」（本書収録インタビュー）も、同じことを述べていると考えられる。

（10）武士に関する高畑の語りには、『平家物語』が描いた武士ではなく、現実の武士の生態を見つめる姿勢が読みとれる。本書収録インタビューにもみえる、馬上から敵を射る際の動きへの言及はその典型例といえる。なお、これについて高畑は、かつて『平家物語』をも史料として参照しながら進められた、歴史学の武士論の成果に学んだと考えられる。

（11）大津雄一『『平家物語』の再誕　創られた国民叙事詩』（NHK出版、二〇一三・七）。

（12）佐倉由泰「『平家物語』の機構（三）——身体表象をめぐる機構——」（『軍記物語の機構』汲古書院　二〇一一・二）。

（13）大津雄一「軍記と暴力」（『文学』十六—二　二〇一五・三）。

（14）私なりの試みとして、以下の二点の論考をまとめた。鈴木彰「二度目からの『平家物語』——いくさなき世の教材として」（『古典教育デザイン』四、二〇二〇予定）、同「軍記教材を読みなおす——二度目からの『平家物語』——」（三宅晶子編『もう一度読みたい古典文学（仮題）』勉誠出版、二〇二〇予定）。

【読書案内】

高畑勲『映画を作りながら考えたことⅡ』（徳間書店／スタジオジブリ・カンパニー、一九九九・七）

日下力・鈴木彰・出口久徳『平家物語を知る事典』（東京堂出版、二〇〇五・六）

日下力『いくさ物語の世界——中世軍記文学を読む』（岩波書店、二〇〇八・六）

大津雄一『『平家物語』の再誕　創られた国民叙事詩』（NHK出版、二〇一三・七）

古川日出男訳『日本文学全集09平家物語』（河出書房新社、二〇一六・一二）

桜井利和旧蔵ハイジ関連資料

大谷　泰三

二〇一五年九月一日に開催されたシンポジウム「高畑勲の《世界》と《日本》」では、会場の一角において、「高畑勲の『ハイジ』とその前・後」と題して、個人で長年に渡り『ハイジ』の研究を続けた桜井利和氏（以下敬称略）が収集した『ハイジ』関連資料の展示も行われた。

桜井は『ハイジ』の物語をこよなく愛し、長年に渡り、『ハイジ』を研究。ウェブサイト「『アルプスの少女ハイジ』という物語」を運営し、『ハイジの贈りもの』の著者である高橋竹夫、ヨハンナ・シュピーリ研究の第一人者である川島隆らとともに日本ハイジ児童文学研究会（以下ハイジ研究会）を立ち上げた。その研究成果の一端は『図説アルプスの少女ハイジ』（ちばかおり・川島隆著：河出書房新社刊）において「日本における『ハイジ』」として、まとめられている。二〇一七年三月七日、病のため五十有余年の生涯を閉じた。

シンポジウムでの展示内容

シンポジウムでは桜井の収集品の中から当人の選定により、およそ二〇〇点余りを展示した。構成は次のとおりである。

1　高畑勲の『ハイジ』前・後

（1）海外で出版された『ハイジ』

（2）日本国内で出版された『ハイジ』

（3）世界へ飛び出した『高畑ハイジ』

2　高畑勲の『ハイジ』

3　その後の高畑勲

以下、桜井の構想をもとに、展示概容とともにいくつかの展示資料を紹介する。

1　高畑勲の『ハイジ』前・後

（1）海外で出版された『ハイジ』

スイスの作家ヨハンナ・シュピーリが生み出した『ハイジ』の物語は初めドイツで受容され、その後アメリカでの映像化、フランスでの続編の出版など、時代とともに様々な変化を遂げながら世界へと広がっていった。ここではドイツで初期に出版されたものから、シャルル・トリッテンによる続編まで、幅広く海外で出版された『ハイジ』関連の書籍を取り上げた。

Johanna Spyri: *Heidis Lehr- und Wanderjahre*. Ill. v. W. Claudius. Gotha（Friedrich Andres Pertes）1902.

『ハイジの修業時代と遍歴時代』初版から一二年後にドイツの同じ出版社から出されたもの。『ハイジ』の受容はスイスではなくドイツから始まった。

(2) 日本国内で出版された『ハイジ』

日本で最初に出版された野上彌生子訳『ハイヂ』から近年出版されたものまで各年代に出版された『ハイジ』の邦訳本などを取り上げた。日本での『ハイジ』という物語の受容の変遷、とりわけ高畑勲によるテレビアニメ『アルプスの少女ハイジ』（以下『高畑ハイジ』）の前後での変化を目に見える形で示すことを狙った。

ハイヂ　世界少年文学名作集　第八巻
ヨハンナ・シュピーリ著　野上彌生子　訳
一九二〇年（大正九）二月一五日　家庭読物刊行会発行
日本で最初の翻訳で英語からの重訳である。

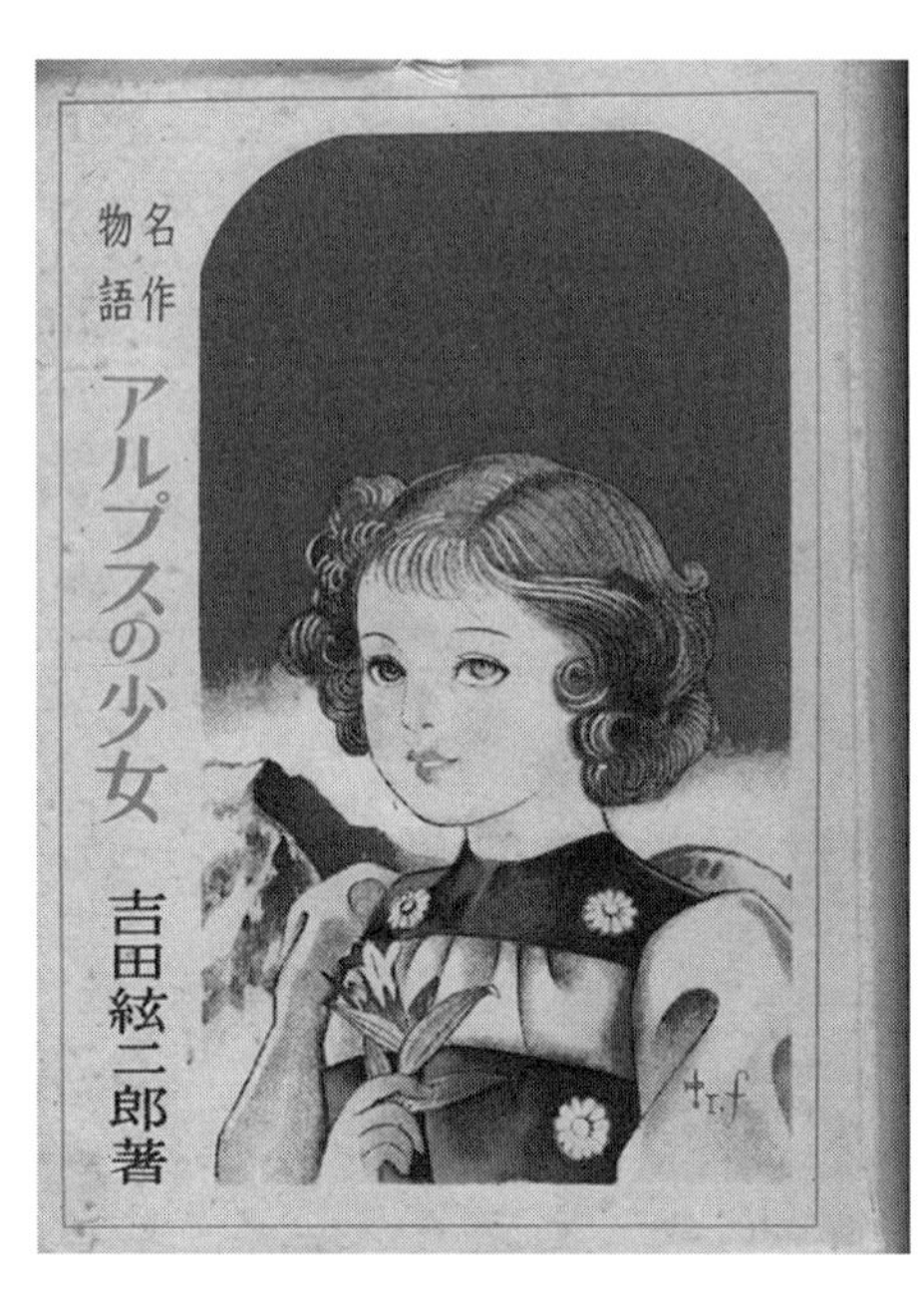

名作物語　アルプスの少女
吉田絃二郎　訳　蕗谷虹児　絵
一九四九年（昭和二四）六月三〇日　講談社発行

大正から昭和初期に活躍した作家吉田絃二郎による邦訳本。挿絵を描いた蕗谷虹児は東映動画の設立にも参加しており、高畑の先輩格に当たる。

（上）八ミリフィルム　世界名作シリーズ№1　アルプスの少女ハイジ
制作　ＴＣＪ動画センター　販売　株式会社サングラフ
演出・鳥居宥之、脚本・城山昇、キャラクターデザイン　芦田豊雄
（下）紙芝居（フォノシート付）　世界名作童話14アルプスの少女
作画　ＴＣＪ動画センター　発行　株式会社　美研

一九六二年（昭和三七）、ＴＣＪ動画センター（現エイケン）でアルプスの少女ハイジのパイロットフィルムが作られた。テレビアニメの企画は実現しなかったが、八ミリフィルムとして商品化され、その設定はハイジの髪型や目の色に若干違いがあるものの紙芝居にも流用された。それが右記の二点である。

『魔法のプリンセス　ミンキーモモ』や『魔神英雄伝ワタル』のキャラクターデザインで知られる芦田豊雄がキャラクターデザインを務めているのが興味深いが、特筆すべきは当時ＴＣＪに在籍しアニメ制作の陣頭指揮をしていたのが、テレビアニメ『アルプスの少女ハイジ』を企画した高橋茂人であるということである。当時の日本人が漠然と思い描く西洋を背景に作られたこの作品に納得しなかった高橋は、後にＴＣＪから独立し、『アルプスの少女ハイジ』を企画した際、日本のテレビアニメーション制作で初めてのロケハンを敢行してしている。その経緯については本書の執筆者の一人であるちばかおり『ハイジが生まれた日』（岩波書店）に詳しい。また、紙芝居では『高畑ハイジ』でハイジの声を当てた杉山佳寿子が同じくハイジの声を担当している。『高畑ハイジ』の声はオーディションで選ばれており、この紙芝居がきっかけということではないが興味深い事実として付記しておく。

No.234

No.901

No.946

ピクチュアパズルアポロ社製　No.234　33片　絵　谷俊彦
No.901　72片　絵　岸田ハルミ　No.946　80片　絵　春田秀

製作年は特定できていないが番号順に時代を下る。右の二点は戦後まもなくから児童書の挿絵などで活躍した谷俊彦や、一九六〇年代を中心に少女漫画雑誌の表紙を飾るなどした岸田ハルミが手がけ、それぞれの時代とともに作家性を感じさせる。やはり注目すべきは左のパズルだろう。アニメ調の絵柄、ハイジやクララの髪や服の色、さらに原作には登場しない犬が描かれたり、背景に切り立った崖とケルン（登山道や山頂に道標となるよう円錐状に積みあげられた石）が描かれるなど、作家性よりも『高畑ハイジ』の影響を色濃く感じさせるものとなっている。

（3）世界へ飛び出した『高畑ハイジ』

『高畑ハイジ』は日本にとどまらず、世界各国で受け入れられた。ここでは、『高畑ハイジ』をベースに、スペインで出版されたオリジナルストーリーのコミックなど、世界での『高畑ハイジ』の受容の一端を示した。

HEIDI 30 Naufragio en alta mar. TITULOS PUBLICADOS, 1978

スペイン語の漫画である。最初の一三巻は『高畑ハイジ』のコミック化だが、その後は同作のキャラクターを使った創作となっている。これはその三〇巻目。

桜井は、ウェブサイト「『アルプスの少女ハイジ』という物語」で、本書の内容を以下のように説明している。「独自に作られた続編。旅先でクララや失った妻を思い出すゼーゼマン。乗っている船が難破するが船長とともに最後まで残ってから脱出。おぼれかけた船長を助けるという大活躍のあと、無事クララのところへ帰る。」

Heidi, Kleines Mädchen, großes Herz. Junior Erstleserbuch. Berlin (Egmont Franz Schneider Verlag) 2000

ドイツ語の幼児向け絵本　ヨーゼフがピッチーを助けるまでをアニメに忠実に描いている。

2　高畑勲の『ハイジ』

『高畑ハイジ』はどのように作られたのか。脚本、絵コンテ、動画、セル、アフレコ台本などアニメ制作当時に各制作段階で実際に使用されたオリジナル素材を間近に見られる形、手に取って見ることのできる形で展示した。

テレビアニメ『アルプスの少女ハイジ』広報用パンフレット

放送前に広報用に制作された八ページの小冊子。物語の概要や企画意図などが書かれている。キャラクターは決定稿の前のもので、この段階ではまだハイジは三つ編みで靴を履いている他、色の設定も異なるなど、私たちのよく知るハイジというキャラクターの誕生過程を垣間見ることができる。

C－233　B①

C－233　B③

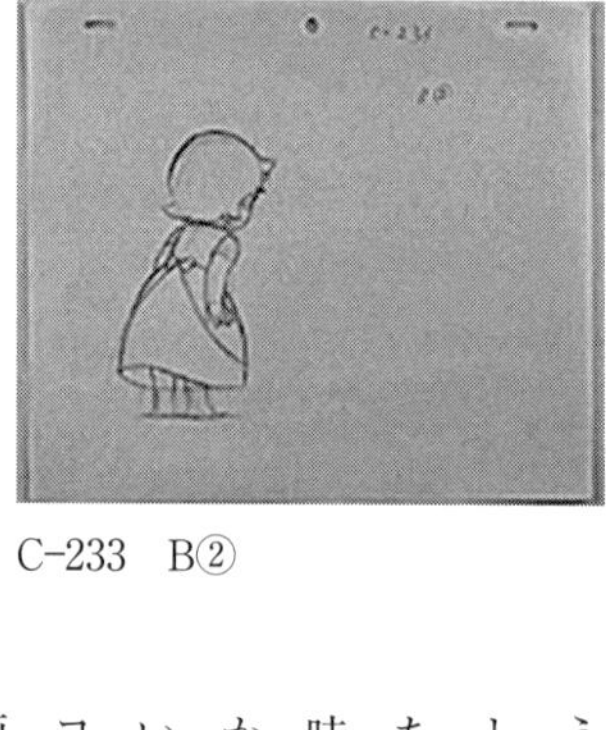

C－233　B②

C－233　B④

テレビアニメ『アルプスの少女ハイジ』原画

第二話で山で暮らすと決めたハイジはヨーゼフに「仲よくしてね」と話しかけるが、ヨーゼフは素っ気ない態度を示す。それを見たハイジが何とかヨーゼフの関心を惹こうとするのが、このシーンである。C－233というのがシーン番号。『ハイジ』は一話につき三〇〇カット程度なので、数字を見るだけでこれが後半のシーンであることが推察される。また右上B①のBはBセルを意味する。当時のアニメではセルの重ね合わせるとき、下からAセル、Bセルというように重ね合わせて撮影していた。この場面ではAセルにハイジの向こう側にいるヨーゼフが描かれている。今回並べた四枚はいずれも原画で、これだけでは滑らかな動きにはならない。原画と原画の間の動きを描いた動画が入り、初めてアニメーションとしての動きが完成する。

3　その後の高畑勲

『高畑ハイジ』以降、高畑の関心はどこへ向かったのか?ドキュメンタリー『柳川堀割物語』のVHSなど、高畑が演出、監督を務めた作品の著作物、著書などを集めた。このカテゴリーについて、桜井は展示の構想段階で「これらの作品についてのコメントは一切展示しない。ご本人による解説を待つ」との意思を示していた。

『ハイジ』以後、高畑勲が関わった作品資料、著書。
右奥から『柳川堀割物語』（一九八七年）パンフレット、『セロ弾きのゴーシュ』（一九八二年）パンフレット、『ホーホケキョとなりの山田くん』（一九九九年）パンフレット、『かぐや姫の物語』（二〇一三年）パンフレット。手前『十二世紀のアニメーション国宝絵巻物に見る映画的・アニメ的なるもの』（一九九九年　徳間書店発行）

『アルプスの少女ハイジ』、『母をたずねて三千里』『赤毛のアン』を経て、以後高畑の関心は日本を舞台にした作品へと向かった。

＊

「高畑勲の『ハイジ』とその前・後」と銘打った今回の展示では、「高畑ハイジ」のオリジナルの制作資料を展示することにより、まだテレビアニメーションが手作りだった当時の空気を伝えるとともに、『高畑ハイジ』がもたらしたことをわかりやすく目に見える形で示すことを意図した。アポロ社製のピクチュアパズルはその一例である。併せて、国内、海外の様々な形での『ハイジ』の表現を展示した。桜井の意図は『図説アルプスの少女ハイジ』に寄せた一文の引用から推察したい。

TVアニメーション『アルプスの少女ハイジ』は圧倒的な存在感をもって、多くの絵本・マンガ的出版物を生み出しました。

これ以降、絵本やマンガはもちろん、翻訳の世界でもアニメ『アルプスの少女ハイジ』の影響を意識しない作品は考えられません。

もっとも新しい紹介である角川つばさ文庫版（二〇一二年〔平成二四〕）は現在の絵柄を採用し、アニメ『アルプスの少女ハイジ』と別の世界を表現していますが、これまで繰り返された、様式の変遷の範囲にとどまります。

『ハイジ』という一作品の表現の変化を見ていると驚くばかりですが、伝えようとするものは変化しません。もちろん『ハイジ』だけではなく、多くの児童向け作品が日々新たに作られ、変化し、消えていきます。その中で、古典として長く読みつがれる作品は、「変わらない」何かの価値を持っているはずです。

桜井は高畑と「高畑ハイジ」に最大の敬意を示しつつ、同時に『ハイジ』という物語の持つ「普遍性」も伝えたかったに違いない。

桜井コレクション

桜井が生前に収集したハイジ関連の資料を便宜上、〈桜井コレクション〉と称す（なお、桜井本人はウェブサイトにおいて自身について、「コレクターではありません」と明言しており、もしこの呼称を聞いたなら苦笑することであろう）。総数一九〇〇点余り。特定の観点や価値基準にとらわれず、「ハイジ」関連の広いジャンルのカバーを心がけたといい、その収集範囲は「高畑ハイジ」や国内の『ハイジ』関連資料だけではなく、原書、海外出版物、またジブリ作品など『ハイジ』周辺にも及んでいる。その中には先に紹介した『ハイヂ』や『スピリ少年少女文学全集』（白水社　全一二巻）など、現在入手困難な資料も含まれる。アニメ制作の当事者ではないため、制作資料の収集は限定的だが、収集資料の中には絵コンテやセル、アフレコ台本などオリジナルの制作資料も含まれている。

資料保存の課題

最近でこそアニメーションそのものの文化的位置づけが向上し、制作素材の資料的価値が認められ、制作自体のデジタル化が進んだこともあり、一定の管理、保護がなされている。しかし、かつては制作の終わったアニメーションの制作素材は、産業廃棄物として大量に処分され、スタッフが個人的に手元に残した資料など、その一部が個人の収集家などの手によって細々と保存されるに過ぎなかった。だが、そのような時代にアニメを支えたスタッフも、当時のアニメに心奪われた個人の収集家も高齢化が進んでいる。

桜井はまだまだ若かったが、余命を知ると自らの手でハイジ研究会に自身の資料を託した。これは桜井の強靱な精神力と高い使命感によるところが大きく、希有な例であろう。今も世代交代の中で貴重な制作資料が人知れず失われていこうとしている。

今後アニメーションの歴史が更に積み重ねられれば、その草創期、デジタル化以前の制作素材は、ますますその歴史的、文化的重要度が増していくに違いない。セルなど日々劣化が進み、管理の難しい制作素材も多い。一日も早く、より安定した形での制作資料の収集、保存、管理の道が確立されることを願わずにはいられない。

桜井コレクションの活用を希望する方へ

『ハイジ』、高畑勲、ヨハンナ・シュピーリなどの研究者に自由に資料を活用してもらいたい。それが生前の桜井の収集の目的の一つであり、ハイジ研究会に資料を託された際の希望でもあった。その遺志を実現するため、ハイジ研究会の一員として、現在資料の利用管理を筆者が行っている。詳細については下記アドレスまでご連絡いただきたい。

t.o.japan.heidi.jlm@gmail.com

【読書案内】

ちばかおり・川島隆『図説アルプスの少女ハイジ』(河出書房新社　二〇一三年)
ちばかおり『ハイジが生まれた日』(岩波書店　二〇一七年)
ウェブサイト『アルプスの少女ハイジ』という物語 (http://www.ne.jp/asahi/ts/hp/file5_heidi/file500_heidi_top.html#Anchor255489)

マルコはハイジと夢を見る
――高畑勲による海外児童文学のテレビアニメ化とその演出

ちば　かおり

序

今日、高畑勲氏（以降、敬称略）を映画監督とみることに誰も異を唱えないだろう。古くは東映動画の『太陽の王子　ホルスの大冒険』から、ジブリの『火垂るの墓』『おもひでぽろぽろ』『かぐや姫の物語』など、数々の優れたアニメ映画を制作。その確かな映像表現は国内外に高く評価されている。世界のアニメ界に多大な影響を与えたことは、ここで改めて述べるまでもないだろう。

今日でこそ日本を代表するアニメ映画監督と評される高畑だが、かつてテレビアニメの一演出家として過ごした時期がある。担当したのは一九七四年に放映された『アルプスの少女ハイジ』（以下『ハイジ』）と、それに続く海外の児童文学を原作にした作品群であった。これら外国を舞台とした児童文学作品を、高畑は連続ドラマとし、一年間全話にわたって演出を手掛けている。これらは自ら企画した作品ではなく、依頼を受けたものではあったが、以降の高畑演出を大きく方向づける契機となっている。高畑は依頼された原作をどのように演出し、そこから何を描こうとしたのか。これら海外児童文学作品のアニメーション化が高畑のその後の作品に果たした影響は大きい。ここでは『ハイジ』『母をたずねて三千里』（以下『三千里』）の二作品からいくつかのシーンを取り上げ、高畑が目指そうとしたアニメーションの表現とその意義をさぐりたい。

『アルプスの少女ハイジ』への伏線

海外児童文学作品の演出について検証していく前に、高畑が『ハイジ』に出会う前の状況について簡潔に整理しておく。

高畑は東映動画で演出の助手を続けること数年、念願のアニメ映画の演出（監督）を射止めたのは、一九六八年『太陽の王子　ホルスの大冒険』（以下『ホルス』）で、三二歳の時である。スケジュールは大幅に遅れ、興行的にも失敗に終わった同作品の責任を取らされる形で、高畑は映画制作から外され、東映動画が手掛けていたテレビアニメの単発演出に回された。テレビアニメ制作は毎週の放映に間に合わせるという性質上、いかに効率よく速く作るかに力点を置かざるを得ない。映画で培った丁寧な作品作りを続けたい高畑は、東映を辞めて『長くつ下のピッピ』（以下『ピッピ』）の制作に参加した。ここで掴んだ子どもの日常生活を描いたドラマ作りは、高畑が『ハイジ』へ至る大きな伏線となっている。高畑は次の言葉を挙げている。

事件主義ストーリー主義ないしドラマ主義（葛藤と解決）でもなければ、主人公の行動の「意図」と「結果」のくいちがいや「役割」の面白さでもなく、主人公の行動描写から直接生まれる楽しさや面白さ、行動の過程の中にひそむ面白さが基本的なテーマなのです。(1)

神話風でドラマティックな映像になった『ホルス』と違い、『ピッピ』は主人公の日常生活が基調となる演出となった。この制作過程で『ハイジ』を演出するための下地は既に整っていたと言ってもよい。

『アルプスの少女ハイジ』

高畑は、一九七三年、テレビアニメ『アルプスの少女ハイジ』の制作を依頼される。『ハイジ』は、日曜夜の児童文学のアニメシリーズとして瑞鷹エンタープライズが企画した作品であった。同シリーズはそれまで『ムーミン』『アンデルセン物語』『山ねずみロッキーチャック』など、動物や妖精が主人公であったが、『ハイジ』で初めて人間を主人公にした原作が選ばれた。

しかし高畑は『ハイジ』の演出をすんなり引き受けたわけではなかった。『ハイジ』は、スイスの作家ヨハンナ・シュピーリによって一九世紀欧州人の価値観で書かれた作品で、いわば理想化された子ども像を内包した児童文学である。キリスト教信仰を土台に、無垢な少女が周囲の人々の心を癒すという単純明快なストーリーは、一九七〇年代にはすでに我が国でも古典に位置づけられていた。

この原作を現代日本でアニメ化する必要について、高畑は大いに悩むことになる。

同じ日常ものでも、馬を持ち上げられる世界一の力持ち少女が大活躍する『ピッピ』のような飛躍がない。人間ドラマだけです。それでもアニメーションでしかできない表現が生み出せるのか、その可能性はあるのか(2)

高畑は『ハイジ』という原作に対しては反感がなかったどころか、好きな作品ですらあったが、自身の手でアニメーションにすることに意味を見出す事ができずにいた。実写でやれることをアニメ化する意義とは？　しかしその問いこそが、その後の高畑のアニメーション作りの根幹を支える原動力となっていくのである。

それでも引き受けた理由

それでも高畑が『ハイジ』を引き受けたのは、一つの物語を一年間五二話かけて描くというテレビシリーズだからこそ表現が可能なことがあるのではという見込みであった。

物語は、孤児のハイジがアルプスのアルムの祖父のもとで暮らすところから始まる。しかしある日山からドイツのお屋敷に連れ出され、山が恋しいあまりに病気になってしまう。山に戻ることでハイジは回復し、祖父にも幸福が訪れる。ドイツのお屋敷で出会った病身のクララがハイジを訪ねてアルムに来る話は、いわば物語の後日談である。山から都会、そして山とダイナミックな舞台の転換はあるものの、ほぼハイジの毎日の暮らしが中心になってくる。一年間のテレビシリーズなら、ハイジがどんなところに住んで、何をしているのか、何を食べているのか、一日の流れ、季節の移り変わりなどを、毎週じっくり見せていくことが出来るだろう。

少し長いが、高畑がハイジを引き受けるにいたった理由を彼の言葉から引用したい。

素材は共通して古典的名作、舞台は古き良き欧米の美しい自然と村や町。家庭的に幸せとはいえない主人公が明るくけなげに生きてゆく姿をたっぷりと一年かけて描きあげる。（中略）物語の大きな流れは原作の進行にまかせ、そのなかで主人公の日常にいわば密着取材して彼等の一日一日の生活（生き方）を克明に追いかける。まわりの人々との心の触れあい、主人公の喜怒哀楽は充分に描いてみせるが、日々の小事件や出来事からすぐ教訓をひきだしたり価値判断を加えたりせず、あくまで日常的な事象として取り扱い、それに視聴者を立ち会わせ、主人公とともに生きることを可能にさせる。(3)

とし、

『ハイジ』は非常に難しいけれど、やるに値するものだし、できればやりたい。ではどうすればアニメーションとして面白く、かつ特性を生かしたものになるか、それをかなり時間をかけて考えた上でやり始めたんです。(4)

物語の世界をリアルに信じられ、主人公を自分のことのように感じられる、「信じるに価する世界」を作り上げること。それは一年間のドラマでなら可能ではないかと結論している。高畑は、これこそ自分がやりたいアニメーションであり、アニメーションでなくては描けないものだと結論するに至った。

児童文学をアニメ化するということ

児童文学作品をアニメ化するということは、後に彼の映像表現の可能性を広げたが、文字文学をいかなる絵にするかについて、制作中、高畑のさまざまな映像的試みがあることに気づかされる。

これら児童文学の映像化に当たり、高畑は登場人物の置かれた状況を、台詞やナレーションでみだりに説明せず、しばし映像のみで表現していく手法を使っており、そのためにその構図と背景、色には、細心の注意が払われている。高畑は「信じるに価する世界」を構築するために、徹底してリアリズムを追求しつつも、心理描写では大胆に空を飛ばせ、空間をゆがませる。ここでは、高畑が主人公らの置かれた状況をどう解釈し映像化したのかを『ハイジ』『三千里』の演出を例に、検証していく。

演出の具体例

高畑がこれら児童文学のアニメーション化の演出で念頭に置いたことは何だったのか。今日リアリズムの演出家と評価される高畑であるが、実は『ハイジ』演出以前は、アニメはファンタジーであるべきだと考えていた。

リアルな日常描写はアニメーション的な世界での飛躍や象徴を信じてもらうための裏打ちとしてしか考えてなかったと思います。(5)

しかし高畑が主人公の日常に付き合う覚悟をした途端、彼はリアリズムと前面から向き合うことになる。彼は『ピッピ』の企画書に「靴を脱いだりはいたりといった日常のきわめてトリヴィアルな（ささいな・編注）動作、立居振舞、家事などの表現を避けてとおることが出来ません」と明言し、「むしろその表現の中にこそ基本テーマのひとつがあるのです(6)」と書いている。

主人公の日常に、いわば密着取材して彼らの生活を克明に追いかける。そして日常的な事象に視聴者を立ち会わせる絵を作ること。これが『ピッピ』で掴んだ高畑の考える物語作りであった。

日常に寄り添うということ

日常生活を捉えるべく主人公や人物を追うとき、通常、視点つまり映画を撮影する際のカメラ位置は人間の目線の高さに配する。それは我々が物を見る高さと同じであるため、構図はごく違和感のない絵になる。実際の生活で馴染みのあるアングルで見せることで、自然に主人公と出来事に視聴者を立ち会わせる構図である。主な視聴者である子どもが、自分の世界を外へ向けて少しずつ広げていくように、カメラも主人公の周囲の建物の位置関係や間取り、家具の配置、町の様子など、近くから遠くへ物語の進行に添いながら順を追って丁寧に見せていく。そして視聴者も何度も繰り返し同じ場所を見、慣れ親しんでいくうちに、主人公のいる世界にリアリティと親近感を感じられるようになる。

そこに着目して高畑の演出した画面を見ていくと、ほとんどの場面で一見地味だと思えるほど安定したカメラワークが維持されていることが分かる。カメラは登場人物から少し離れた位置を定点として、一場面（カット）を比較的長い尺で見せる。映画で言う長回しである。動作の起点から終わりまで丁寧に見せる長いカットは、アニメーションの作画ではごまかしがきかず、連続した質の高い作画が要求される。しかし手間がかかる割には劇的な映像効果は狙えない。

例えば細かくカットを切っていけば、テンポ良くドラマティックな効果は得やすい。しかし高畑はあえてそうせず、芝居を見せることにこだわっている。芝居にこだわる以上、一九世紀スイスなり、イタリアなりの生活は、徹底的に調べられなければならない。主人公の顔のアップは極力避けられ、奇抜なアングルもない。登場人物達を生活に密着する方法でカメラが追いかけていくこの手法は、いわばドキュメンタリーの手法といえよう。

こうした人の目線で捉える芝居がある一方で、高畑の演出には、随所に効果的に俯瞰が挿入されていることに気づかされる。目の前で起こっているドラマから一旦切り離され、突然カメラ位置がはるか上空に切り替わり人物が置かれている全体の状況を見せる。あるいはカメラを大胆に後ろに下げる。こうした構図は、淡々と日常を追うカメラワークから一転し、画面に変化と客観性を与える。画面に大きな余白を生じさせることで、人物の置かれた周囲の状況を説明し、主人公のこれからを暗示させる余韻を与えるのだ。そうすることで視聴者は、一旦登場人物から離れ客観的に見直すことになる。こうした画面の切り替えは、文字通り物語に空間と奥行きを与えると同時に、作品にほどよい緩急と緊張感を生み出している。

具体例を挙げていきたい。

『ハイジ』第一話　麓から山へ

『ハイジ』第一話の冒頭シーン。五歳のハイジがある建物の中庭にいる。その前に三〇秒近く流れる町の情景から、ハイジがいる場所はアルプスの麓にある古都で、うす暗く青い光線からまだ日の出前であることがわかる。カメラはある建物の中庭を上空から映し出し、閉ざされた四角の空間に、豆粒のように小さく佇んでいる子どもを見せる。視聴者によってこの物語の主人公ハイジを発見させる演出である。籠の小鳥や檻の中のニワトリが画面に配置され、ここでの暮らしが、自由のない拘束されたものだという暗示となっており、なにやら不遇な境遇にあるらしいハイジの状況が無言のうちに語られる。ようやく振り向いたハイジは、不自然に着ぶくれして

『アルプスの少女ハイジ』第１話の冒頭シーン。ハイジは四方を囲われた中庭に粒のようなサイズで描かれ、捕らわれの身とも言える彼女の現状が視覚的に表現されている。籠の鳥もハイジの不自由な境遇を示すメタファとなっている。

いて表情に乏しい。しかし、ハイジが鈍感な子どもではなく、むしろまわりの状況をよく観察していることが、彼女のささいな仕草から示されている。

この第一話の冒頭シーンに始まり、高畑は様々なカメラワークを使いながら、ハイジの状況を描き出している。第一話は、ハイジがおじいさんのいる山へたどり着くまでがじっくりと描かれるのだが、カメラワークだけではなく、籠の鳥に象徴される小道具の配置や色の変化にも細かく気を配った映像になっている。冒頭から全体を覆っていた青系の暗い色調は、ラガーツの町を離れるとともに次第に明るい暖色に変化していく。色調の変化は時間の経過を感じさせると同時に、ハイジの行く末に光＝希望を感じさせる。加えて山へ向かうハイジの周りには、先の籠の鳥と対比するようにツバメが空を縦横に飛び交い、これからのハイジに自由の予感を感じさせている。

カメラは芝居→俯瞰→芝居と切り替わりながら、ハイジの山行きを実況していき、最小限のセリフのみで視聴者にハイジの状況が次第に明らかにされていく。叔母のデーテは、すでにハイジを見守るのをやめている。まだ若い叔母は自分のことで手一杯らしく言動にも余裕がなく、彼女がいかにハイジを重荷だと感じているかが視聴者に伝わってくる。人々の話しぶりから山の上にいる祖父は手強そうだ。デーテの緊張が次第に高まっていくドラマと対比するように、ついにハイジは次々と服を脱いでは高らかに放り上げ、自らを解放させる。険しい斜面をものともせずハイジを軽やかに走らせ、山羊を自在に飛び回らせるという、アニメーションならではの表現を駆使し、ハイジの開放感を描きあげるところはこの第一話のクライマックスである。

最後に、カメラは高い空から周囲に人家もない祖父の山小屋を映し出し、残されたハイジがどうなるのか視聴者の想像に委ねるように余韻を残して終わる。

『三千里』第二話　学校から港へ

『三千里』第二話「ジェノバの少年マルコ」では、主人公のマルコがどのような暮らしをしているのかを、高畑は一話まるごと使って丁寧に紹介している。（本来はこの第二話が第一話の予定であったと付け加えておく。第一話となった母親との煽情的な別れの話は、本編の大半を使って旅するマルコの強い動機付けとして、急遽挿入されたものである）

冒頭、マルコの通っている学校が画面に出てくる。山の手にあるまるでお屋敷のような石造りの立派な校舎で（制作スタッフがモデルにしたのはジェノバに実在する、通称「白の宮殿」と隣接しているPalazzo Doria-Tursiである）会話や服装からブルジョワ階級の子どもたちが多く通う学校だと伺える。授業が終わる鐘とともにマルコは、裕福そうな級友や女の子の誘いを断りどこかへ走っていく。カメラはその姿を延々と追い続けて、ジェノバの山の手から、坂をひたすら下り続ける。途中、カメラは一旦上空に上がり、俯瞰からマルコが向かおうとしている先のごちゃごちゃした細い路地や港町を映し出す。日の射さない建物の間の暗い路地には洗濯物がはためいている。上流階級が多く住む地域にある山の手の学校から下町のある港まで、ジェノバの地区による暮らしの違いを、台詞やナレーションを用いず、背景とカメラワークだけで見せるのである。

このようにひたすら我らがマルコと一緒に町を走っているうちに、マルコの性格と家庭の状況が次第に浮かび上がってくる。帰宅後マルコがすぐに家事を始める様子から、視聴者はマルコがなぜ自宅へ急いでいたかがわかる。それはまもなく市場が閉まる時間だからである。いつも以上に張り切っているのは久しぶりにトニオ兄さんが帰ってくるからだ。

マルコが手際よく家事をかたづけ、市場でも常連である様子から、母の不在中、すでに長い間父と二人暮らしであり、父に代わってマルコが家事を引き受けているらしい。この第二話の前半だけで、普段マルコがどこでどういう暮らしをしているのか、マルコがどんな少年なのかが視聴者に伝わってくる。

主人公の動きをひたすら追いかけるこの演出は、『三千里』の中で随所に現れる。カメラがあらゆる角度からマルコを捉え、徹底的にマルコの行動に付き合わせるために、視聴者は単なる傍観者ではなく、マルコの生活を疑似体験させられることになる。

なお、この第二話の中では説明されないが、別の回に母親をアルゼンチンへ出稼ぎで送り出さねばならなかった貧しい一家が、マルコにだけはよい教育を受けさせるため、無理して山の手の学校に通わせているらしいことが描かれている。よい学校へやるのは見栄のためでなく、父親自身の信じる理想の社会の実現のため、マルコに将来の希望を託しているのだ。原作でマルコが単に労働者の息子としか書かれていない設定を、ここまで深く掘り下げたことには驚くほかない。

この一話わずか二二分強の話に、貧しいが誠実で高潔な父、彼の仕事に賛同して出稼ぎに行った母、父を理解し進学を諦めて働く兄、両親を助けて働きたいのに学校にやらされるマルコの葛藤、という家族それぞれの思いと絆が説明セリフなしに描き出される。さらに踏み込んで一九世紀末のイタリアの不況と格差社会の問題さえ浮かび上がらせているのだ。

ハイジとマルコの悪夢〜心理と同調する風景

高畑は徹底したリアリズムを貫く一方で、主人公らの心理状態を表現するのに、空を自由に飛び回らせ、現実に起こり得ない心象風景を取り入れるなど、アニメーションならではのファンタジックな映像表現を効果的に挿入している。

『ハイジ』においては、ハイジは山に帰りたい一心でアルファベットに乗って空を飛び、また、クララに逢いたい気持ちは、クララの住むフランクフルトを目指して雲の上を駆けていく。ハイジが見る夢は、時に白昼夢として現実の世界と交差する。飛びたいほどの高揚感や、抑圧されている現状からの解放願望は、通常の淡々とした日常生活の描写と対比するように躍動的な映像になる。ハイジの飛翔は、自由に駆け回りたい彼女の心の映像化であり、オープニングの空中ブランコや雲に乗って飛ぶ姿は、彼女の幸福感と解放された心の状態を象徴しているといえるだろう。

『三千里』も同様にマルコの夢という形でたびたび物語の中に登場するが、ハイジとは違い、マルコの不安感を反映して、大抵悪夢として表現されている。その映像はマルコのヒステリックで不安定な心理状態を強調するかのように不条理で、ダリやマグリットを思わせるようなシュルレアリスムの不気味な絵として現れる。重力を

飛翔するハイジ。ハイジの心の状態を表象するものとして、空中を自在に飛ぶ描写がしばしば日常シーンに挿入される。上から『アルプスの少女ハイジ』オープニング、25話「白パン」、36話「そして牧場へ」より。

夢に現れたマルコの父親らしき男は顔が花で隠されており、強い印象を残す。シュルレアリスムの画家ルネ・マグリットの作品「The Son of Man」を思わせる絵である。『母をたずねて三千里』21話「ラプラタ川は銀の川」より。

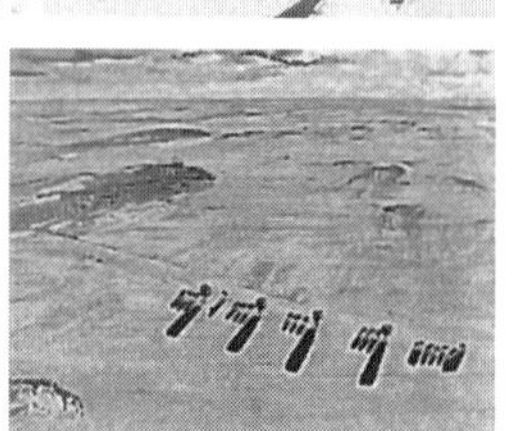

マルコがお母さんに会えない強い不安感は、ゆがんだ空間、非現実的な色彩や強いコントラストの悪夢として具象化される。左上は21話「ラプラタ川は銀の川」、右上、左下は40話「かがやくイタリアの星一つ」より。

マルコを大平原の中の点として描くことで、パンパの雄大さとともに彼の旅の道のりの困難さと絶望感まで表現している。46話「牛車の旅」(右下)より。当時の家庭のテレビ受像機はブラウン管で小さい画面であったが、構図によって最大限の効果を上げている。

無視した世界、ゆがんだ輪郭線や人の顔、不自然な色、そして死を連想させる事物が何度も夢という形で現れるが、それがマルコの見通しが立たない不安と絶望の具象化である以上、解決をみるまでは繰り返し表現を変えながら登場し続けるのである。

『三千里』の色と季節

高畑の演出では、色も重要なファクターとなっている。例えば風景や季節、建物の色、気候さえも登場人物たちの心理状態を表す演出として用いられる。

『三千里』では、マルコの心理と同調するように、季節と背景が変化している。物語の始まりは、初夏のイタリアである。地中海の強い日差しを浴びて、マルコは坂道を元気よく走っている。彼の積極性と活力が、オレンジ色の上着として表され、オレンジ色のマルコとイタリアの真っ青な空の補色関係が、マルコのエネルギーと活力を感じさせ、マルコなら一人でもアルゼンチンに行けるだろうと観る者に納得させる。だが舞台は一転し、アルゼンチンは南半球に位置するため冬である。長い航海を経てたどり着いたブエノスアイレスの海は灰色で、町は白い墓のような四角の建物がどこまでも続いている。町中どこにでも人々の生活が顔を覗かせていた人情味あふれたジェノバの町とは対照的に、アルゼンチンの町並は壁ばかりで、マルコを拒絶するようにドアは固く閉じられており、外から中がうかがい知れない。背景はモノトーンに近く、パンパも既に草が枯れて色を失っている。

実際、アルゼンチンの家屋や町並は、高畑等がロケーションハンティングし、アニメーションに描いたとおりで、白い四角の壁が続いている。一旦壁の内側に入ればそこに生活空間があり、色があり、井戸や花壇などもあるのだが、しかし扉を開けてもらえない限り、他者には冷たく映る風景になる。異国で手がかりを失い、頼る者もなく独り途方に暮れるマルコを表すのに、このアルゼンチンの町並は、実に効果的な無言の演出をしていると言える。

ジェノバからブエノスアイレスへ、更にアルゼンチン奥地へ、マルコの不安が増すほどに、背景も同調するように過酷な様相を呈し変化していく。

その最たる風景が「塩の海」であろう。母がいる確たる当てもなく牛車の一行に加えてもらったマルコは、ある日、アンデス高原の塩の平原を渡る。白と青しかない浮世離れした光景の中で、またもやマルコは現実とも夢ともいえない幻覚を見るのである。一貫してアルゼンチンは、マルコを拒絶し、絶望させる風景として描かれている。旅の状況悪化につれて冬の寒さも厳しくなり、ついに雪の中でマルコは倒れてしまう。このときのマルコ

マルコが幸福を感じる場面には、文字通り花が添えられている。1番目は26話「草原へ」、2、3番目は52話「かあさんとジェノバへ」

の服は濃いえんじ色のポンチョで覆われ、オレンジ色で象徴された積極的なマルコの面影はもはやない。

一方でアルゼンチンにいる間、ずっと厳しい状況に置かれるマルコにも、親切な人との出会いがあった。つかの間マルコが希望を持ち、幸福感に浸る場面には、まるでオアシスに出会ったかのように花や緑が画面に描かれるのは偶然ではないだろう。例えばブエノスアイレスのメキーネスの家、シスター・シプリアーナの病院、そしてフィオリーナと再会した公園等である。

母に再会し、母の病が無事回復した場面には、あれほどマルコを突き放したアルゼンチンの大地が、花咲き乱れる春爛漫の風景に変わっている。付け加えれば、フィオリーナという名はイタリア語で〝花〟を意味する言葉で、日本語ならさしずめ花子とでも言おうか。インディオの少年パブロの妹フアナも同様、花ちゃんだろうか。文字通り彼らの存在がマルコの旅に花を添えているのだ。

アニメーションで描こうとしたもの

以上、『ハイジ』『三千里』という高畑が日常芝居を中心に描いてきた作品から、いくつか演出の例を挙げてきた。アニメという媒体を通じて高畑が描こう、表現しようとしたものは何だったのか。彼自身がこのように結論している。

表現は日常感覚を大事にしつつ明快かつ緻密、過度の刺激は避け気品のある画面作りを心がける。細部をおろそかにせず、テンポは速すぎるよりは落ち着きを選ぶ。性格的な登場人物のキャラクター作り、豊かな表情と自然な動作。四季折々・朝夕の自然の多彩な変化と地方色豊かな町や家々のたたずまい、室内の家庭的な暖い雰囲気、日常生活用品に至るまでしっかりと描きこみ、みつめるに価いする美しい実在感のある映像として提供する。(7)

実写ではなく、アニメという二次元の絵に一旦置き換え、不要な情報をそぎ落とし、整理する。ディティールを単純化していきながら、事物と物語を再構築する。本当に見せたいものとは何か。実写ではなくアニメーションだからこそ、見せたいものだけを意図を持って描いたり略したりすることが出来る。日常動作を追う事は、ただの実写の代わりではない。セルの絵として色数を制限され、動きを一から設計し作画していくアニメーションという表現方法だったからこそ、高畑は演出に集中することができたのではないだろうか。高畑にとって、文学作品をアニメにするという行為そのものが最大限の演出だったといえよう。

後年の高畑作品には、背景を白く飛ばす演出が多く見られるようになるが、それは彼が自問してきた不要なオブジェクトをいかにそぎ落としていくかの答えではなかったか。ディズニーやピクサーなど、アメリカで作られるアニメーションの殆どが3D化し、実写と見まごうばかりの質感の再現性に舵を切った中で、高畑が進めたのはより日本の水墨画を思わせるような、二次元の空間の追求であった。

高畑演出を可能にした技術

高畑が挑んだこれらの海外児童文学作品は、日常性とアニメーションの幸福なる融合であった。制作現場としても、高畑の演出をアニメーション化するにあたり、宮崎駿、小田部羊一という人材に恵まれることがなかったら、果たしてこれらの作品が世に出たかどうか分からない。宮崎が高畑の演出を正確に汲み取り、全五二話全ての画面で完璧な場面設計を行ったこと（テレビアニメ制作に於いてきわめて驚異的な仕事量で、異例であった）。小田部が設計、監修した単純化されたキャラクターデザインゆえに、アニメーションによる動きが洗練され、細やかな芝居が可能になったこと。細かい芝居ができたことで初めて高畑が目指したリアリズムが体現できたこと。物語の世界が実感できる舞台としての背景美術に、優れた画家がスタッフとして参加したこと。加えて高畑の演出に一切口を挟まず自由に作らせたプロデューサーやクライアントに恵まれたこともあり、当時のテレビアニメとしては異例とも言える作画枚数をかけることができたということであろう。

日常性の追求の先に

日本人の私たちが描く以上、登場人物たちの感じや振舞いがヨーロッパの人々から見てどこか奇妙になるのは避けられないことである。(8)

高畑が追い求めた日常性は、その日常の再現にあるゆえに、やがて西洋を舞台とした原作のアニメ化に、彼自身が行き詰まりを感じるようになる。笑顔の表情一つとっても、スイス人の、イタリア人のそれは日本のそれと違うはずである。記号として単純化されたアニメーションであるが故に、動作の意味するところの差異について、高畑は見過ごすことが出来なくなっていた。アルプスの田舎、アンデスの山奥の時代背景や文化について、おそらく現地の人以上に調べ、当時の暮らしを再現していった高畑であったが、ゆえに看過できない問題であったのだろう。

『赤毛のアン』より後、高畑は一貫して日本を舞台にした作品を手がけた。そうして高畑がこだわり続けた日本人の表情の答えの一つが『おもひでぽろぽろ』である。そして遺作となってしまった『かぐや姫の物語』で彼は存分に日本を描いた。

『ハイジ』や『三千里』で徹底されたリアリズムは、理で描かれる世界である。つまり受け手が「これが現実の世界だ」と信じられる映像作りにある。『かぐや姫』では『ハイジ』以降試行錯誤してきた日常生活描写を、人物を単純な線と淡彩だけという極限までそぎ落として描ききった。かぐや姫の夢と飛翔は、リアリズムと心象風景のアニメ的融合であり、高畑が最後にたどり着いた映像表現ではなかっただろうか。

注

（1）高畑勲『映画を作りながら考えたこと』徳間書店　一九九一年　三七ページ
（2）高畑勲『アニメーション、折りにふれて』岩波書店　二〇一三年　二六一ページ
（3）高畑勲『映画を作りながら考えたこと』四九ページ
（4）ちばかおり『世界名作劇場シリーズメモリアルブック　アメリカ&ワールド編』新紀元社　二〇〇九年　三一九ページ（高畑勲『アニメーション、折りにふれて』岩波書店　二〇一三年　二七三ページに、表記・表現を一部変えて再掲載）
（5）高畑勲『映画を作りながら考えたこと』四八四ページ
（6）高畑勲『映画を作りながら考えたこと』三八ページ
（7）高畑勲『映画を作りながら考えたこと』四九ページ

（8）　ちばかおり『アルプスの少女ハイジの世界』求龍堂　一九九九年　九五ページ

【読書案内】

高畑勲『映画を作りながら考えたこと』徳間書店、一九九一

藤澤房俊『『クオーレ』の時代』ちくまライブラリー、一九九三

高畑勲『アニメーション、折りにふれて』岩波書店、二〇一三

ちばかおり『ハイジが生まれた日』岩波書店、二〇一六

放送劇音楽としての『母をたずねて三千里』付随音楽

井上　征剛

高畑勲は、作品における音楽の役割について、きわめてこだわりの強い映像作家だった。彼は効果音や気分・状況を伝える手段としての、いわゆる「劇伴」音楽には批判的であり、[1]彼の作品では、音楽は決して単なる伴奏にとどまるものではなく、常に作品が有する思想性を支える要素として用いられていた。したがって、高畑作品においては、どのような音楽を書くかだけでなく、作る映画の基盤となる思想をある程度共有できるかどうかが、作曲家を選ぶ際の基準のひとつとなったと考えられる。

たとえば、高畑最初の監督作品である『太陽の王子　ホルスの大冒険』では、間宮芳生が音楽を担当し、アイヌや北欧神話に着想を得た物語や画面に、東欧の民族音楽の影響を色濃く感じさせる音楽を付した。間宮は、ハンガリーを中心に東欧の民謡を蒐集・研究した作曲家のコダーイやバルトークを参考に日本の民俗音楽の研究に取り組んでおり、この時期にはすでに、『日本民謡集』（一九五五）など、日本民謡の研究に基づく作品を創造していた。民謡に基づいて創作する作曲家は決して珍しくはないが、間宮の場合は、民謡の旋律やリズムなどの音楽的要素をなぞるだけでなく、民謡と民謡を歌った人々の生活の結びつきに、すなわち「生活の中で、たとえば労働とともにあり労働にとって欠くことのできない機能をはたしているときや、民俗信仰が民衆の心の中に生きていたときの、またはそんな息吹を留めている[2]」歌の在り方に焦点をあてて考察を巡らせる、という姿勢が際立っている。

高畑は、テレビアニメーションという商業色のきわめて強い、そして作業時間が限られるジャンルにおいても、音楽に作品の物語や思想を支える機能を与えようとした。その最も特異な、そして成功した例として、ここでは『母をたずねて三千里』(一九七六年、音楽:坂田晃一)[3]を検討する。

高畑勲と「世界名作劇場」の音楽

高畑は、「世界名作劇場」およびその前身にあたるテレビアニメーションのシリーズで監督を務めた三作品(『アルプスの少女ハイジ』、『母をたずねて三千里』、『赤毛のアン』)では、すべて異なる作曲家を起用している。これら三作品のうち『赤毛のアン』については、子ども向けの音楽と、クラシックにおける先端性を両立させられる作曲家として、三善晃に作曲を依頼した。[4] 実際には三善は主題歌の作曲のみを担当し、音楽は三善に師事した毛利蔵人が担当することになるが、三善が書いた『赤毛のアン』のオープニングとエンディングのスケッチについて、高畑は「初期のヴァイオリンソナタを思わせる、どこかしらフランス印象派的な、感覚的な響き」という感想を残しており、『赤毛のアン』の音楽は、難解ではない一方で世間に流通している「子ども番組」のイメージに沿うものにならなかった点で、三善を選んだ当初の目的がある程度反映されたといってよい。

ここで「世間に流通している「子ども番組」のイメージ」という表現を用いたのは、児童文学作品を原作とする子ども向けアニメーション、あるいは「世界名作劇場」というシリーズに向けられる視線という点で、『アルプスの少女ハイジ』の音楽がやや問題含みだからである。

高畑は、『アルプスの少女ハイジ』における渡辺岳夫の音楽について、「ドミソの音楽」という表現を用いている。[5] ここでの「ドミソの音楽」は、ヨーデルやアルペンホルンや「ラッパ」によるスイスの民族音楽の特徴をとらえた渡辺の音楽造りを指している。渡辺は、『ハイジ』の次の作品である『フランダースの犬』でも音楽を担当している。『フランダースの犬』の舞台はベルギーなので、『ハイジ』の「ドミソの音楽」とは大きく異なる音楽が書かれたかというと実際はそういうわけでもなく、ここでも音楽は、「ドミソの音楽」と呼んでも違和感のない、単純で明朗な性質のものになった。『フランダースの犬』で『アルプスの少女ハイジ』と似たタイプの音楽が用いられたことは、『フランダースの犬』を『ハイジ』の後継作品として位置づける一助となり、一方で「世界名作劇場」に代表される、いわゆる「名作もの」のイメージを、純粋無垢／単純明朗なものに固定する効果ももたらしたのではないか。

高畑は『母をたずねて三千里』を制作するにあたって、『フランダースの犬』の次の作品ということを強く意識していたように思われる。『三千里』についてのインタビューや原稿では、彼は『フランダースの犬』がお涙頂戴式かつ不合理な物語の進め方によって作られていることを辛辣に指摘した上で、『三千里』ではこの作品とは全く異なる人物の描き方を目指したことを語っている。[6] このような前作への批判と、その批判に立脚した物語の作り方は、『母をたずねて三千里』本編でも提示されている。第二八話「バルボーサ大牧場」では、地域の有力者である大地主の営む大牧場で人形芝居を上演することになったペッピーノが、観客を泣かせて大成功を収めるために、独断で人形芝居の筋を不合理なものに変更する、というエピソードが挿入される。ペッピーノの狙いは的中するが、一方でこの変更は、マルコやペッピーノの娘たちの気持ちを傷つけ、観客のひとりである下女からは酷評される。ここでは、泣かせるための不合理な物語づくりを外部から批判する者として、使役される女性という、牧場で最も弱い立場にある人物が選ばれたことも注目されよう。

高畑が『母をたずねて三千里』に取り組むにあたっては、『フランダースの犬』のような作品とは異なる方向性を示すこと――すなわち、「世界名作劇場」が単純明朗なテレビアニメーション群を提供するシリーズである、という一般に広まりつつあった印象と異なる、一定の理念に立脚して合理的に築き上げられた作品をいかに提示するか、が必須の課題であった。音楽に関していうならば、二作続くことによって一種のパターンとなった「ドミソの音楽」とは異なるものを提示すること、さらには高畑の本来の路線である、作品の内容や制作意図に沿った付随音楽として用意することが求められていたわけである。この役割を与えられ、それに応えたのが、坂田晃一だった。

坂田晃一と『母をたずねて三千里』の音楽

『母をたずねて三千里』の音楽を担当した坂田晃一（一九四二〜）は、山本直純に作曲を学び、一九六五年からクラシック・ポピュラー音楽・放送音楽などで幅広く活動してきた。「叙情的且つロマンティシズム溢れる曲調と斬新な手法」と彼のオフィシャルホームページには書かれているが[7]、ここで紹介されている「叙情」と「斬新」さを両立させる手法は『母をたずねて三千里』でも発揮されている。放送までのタイムスケジュールが限られているテレビシリーズの場合、多様な音楽を用意することは困難だが、坂田はさまざまなスタイルや曲調の小品を多数書くことで、高畑の要求に応えている。ここでは、テレビアニメーションにおける坂田の音楽とその用法について、音楽手法と『母をたずねて三千里』全五二話の構造との関わりの両面から論じる。なお、『母をたずねて三千里』が制作された頃には、テレビシリーズの音楽は、いくつもの短い曲が作られ、その録音が用意されており、担当スタッフ（たとえば「音響監督」）が要求に見合った音源を選択・編集する、という方法で付されることが普通になっていた。『母をたずねて三千里』の場合、高畑の要望に基づいて坂田が多数の曲を書き、それらの曲を別のスタッフが選曲・編集する、という手順によって音楽が制作されている。(8)

『母をたずねて三千里』において用いられている音楽は、大きく以下の三種類に分かれる（この区分は、テレビ放送においておおむね共通していると思われる）。

一　本編の枠の外で流れる音楽（主題歌：オープニングおよびエンディング、次回予告）

二　本編の中で流れる音楽のうち、実際に演奏されているという設定の音楽（登場人物たちの歌・演奏、背景で流れている音楽）

三　伴奏音楽（本編で流れているが、実際に演奏されているという設定ではない音楽）

『母をたずねて三千里』の場合、以上の三種の音楽それぞれに、物語を支える機能が与えられている。ここからは、以上の区分を意識しつつ、『母をたずねて三千里』の音楽にどのような機能が与えられているのかを、その機能や音楽そのものがシリーズ全体において帯びる意味に留意しながら論じていく。

本編の枠の外で流れる音楽について

ここに含まれるのは、制作された部分のうちアニメーションの本編以外の箇所で流されることを前提に作られたものである。すなわち、番組開始時に流れる短い音楽、主題歌（オープニングとエンディング）、次回予告の四つである。

このうち、オープニングで流される歌は主人公マルコの旅の目的地である南米の音楽（いわゆる「フォルクローレ」）に倣ったもので、ケーナなどの民族楽器が用いられている。調性はト短調で、途中で変ロ長調の響きが現れることもあるが、全体としては暗めの雰囲気が支配的である。歌詞は、物語でのできごとを反映したものであり、マルコの旅のさまざまな場面を映し出す画面とあわせて、『母をたずねて三千里』という物語の全体像を伝える意図が明確である。また、番組開始時に流れる短い音楽は、主題歌の導入の役割が与えられており、続けて聴くと感傷的な雰囲気が強調される効果がある。

エンディングはオープニングとは対照的に、マルコの出身地であるイタリアの大衆音楽を模したものである（アコーディオンが用いられている）。調性は変ロ長調で、オープニングとは対照的に、明るく軽やかな音楽だ。内容は専ら母親への想いを歌ったもので、こちらは物語そのものというよりは、主人公の内面と強く結びついた内容である。なお、エンディングに先立って放送される次回予告も、イタリアの音楽を模したものである（こちらではリコーダーが用いられている）。

視聴者は毎回、最初と最後にこれらふたつの主題歌を聴くことになる。「南米／短調／主人公が体験すること」「イタリア／長調／主人公の内面」という、対照的な構図が毎回提示されることで、視聴者は舞台となるふたつの土地の存在と、物語の枠組みを意識し続ける。さらに、この対照的なオープニングとエンディングに、「大衆の音楽」という共通項が設定されているところからは、これが市井の人々の物語であることを明示するという、制作陣の意図が見えてくる。

物語の構成と音楽

本編で用いられる音楽は、大きく分けて、登場人物が歌っている、もしくは演奏しているなど、実際に演奏されているという設定の音楽と、本編の中での行為とは関係なく、いわば背景のように流される伴奏音楽のふたつに分けられる。そしてその両方において、イタリアを舞台とする前半では主にイタリア風の音楽が、アルゼンチンを舞台とする後半では主にアルゼンチン風の音楽が用いられている。つまり、音楽は物語が展開される場面や風景に対応して選択されているのだが、さらに音楽の内容まで踏みこむと、物語の背景にある当時の社会の在り方とも結びついて考えられていることが分かる。たとえば、後半のいわば「アルゼンチン編」で用いられる音楽は、「アルゼンチンの音楽」としてよく知られているタンゴではない。登場人物が演奏する音楽としては、老ガウチョのカルロスが弾くギター（第二九話）や先住民の少年パブロが歌う民謡風の歌（第四三話：譜例①a）が、また背景で流れる音楽としては、民謡の性格を模した五音音階による音楽が用いられる（その中には、パブロの歌を器楽によって演奏させるものもある）。このような曲

譜例① a

の傾向は、スタッフが、タンゴが物語の舞台になっている一九世紀末のアルゼンチンにまだ存在しなかったと認識していたことと関係がある。(9)

物語の枠組みを明示する音楽

主題歌と、登場人物が演奏する音楽

テレビシリーズにおいて、主題歌を伴奏音楽として使用する手法はしばしばみられる。主題歌は毎回オープニングで流されることから、作中で最も視聴者の記憶に残りやすい音楽であり、それゆえに各回の最も重要とみなされる場面で流されると、視聴者に「ここが番組の中の重要なポイントである」という印象を与えることができる。『母をたずねて三千里』の場合は、主題歌はその回の中の重要な部分というより、シリーズ全体の物語における大きな転換点を明示する意味が強い。たとえば、第三七話では、バイアブランカからブエノスアイレスへの汽車の旅（マルコがペッピーノ一家と別れた後にひとりで旅を進めていく、その最初の道行き）を描く画面に合わせて、主題歌の二番が歌われる。しかし、主題歌の引用は、大部分は歌を伴わない、器楽による演奏によって行われる。なお、マルコが母親との再会を果たした後を描いている最終回では、マルコが将来についての決意を語る場面で主題歌の音楽が演奏されている。その結果、最終回はマルコの物語の終わりではなく転換点として受け止められることとなる。

登場人物が劇中で演奏する音楽もまた、『母をたずねて三千里』の物語としての構成を明示する役割を担っている。たとえば、第二話でトニオがギターを弾きながら歌う、「ジェノバ育ちのわんぱく小僧」（マルコのことで

ある）についての歌は、主人公のあり方を示す内容であり、『母をたずねて三千里』がどのような物語なのか、その枠組みを示すもののひとつとなっている（このトニオの歌は、最終回の最終部分でも現れる）。

アルゼンチンの音楽

舞台がどこであるか、また物語全体の中でどのような位置にあるかによって音楽の内容が大きく変わることもまた、『母をたずねて三千里』の音楽の特色である。たとえば、イタリアが舞台である前半では専らイタリア風の音楽が用いられる。それでは、アルゼンチンが舞台である後半では専らアルゼンチン風の音楽が用いられているのか、というとそうでもなく、時折このような区分があいまいになるところに、この作品の、伴奏音楽として機能を与えられた音楽の特徴がある。

たとえば、主人公やペッピーノ一家のようなイタリア人の内面が描かれる際には、舞台がアルゼンチンであっても、イタリア風の音楽が用いられることが多い。また、舞台がアルゼンチンに移ってから実際にアルゼンチン風の音楽が背景で用いられるようになるまでには、いくらか時間がかかる。これは、アルゼンチンに入ってからもしばらくは、物語がマルコを中心に、主にイタリア人どうしのやり取りだけで進んでいくことと関係がある。最初のうちは、マルコにとって問題なのは母親（と自分）をめぐる事柄だけであり、アルゼンチンの（イタリア移民以外の）人々と密接なかかわりを持つことは少ない(10)。つまり、アルゼンチンに入ってからもしばらくは、マルコの旅は「イタリア人の物語」として伝えられるので、背景では常に、主人公の内面とかかわるイタリア風の音楽が用いられる。

それでは、マルコがアルゼンチンの人々とかかわり始めるのはどこからと考えるべきだろうか。ひとつのきっかけは、ペッピーノ一座との旅の途中での、老ガウチョのカルロスとの出会いである（第二九話）。このあと、背景に流れる音楽として五音音階を用いた南米風の音楽がしばしば用いられるようになる。また、先住民の少年パブロがケーナを吹き歌う第四三話以降では、彼の歌を用いた、これも南米民謡風の音楽が背景に流れるようになる。ここで音楽に求められているのは、「いかにもアルゼンチンと（誰にでもわかる）音楽」を提示し、いかにもそこがアルゼンチンであるかのような雰囲気づくりをすることではない。スイスのイメージと強く結びついているアルペンホルン、もしくはアルペンホルンを模した音楽は、視聴者に容易に「スイスの音楽」というイメージを与えることができるが、南米民謡風の音楽、またイタリア風の音楽は、多くの人に「南米の音楽」「イタリアの音楽」という印象を即座に与えるほど、イメージが定着しているわけではない。したがって、『母をたずねて三千里』で用いられる音楽は、視聴者に即「アルゼンチンの音楽」「イタリアの音楽」というイメージを与えるものとして作られているわけではない。

ここで音楽に求められているのは、舞台がアルゼンチンであること、もしくはイタリアであることを強調することではなくて、画面の中で描かれている、大衆として位置づけられる人々の営みを伝えることなのだ。カルロスのギターを聴くのも、パブロのケーナと歌に触れるのも、マルコがアルゼンチンの土着の人々の生活に触れるエピソードの中のできごとであり、その結果音楽は、「（土俗的）五音音階」に基づく、ゆったりした音楽によって、マルコがカルロスやパブロなどとの関係を通じて感じ取る、「土着の存在の力強さ」というようなものを提示している。舞台となっている土地とその土地で生を営む民族、とくに大衆の力の結びつきを音楽を通して示す発想は、『太陽の王子　ホルスの大冒険』以来、高畑作品を成り立たせている基盤のひとつである。

マルコとバイアブランカまでの道のりを同道するペッピーノが、カルロスのギターに感銘を受けたことも、興味深い。彼は大道芸の人形芝居を生業としていながら、「芸術家」としての成功を夢見ており、しばしば「芸術」から縁遠い大衆を見下す態度を取ったり、身分ある者に取り入って「芸術家」として認められようとしたりする。このような、「高尚なる芸術」と「大衆文化」の間で右往左往する傾向がある彼の、芸術家としてのあり方に、「土着の人」であるカルロスのギターは、少なからぬ影響を与えたと考えられる（その後もペッピーノは大地主や政治家に取り入ろうとするが、最終回の様子を見る限りでは、とりあえず「アルゼンチン大衆文化の担い手」として生きることを選択したようだ）。このように、『母をたずねて三千里』での音楽の扱いは、「芸術と大衆」という、この作品が提示する副次的なテーマとも密接につながっている。

『母をたずねて三千里』本編における伴奏音楽の機能

物語が分岐点にあることを示唆する音楽

最後に、『母をたずねて三千里』の伴奏に用いられている音楽が、本編の中でどのような機能を果たしているかについて、作中の例を取り上げて検討する。

第一の例は、第四四話「フアナを助けたい」の中盤から後半にかけての部分である。このエピソードでは、マルコは母の雇い主のいとこであるヴィクトル・メキーネスに出会い、コルドバからトゥクマンまでの旅費を出してもらう。しかし病気が重くなったフアナの治療のために、その金をこっそり提供して医者を呼び、かわりに貨物列車に無賃乗車してトゥクマンに行こうとする。ここでは、このうち中盤から後半にかけて、医者を探しに行く場面以降の音楽を扱う。

まず、医者を呼びにいく場面では、先に挙げたパブロの歌を引用することで、マルコの行動の最も強い動機である、パブロとファナ（すなわち、アルゼンチンの貧困層）への共感が伝えられる（譜例①b）。次に音楽が用いられるのは、マルコがトゥクマンへの旅費をファナの治療費に充てることを決意する場面である。ここで用いられるのは、主題歌の引用である――つまり、物語は大きな分岐点を迎えているわけだ。この分岐点は、彼がどのように旅をするか、誰と旅をするかといったことだけでなく、彼の旅の意味が変化していることを示す地点でもある。彼の旅はもはや、単に母と再会するためだけのものではなくなっているのだ（母と再会するためだけの旅を描くのであれば、ファナのために旅費を使うエピソードは必要ない）。この後、医者がファナの治療をするのを待つ場面では、再びパブロの歌が引用され、ファナが

譜例①b　パブロの歌は最初、４分の２拍子の軽快な民謡調で歌われる（①ａ）。その後、この音楽を演奏されるものとしてではなく背景で用いる場合には、①ｂのように、４分の４拍子の、ゆったりしたものに変えられている。（『母をたずねて三千里』第43話～）

回復することが示唆される。[11] 続いて、ファナが助かることを知ったマルコがこっそり立ち去って旅立とうとする場面では、コルドバのエピソードで初めて登場した音楽が用いられる（譜例②）。この音楽はイタリア風とも南米風ともいえない、この作品においては独特のもので、不協和音が多くを占め、音楽として完結した印象を与えないままに終わる。この和声としては美しいが明確な方向性を持たない音楽は、頼るものがないままに進んでいく、これからのマルコの旅のあり方を示しているかのようだ。譜例②の音楽はこの後、マルコの最後の道行きを描く中でしばしば用いられ、彼の旅が先行きの見えない、不安な状況にあることを示している。そしてマルコが母親と再会を果たした後の最終回でも、この不安定な音楽はなお姿を現す。これは、先が見えないままに進んでいく、という人生観をマルコが旅の最後の道行きを通して獲得したことを連想させる。シリーズの最終盤になって、イタリア風ともアルゼンチン風とも取れない、新たな性格の音楽が登場することで、この作品は一段と複雑な様相を示すのである。

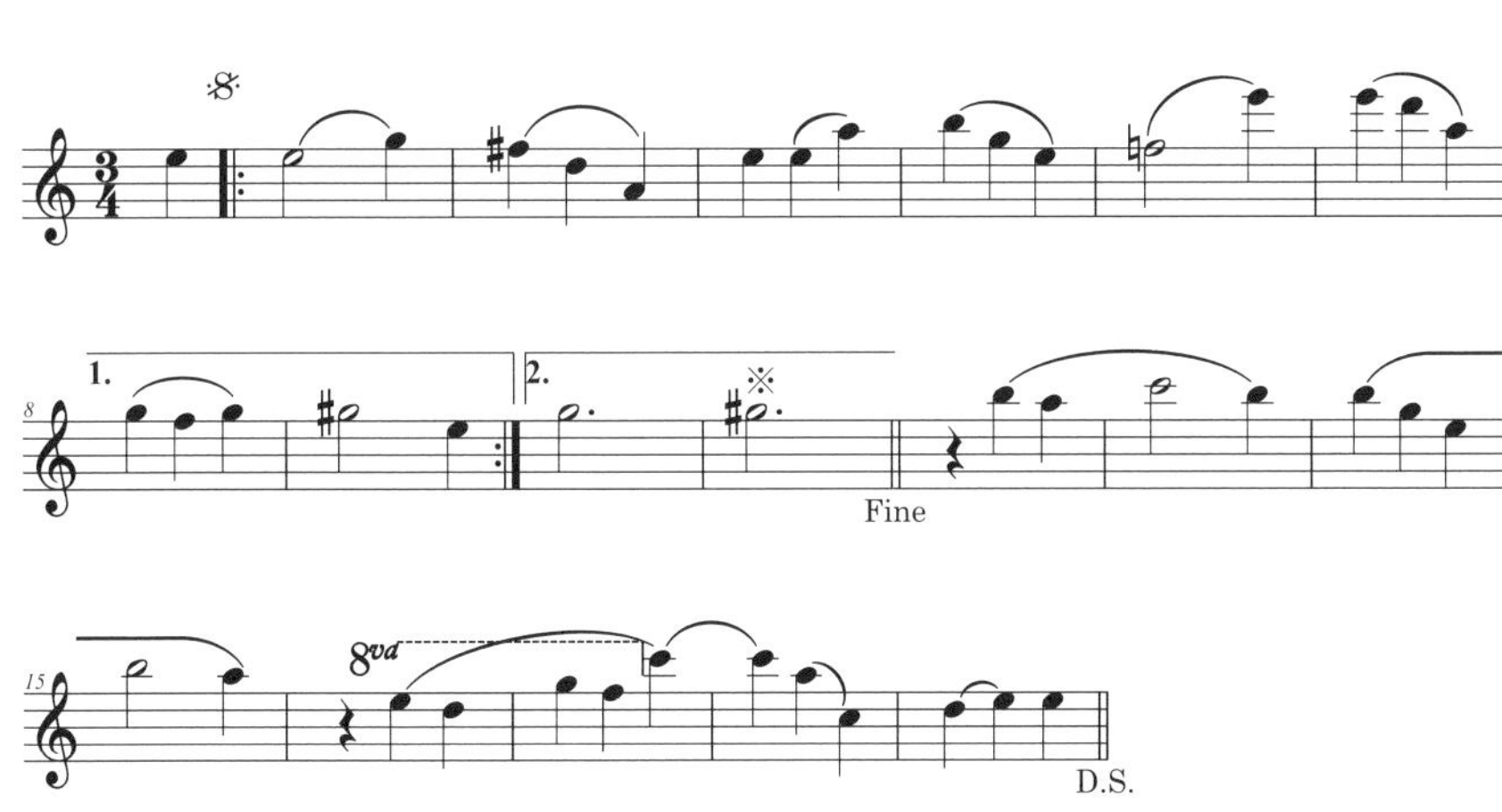

譜例②　イタリア風でもアルゼンチン風でもない、第3のタイプによる音楽。※の音で終わっており、楽曲として完結していない印象を与える。（『母をたずねて三千里』第44話〜）

このように、ひとつのエピソードの中の一部分を取っただけでも、『母をたずねて三千里』の音楽は、マルコの旅とはどのようなものか、彼が毎回のできごとの中で何に出会い、何を考え、それが彼の人生にどのような作用を及ぼすのかについて示唆し、視聴者を刺激する役割を果たしていることが分かる。第四四話の場合、高畑の制作する『母をたずねて三千里』ならではの視点である、「大衆の力」というテーマ、さらには幼い主人公が社会のさまざまな局面に出会って何を考え何を獲得していくかという、物語の中で言外に提示されているテーマを、音楽が支えていることが示されている。

作品全体の枠組みを提示する音楽

高畑は『母をたずねて三千里』を、「常に人生と社会に対してとまどいつつ向き合っている弱い弱い私たち自身の姿」を描いた作品として認識している(12)。この発言はマルコの周囲の大人たちについてのものだが、マルコ自身についても当てはまる。マルコの言動に注目して『母をたずねて三千里』の物語を追うと、彼が何度も目の前で起きていることに対して不満を抱き、自分で何とかしようと四苦八苦した挙句、自分が何も分かっていなかったと思い知る、という過程が繰り返されていることが分かる。マルコは、「自分が何も分かっていなかった」ことを理解する、という形で成長を繰り返しているわけだ。

このような、成長し続ける、もしくはいつまでたっても不完全な主人公の姿は、第一話の母との別れのエピソードで、視聴者の印象に強く残る方法で提示される。このエピソードの最後に、マルコは母との別れを嫌がり、彼女の出発間際の呼びかけに応えられないまま、母を乗せた船は出ていってしまう。その結果、彼はその後、自分がわがままを言ったまま別れてしまったという負い目を抱え続けることになる（彼がそのような負い目を抱えていることを、視聴者も常に意識し続ける）。つまり、第一話の親子の別れの場面は、『母をたずねて三千里』という作品全体の枠組みを作り出す役割を担っている。そして、この場面の音楽もまた、一年間を通して続くこの作品全体の枠組みを提示する上で大きな役割を果たしている。

第一話最後の、別れの場面の音楽は、この作品の伴奏音楽としては比較的長い（譜例③）。このうち、母親が沖へと離れていく船上から、マルコを残していくことへの懸念を最後の言葉として残す場面と重ねて演奏される音楽（譜例③の［C］）は、ハ短調からへ短調へと急激に転調することもあって、きわめて煽情的で

譜例③　この部分の音楽は、大きく［A］［B］［C］の3つに分かれる。※※の箇所（4度調にあたるヘ短調からみて5度にあたる和音）が、悲劇的な気分を強調する作用をもたらしている。（『母をたずねて三千里』第1話）

譜例④　この部分は、譜例③の音楽を組み替えて再現している。いきなりへ短調の部分（[C]）から始まり、親子の会話が交わされる間ずっと流されることに伴って、より膨らんだ内容になっている。この楽曲の中間部にあたる部分では、譜例③で先に登場したフレーズ（[B]）が再現されており、この再会の場面が第一話の別れの場面の回収となっていることが示されている。

印象に残りやすい。

マルコの負い目は、最終回直前の第五一話で、母親と再会することで解消される（譜例④）。この場面では、突如として譜例③の［C］の音楽が現れる。このような音楽の用い方には、ふたつの意味がある。ひとつは、第一話の最後に提示された長い音楽の中で、最も煽情的な譜例③の［C］の部分を唐突に流すことで、視聴者に極めて強い印象を与えることである（この作品全体でも、あまり例をみない手法である）。さらに、譜例③の［C］の音楽は、印象深い場面で流されたにもかかわらず、第一話以降はほとんど現れない。唯一、第一九話で、マルコが母との別れについて話す場面で一度出てくるだけである。第五〇話では、病床の母親アンナがマルコとの別れを夢の中で思い出す場面で譜例③の［A］の音楽が現れるが、［A］の部分が終わると［B］とは異なる音楽に変わり、その後まもなく中断される。そのため、第五〇話では［B］と［C］の音楽は現れない(13)。つまり、第一話の最終部分でマルコが抱いた後悔の念に基づくフラストレーションは、煽情的な音楽とともに視聴者の心に残り続け、わずか一回の回想の場面を除けばほぼ一年の間用いられないことで、刺激されないまま鬱々と膨らみ続け、再会の場面で突如として開放される。物語と音楽の両面によって、一年にわたって伏線を潜ませて続け、最後に決着させるという形で、物語の枠組みを感覚的に視聴者に伝えたわけである。このような音楽を用いた枠組みの作り方からは、『母をたずねて三千里』という作品の受け取り方が、母親との別れと再会という物語の表向きの筋にとどまらず、人生には後悔という重荷を抱えて生き続ける面がある、といったふうにふくらみ派生していく可能性も示されている(14)。

おわりに

『母をたずねて三千里』は、一年間五二話にわたる長大なテレビシリーズによる物語を、複数のテーマを扱いつつ、緊密な設計によって組み立てた点で、特異な作品である。ここでは、音楽がその組み立てに際してどのような役割を担っているのかを中心に、議論を行った。高畑勲の映像作品創作史においては、ここで行った議論は、彼の後の映画作品（たとえば、「大衆芸術」にこだわった『おもひでぽろぽろ』）に至る道筋を明らかにする上で、一定の役に立つかもしれない。しかし、長大な映像作品と音楽の有機的な結びつきという点では、『母をたずねて三千里』はむしろ、高畑作品の頂点に位置しているのではないか、と私は考えている。一方で、『母をたずねて三千里』の音楽が物語の構造や作品のテーマと緊密に結びついていると考えるならば、この作品を手がかりに、「世界名作劇場」をはじめとする、いわゆる「名作もの」の受け止め方に、新たな可能性が見えてくるのではないか。

このような作品が生まれるにあたっては、坂田晃一がテレビ番組用の「溜め録り」という困難な条件のもとで、高畑の作劇上の要求に応えていくつもの多様な楽曲を用意したことも、もちろん欠かせない要因だった。したがって、本来であれば、この長大な作品における音楽のあり方について、個々の楽曲に注目した、より詳細な音楽分析が行われることが望ましい。そのような研究を経て、高畑のような社会性を重視する映像作家が、作品を通して自らの理念や思考を社会に向けて提示する際の、手法や可能性がより鮮明に見えてくるだろう。

※坂田晃一氏からは、本論考で使用する譜例をチェックしていただいた上で、その使用許可をいただきました。坂田氏のご厚意に深く感謝いたします。

注

(1) 高畑勲『映画を作りながら考えたこと』、徳間書店、一九九一年、一〇八―一〇九ページ。

(2) 間宮芳生「日本民謡集について」、間宮芳生（内田るり子編）『日本民謡集』、全音楽譜出版社、二〇一三年（第二版）、一二四―一二五ページ。

(3) 『母をたずねて三千里　ファミリーセレクションＤＶＤボックス』、バンダイビジュアル。

(4) 高畑勲『映画を作りながら考えたこと』、一〇三―一〇六ページ。

(5) 同書、一一〇―一一一ページ。

(6) 高畑勲『映画を作りながら考えたことⅡ』、徳間書店、一九九九年、三二一―三二四ページ。

(7) http://koichi-sakata.com/profile/

(8) ここで紹介した手法（いわゆる「溜め録り」）については、坂田のオフィシャルホームページのプロフィール紹介ページにも説明があり、この手法が主流となったことを「不幸な時代の始まり」と形容している。なお、『母をたずねて三千里』での音楽制作の手順については、「劇伴は溜め取りであったが、ストーリーが展開していくのに従って2回ほど音楽録音が行われた」と書かれている。http://koichi-sakata.com/history/

(9) 『ニュータイプ　イラストレイテッド・コレクション　母をたずねて三千里』、角川書店、一九九一年、一四三ページ。なお、タンゴというジャンルに属する音楽じたいは一九世紀に発生し、二〇世紀に入る頃に大きく変化したというのが、現時点での音楽史における認識である。したがって、私たちが現在「タンゴ」として受け止める音楽は、いずれにしても一九世紀末には存在していなかったと考えてよい。

(10) アルゼンチン到着直後に出会った、イタリア移民以外のアルゼンチン人としては、母のもともとの勤め先で出会った女性や小役人（いずれも密接なかかわりを持ったとはいえない）、慈善病院のシスター（行き倒れのイタリア移民女性との媒介者の役割を与えられている）が挙げられる程度である。

（11）パブロの歌は、インディオの音楽の精神を扱う歌詞と、後半で高揚感をもって歌われる音楽の双方によって、力強い印象を与える。

（12）『ニュータイプ　イラストレイテッド・コレクション　母をたずねて三千里』、六七ページ。

（13）この場面でアンナが夢に見るマルコとの別れの思い出は、第一話と向きが逆になっている。画面と音楽が第一話と微妙にずれていることは、母の記憶が実際からずれてきていることを示唆しているのかもしれない。

（14）『母をたずねて三千里』では、後悔しながら生きていく登場人物が複数登場することに注目しておきたい（ペッピーノ、メレッリ、ピエトロなど）。

【読書案内】

秋山邦晴『日本の作曲家たち　戦後から真の戦後的な未来へ　上』音楽之友社、一九七八年

バルトーク、ベーラ（岩城肇編訳）『バルトーク音楽論集』御茶の水書房、一九八八年

伊東信宏『バルトーク　民謡を「発見」した辺境の作曲家』中公新書、一九九七年

間宮芳生（内田るり子編）『日本民謡集』全音楽譜出版社、一九七五年（第二版二〇一三年）

『母をたずねて三千里』の音楽については、高畑に関連する書籍以外では有力な言及をしているものが見当たらないので、ここでは、民謡・民族音楽を研究する際には、民衆の生活と音楽の結びつきにこそ着目すべきであるという、バルトークや間宮芳生の視点についてより詳細な情報と考察を得られるものを挙げておく。なお、秋山の書籍に含まれている間宮についての論考は一九七一年に発表されたものであり、『太陽の王子　ホルスの大冒険』の音楽を書いた時期の間宮の活動をその当時の視点でとらえたものである（ただし、この映画についての言及はない）。また、『日本民謡集』は解説つき楽譜である。

「わたしはおうきくなりたくない」
――アストリッド・リンドグレーン『長靴下のピッピ』における赤毛と靴と長靴下

中丸　禎子

幻のアニメ『長くつ下のピッピ』

僕らが属していた娯楽アニメ、商業アニメの世界で、マンガでもなく、ダイジェストでもなく、真面目に、児童文学を原作にして本格的な作品を作ろうとしたということですよね。しかも、20世紀の生きのいい児童文学を題材にして。子どもの心を解放し、生き生きさせるような本格的なアニメシリーズを作るためには、どうしなきゃいけないのかということを一生懸命考えた。そして、少なくとも表現のとば口までは行った。それはものすごく大きな経験だったと思います。(1)

一九七一年、高畑勲はアニメ『長くつ下のピッピ』演出の依頼を受け、宮崎駿、小田部羊一とともに東映動画からAプロダクションに移籍した。高畑は覚え書きと字コンテ、宮崎はスウェーデンでのロケハンとイメージボード制作、小田部はキャラクターデザインの作業を進めたが、原作者の許可が下りず企画は中止された。準備成果は後の作品に分散して引き継がれた。主人公のデザインや一人暮らしという設定、住居の構造、ストーリーの一部などは『パンダコパンダ』全二作に、集落の上空でブランコをこぐイメージは『アルプスの少女ハイジ』のオープニングに、宮崎が訪れたストックホルムとゴットランド島は『魔女の宅急便』のコリコの町のモデルに、小田部がデザインしたサルのニルソン氏は『母をたずねて三千里』のアメデオになった。生活描写を筋に入れ込み、長期連続放映に耐える分量を確保する手法は、『アルプスの少女ハイジ』をはじめとする「世界名作劇場」シリーズに引き継がれた。

右記のインタビュー（二〇一四）で高畑は、リンドグレーン『長くつ下のピッピ』三部作（一九四五～四八、以下『ピッピ』）を、シュピーリ『ハイジ』（一八八〇～八一）と比較し、子どもの視点から日常を生き生きと描いた「20世紀の児童文学」と評している。加えて、ウェブスター『あしながおじさん』（一九一二）が後述の通りタイトルの由来であること、モンゴメリ『赤毛のアン』（一九〇八）の主人公とピッピの容姿や口調が「そっくり」であることも指摘している。また、シンポジウム「高畑勲の《世界》と《日本》」で、本書収録インタビューに先立ち、わたしは本稿のもととなる口頭発表「赤毛と靴とストッキング」を行った。高畑はこれにコメントし、ピッピと対比すべき「永遠の子ども」として、バリー『ピーター・パンとウェンディ』（一九一一）の主人公を挙げた。

アストリッド・リンドグレーン『長靴下のピッピ』(2)

アストリッド・リンドグレーン（一九〇七～二〇〇二）はスウェーデン南部スモーランド地方の村ヴィンメルビューに生まれ、一九二六年、未婚での妊娠を機にストックホルムに移住した。生まれた息子とともに自活すべく、速記とタイプライターの技術を得て働き、一九三一年に息子を連れて結婚、一九三四年に娘が誕生した。一九四一年、娘は肺炎で長期療養を余儀なくされ、退屈しのぎにリンドグレーンに話をせがんだ。主人公 Pippi

Långstrump の名前は、「あしながおじさん」Pappa Långben を真似て娘がつけた。回復後も物語は続き、聞き手には娘の友人たちも加わった。一九四四年三月、リンドグレーンは足の怪我で静養中にタイプライターで物語を清書し、同年五月二一日、娘一〇歳の誕生日にプレゼントした。表紙には「長靴下のピッピの本　わが娘カーリンの要望により清書　母作」という文字と、リンドグレーンが描いたピッピの絵がある。同じ原稿を、リンドグレーンは大手老舗出版社ボニエルに送付したが、同社は刊行を見送り、新生出版社ラーベン・オ・シェーグレンが刊行した。一九四五年一一月二六日、第二次世界大戦終結（五月八日ドイツ降伏）から半年後のことである。挿絵画家には、新進気鋭のデンマーク人画家イングリッド・ニイマン[3]が起用された。ニイマンは、小説版の挿絵だけでなく、絵本『長くつ下のピッピをしってる？』（一九四七）[4]や漫画（一九五七年から雑誌『クルンベ・ドゥンベ』に連載、一九六九年単行本化）、ペーパードール（雑誌『アレシュ』一九四七）も手がけ、そのイメージは実写映画（一九四九）やTVシリーズ（ドイツと合作、一九六九）にも引き継がれた。作家と画家が技術を身に着けた自活する女性である点、一九四二年創業の新生出版社からの刊行、各種映像メディアでの展開など、多くの二〇世紀的・戦後的要素を備えた同作は、斬新な内容ゆえに戦後児童文学の出発点となった。

『ピッピ』は、第二次世界大戦以前の児童文学と、以下の二点において一線を画している。一点目は主人公の非成長性と家族関係の稀薄さである。戦前の児童文学、特に少女小説の多くは、家族の完成で幕を閉じる。「世界名作劇場」の原作を例にとると、『若草物語』は父の帰還、『小公女』は保護者との邂逅、『赤毛のアン』はグリーン・ゲイブルスへの定住、『ハイジ』はお医者さんのデルフリ移住によるハイジの保護の持続、『あしながおじさん』は結婚が結末だ。孤児は不幸な存在、家庭は温かい場所という前提のもと、家族の完成という結末に向けて、主人公は経験を積み、家族の一員にふさわしい人物へと成長する。これに対し、ピッピは家族と成長の双方を拒否する。二点目は、主人公の外見の詳細な描写である。一九六四年に「リンドグレーン作品集」の刊行を開始した岩波書店は、ニイマンの挿絵を日本の読者になじみにくいと判断し、作品集第一作にあたる『長くつ下のピッピ』の挿絵画家に桜井誠を起用した（『ピッピ』三部作以外の挿絵は、スウェーデン語版と同じイロン・ヴィークランドの手になる）。桜井とニイマンの作風は大きく異なるが、桜井の絵になじんだ日本の読者も、ニイマンの挿絵を見て一目でピッピと分かるだろう。リンドグレーンが娘の誕生日プレゼントの表紙に描いたピッ

（右上）娘の誕生日プレゼントの表紙にリンドグレーンが描いたピッピ（Astrid Lindgren：Ur-Pippi. Originalmanus. Rabén & Sjögren, 2007）、（右中）イングリッド・ニイマン『長くつ下のピッピをしってる？』表紙、（右下）桜井誠『長くつ下のピッピ』表紙、（左）小田部羊一「動きのサンプル」（『幻の「長くつ下のピッピ」』八六頁）

ピや小田部がデザインしたピッピも同様である。突き出した三つ編み、細い脚に長靴下と大きな靴という基本的な特徴が一致するのは、ピッピの外見が文章で詳細に書かれているからだ。

> 髪はニンジンと同じ色で、二本の固い三つ編みに編まれ、まっすぐに突き出ていました。鼻はとても小さなジャガイモと同じ形で、顔じゅうにそばかすがありました。鼻の下には本当にとても大きな口と、丈夫な白い歯がありました。服はまさに独特でした。ピッピが自分で縫ったのです。最初の予定では青になるはずでしたが、青い布が足りなかったので、小さな赤い端切れ（はぎ）をここにもあそこにも縫い付けるはめになりました。長く細い脚には長靴下を履き、片方は黄色でもう片方は黒でした。そして黒い靴を一足。足のちょうど二倍もありました。ピッピが少し成長したら履けるようにと、お父さんが南米で買ったもので、ピッピはほかの靴を履きたいとはぜんぜん思わなかったのです。(5)（p.14／一巻一七～一九頁）

『あしながおじさん』のジュディーは小柄、ハイジは黒い目に縮れ毛、ピーター・パンは枯葉と樹液でできた服を着て乳歯が生えそろうなど、他作品にも外見に関する記述はあるが、ピッピのように詳細ではない。ピッピの容姿のモデルと思しきアン・シャーリーはどうだろうか。

> 年は十一歳ぐらい。着ている黄色がかった灰色のみにくい服は綿毛交織（めんもうまぜおり）で、ひどく短くて窮屈そうだった。色あせた茶色の水兵帽の下からはきわだって濃い赤っ毛が、二本の編みさげになって背中にたれていた。小さな顔は白く、やせているうえに、そばかすだらけだった。口は大きく、おなじように大きな目は、そのときの気分と光線のぐあいによって、緑色に見えたり灰色に見えたりした。
>
> ここまでが普通の人の観察であるが、特別目の鋭い人なら、この子のあごがたいへんとがって、つきでており、大きな目にはいきいきした活力があふれ、口もとはやさしく鋭敏なこと、額はゆたかに広いことな

ど、〔中略〕なみなみならぬ魂がやどっている、という結論に達したことであろう。[6]（二三〜二四頁）

この記述は、読者に対し、まともな衣類のないアンの境遇を思いやること、外見のうちの人目をひく部分に惑わされず、豊かな内面を表す細部に目を向けることを求めている。つまり、奇抜で醜い外見と語り手が示したいものの間には齟齬がある。ピッピの記述は、外見を詳述する点、その奇抜さが内面の独創性を想起させる点において、映像表現との結びつき＝二〇世紀的な要素が強い。以下の論考では、高畑が挙げた『ハイジ』、『赤毛のアン』、『ピーター・パンとウェンディ』、『あしながおじさん』と比較しながら、ピッピのヴィジュアルを特徴づける赤毛、靴、長靴下を、一点目の特徴である成長と家族の拒否に関連づけて論じる。

赤毛

『長靴下のピッピ』は、九歳のピッピが「ごたごた荘」に引っ越す場面で始まる。ピッピは物心つくころから、父エフライムと航海暮らしをしていたが、父は嵐の海に吹き飛ばされて行方不明になる。ピッピはなじみの船員たちと別れて船を降り、長い間空き家になっていた「ごたごた荘」で父の帰りを待つことにする。つまり『ピッピ』は、主人公が父と生き別れ、孤児（のような状態）になることで幕を開ける。一人暮らしのピッピのもとには警官が来て、彼女を孤児院に入れようとする。孤児院はスウェーデン語で「子どもの家」barnhus と言うが、ピッピはウマやサルのいない「子どもの家」に住むのを拒否する。

わたしは子どもで、ここはわたしの家、つまり子どもの家。ここにはわたしの居場所があるわ、たっぷりね。（p.31／一巻六〇頁）

主人公の子どもの家＝孤児院での暮らしとともに幕を開ける『ピッピ』と対照的に、『あしながおじさん』および『赤毛のアン』は、主人公が孤児院を出る場面から始まる。両作品の孤児院は悲惨な場所で、そこから脱出できるのは人に愛される良い子である。ジュディー・アボットは一六歳まで引き取り手のなかった最年長の孤児で、院長によれば成績は良いが操行が悪い。アン・シャーリーは男の子を欲しがる家に手違いで送られる。アンは自分と同時に孤児院を出た女児を「リリーはまだ五つで、とても美人なのよ。髪は栗色なんです」（四九頁）と評し、赤毛の自分を醜いと感じている。ヨーロッパにおいては伝統的に、赤毛は悪魔やサタン、ユダの髪の色とされて忌み嫌われた(7)。そばかすは、赤毛のみならず金髪の持ち主にもできやすいが、ルナール『にんじん』（一八九四）のように赤毛と併せて醜さの符号となる例が多い。アンの外見にはもう一つ、痩せた身体と細い脚という特徴があり、隣人のリンド夫人は「おそろしくやせっぽちだし、きりょうがわるい」と評す（一一一〜一一二頁）。第一次世界大戦期まで、痩身と細い脚は貧困を表す醜さの符号だった。「だれもあたしをほしがる人はなかった」（七二頁）というアンは、一一歳までいくつかの家庭と孤児院をたらいまわしにされ、男の子としてでも、美しい女の子としてでもなく、本来ならば家庭に望まれるはずのない醜い女の子として孤児院を出たのだった。

戦前児童文学における孤児の少女は、抜きんでた独創性で保護者を得、努力して修めた学問で他の子どもを圧倒する。ジュディーとアンは成績優秀者として高等教育のチャンスを得る。ハイジはフランクフルトで覚えた文字と信仰の力で、学校の勉強についていけないペーターやその盲目の祖母、教会を捨てた祖父を救う。学問は、女性が父や夫に頼らず自立するための手段であると同時に、戦前児童文学においては、孤児の少女に、人の役に立ち、愛されるチャンスを与える。彼女たちがいらない子ではなくなったこと、大人による保護にも結婚にも値する良き家庭人となったことは、美の獲得によって示唆される。ジュディーは初めてのダンスパーティの前後に「わたし、美人なんです」（一七五頁）と自覚する。アンの「そばかすはいつのまにかすっかり消えてしまったし、髪の毛は、みんなやさしいから、金褐色だっていってくれる」（五〇七～五〇八頁）。

これに対し、ピッピは、家族も学問も規範に合致した美も拒否する。ピッピは字を読むのが苦手なので、道端の広告をアンニカに読んでもらう。「あなたはそばかすに困っていますか」。ピッピはわざわざ店に入って「いいえ」と答える（p.100–101／二巻三〇頁）。遭難した父が漂流先で王（初版では黒人王 negerkung）になったことが判明し、ピッピは、トミー、アンニカとともにクレクレドット島で数か月過ごす。そばかすはクレクレドット島で増え、「この旅行はまさにスキンケアになるわ、彼女は満足そうに言いました。わたし、かつてないほどそばかすいっぱいで美人だもの」（p.220／三巻一八一頁）。エフライムと別れてスウェーデンに戻ったピッピたちは、大きくなりたくないと話しあう。「大きい人間には愉快なことなんて何もないもの。あるのは山のような退屈な仕事とばかみたいな服とウオノメとウイキョウ税（Kumminalskatt／地方税 Kommunalskatt の言い間違い）だけよ」。ピッピは「ずっと前に、リオでインディアンの老酋長にもらった」という「渦巻丸薬」を取り出す。三人は暗闇の中で丸薬を飲み、「かわいい小さな渦巻よ、わたしはおうきく（stur／大きく stor と似せた言葉）なりたくない」と唱える（p.230–232／三巻二〇四～二一〇頁）。ピッピは、金褐色の髪も、そばかすのない肌も、父と一緒の暮らしも望まず、間違った言葉を使い続け、「渦巻丸薬」を飲むことで、大人になることを拒否するのである。

「わたしはおうきくなりたくない」と成長を拒否するピッピは、永遠の子どもピーター・パンを思い起こさせる。ピッピとピーターは、行儀が悪く、学校や勉強、仕事を忌避する点もよく似ている。しかし、二人が大人にならない背景は大きく異なっている。

　ウェンディは、ネヴァーランドで、子どもが勝手気ままに家を出ても、母親は窓を開けて待ち続けると話す。これに対しピーターは、自分が幾晩も家を空けてから帰ると、窓は閉じられ自分のベッドに別の男の子が寝ていたという「体験」を語る。不安にかられたウェンディたちがロンドンに帰ると、窓は開いていた。ウェンディ姉弟とともに迷い子の男の子たちもダーリング家に住むことになり、ピーターだけがネヴァーランドに戻る。

> ピーターは、とんでいきました。その時、ピーターは、ダーリング夫人のキスを一しょにもっていきました。ピーターのほかの者は、だれももらえなかったそのキスを、ピーターはごくむぞうさにもらっていきました。おかしなことです。しかし、お母さんは、それで満足なように見えました。[8]（三〇〇頁）

このキスの行方は、物語の最初で予告されている。「お母さんのかわいい、人をからかうような唇には、いつもキスが一つ、うかんでいましたが、ウェンディはとうとう、そのキスをもらうことができませんでした」（二頁）。ウェンディは大人になり、結婚し、やがて娘が、次いで孫娘がネヴァーランドへ旅立つ。開いている窓を確認しても家に留まるということは、次に帰ってきたときも母親が窓を開けて自分を待っていると確信できなくなったということだ。いつでも開いている窓を保証するには、ウェンディ自身が大人になり、自分で窓を開けておくしかない。だからこそ彼女は、「おとなになるのがすきな種類の人間」として「じぶんから進んで、ほかの女の子より、一日早くおとなに」なる（三〇四頁）。ピーターは、自分の家の窓が閉まっている体験を経ても、どこかの窓が開いていると信じ、また、どこの窓であっても開いていることに価値を見出せる。子どもの自分を待つ大人が必ずいると「陽気で、むじゃきで、気まま」（三一六頁）に信じ続けるただ一人の子どもとして、ピーターはダーリング夫人のキスを得る。

では、ピッピはなぜ、大人にならないのだろうか。河合隼雄は、ピッピをギリシア神話の処女神アテナのように父の庇護下にい続ける永遠の少女とし、アテナとゼウス、ピッピとエフライムの関係をジュディーとあしながおじさんにも重ねる。ピッピが「女神」「内界の住人」として時間を超越する永遠の少女であるのに対し、時間の流れの中で生きるジュディーは、成長し、父親を離れ、愛する異性を得るが、その男性像は父親像から派生したものである(9)。この指摘を踏まえて、ピッピとエフライムの関係を見てみよう。ピッピはたしかに、エフライムの家と金貨を後ろ盾にする点で、ジュディーと同じく父の庇護下にいる。しかし、金貨の使い道について父に指示を受けることも、報告することもない。勉学にいそしむジュディーのように、父の期待にこたえる努力もしない。この父娘関係を示唆するのが、大きな黒い靴だ。この靴は「ピッピが少し成長したら履けるようにと、お父さんが南米で買ったもの」で、父の庇護下にいるピッピは、「ほかの靴を履きたいとはぜんぜん思わなかった」。その一方、「少し成長したら」履くはずの靴を小さい体のまま履き、物語の最後に「わたしはおうきくなりたくない」と唱えることで、ピッピは娘の成長という父の前提を覆す。ピッピは父から贈られた靴を、父の意にそわない形で履き続けるのである。父との再会の場面で、この靴は二度、彼女の足を離れる。

――エフライム父さん、ピッピは叫び、お父さんの首にぶら下がって一生懸命に脚を振りましたので、大き

な靴は両方とも脱げて落ちてしまいました。エフライム父さん、大きくなったのね！（p.133／二巻一八六～一八七頁）

ピッピは大きな靴を両方とも脱ぎ、靴下を履いた足で踊りましたが、その踊りも同じくらい奇妙でした。最後にエフライム王はクレクレドット島で覚えた荒々しい戦いの踊りを踊りました。彼は槍を回し、楯を荒々しく振り、はだしの足が床を強く踏み鳴らしたので、ピッピは叫びました。

――台所の床を壊さないように気を付けて！（p.136／二巻一九五頁）

クレクレドット島のピッピは短い腰巻だけを身につけ、靴は履かない。エフライムが買った靴は、ピッピが一人で歩くための靴として不在の父を補填し、生身の父がいるときには必要とされない。ピッピはトミーに大きな靴を履く理由を聞かれ、「足指がぐらぐらできるように」と答える（p.29／一巻五三～五四頁）。脱げやすい大きな靴は、足指の自由を保証する靴であり、ピッピが父と接点を持ち続けつつも独立する親子関係を表している。

ピッピが永遠の子どもでいられるのは、ピーターのように大人を信じるからではなく、ジュディーのように親密な大人に庇護され続けるからでもなく、彼女自身が大人の役割を果たすからだ。『ピッピ』を、タイトルの由来である『あしながおじさん』と比較するとき、河合も、高畑も、また前項のわたしも、ピッピとジュディーを比較した。しかし、「長靴下のピッピ」という名前の由来としてピッピと同じ長い脚と赤毛を持つのは、ジュディーではなく、あしながおじさんことジャービー・ペンドルトンである[10]。『あしながおじさん』の英語原題はDaddy-Long-Legs、スウェーデン語訳はPappa Långbenで、「おじさん」と訳される単語はどちらも「お父さん」を意味する。ピッピは名前Pippiの中に父親Pappaを内包し、自分自身が「陽気で、むじゃきで、気まま」でい続けるために、あしながおじさんのような財力と、成人男性をしのぐ腕力を行使する。

『あしながおじさん』では、ジュディーだけでなく、あしながおじさんも成長する。Daddy-Long-Legsは、本来、ガガンボ（大蚊。坪井訳「足長グモ」。Pappa Långbenにはその意味はない）を意味する。ジュディーが孤児院で目にした匿名支援者の後姿に車のライトが当たり、「グロテスクにのび」た手足の影が床や壁を這うさまは、「どうみても、よろめいている巨大な足長グモだった」（七頁）。ジュディーは当初、ときに理不尽なおじさんの要求に従うが、成績優秀者向けの奨学金の辞退を求められ、初めて要求を跳ね返す。彼女は奨学金受給者への選出を告げる手紙で、自分が書いた小説が五〇ドルで売れたとも記している。わずかではあれ自身が財力を得ることで、彼女はおじさんの財力を相対化する。同じころ彼女は、社会主義者ジャービーの一族内での孤立も理解する。ジュディーと接することで、あしながおじさんは、上流社会で孤立しながら孤児を支援する孤独な「父親」からジュディーと対等な男性へ、ふわふわと家の隅を這うガガンボから家庭に根を下ろす夫へ、実体のない影から血肉の通った人間へと成長する。あしながおじさんとジュディーの役割を一人で担うピッピには、互いに影響しあって成長する可能性は閉ざされている。小さい足に似つかわしくない、成人男性が履くような大きな靴は、彼女が永遠の子どもでいるために、子どもでありながら大人の役割を果たすいびつさを表してもいるのだ。

長靴下

靴と足がピッピにおける「子ども」を担うのに対し、長靴下と脚は「女性」を担う。リンドグレーンがピッピと同世代だった一九一〇年代、女性の社会進出に伴って服飾が大きく変わった。[(11)] 従来の女性は長いスカートで脚の動きを隠した。脚は、動くという機能によって持ち主の主体性を、性器につながる身体部位として持ち主の性を示唆するからだ。これに対し、一九世紀後半以降、体育の授業やサイクリング、水泳など限定的な場面でパンタロンや短いスカートが着用され始めた。『あしながおじさん』(一九一二)でも、女子大学に通うジュディーは脚を出した体操着姿でスポーツにいそしむ。第一次世界大戦(一九一四〜一八)で出征した男性に代わって各種労働に女性が従事するようになると、普段着にも機能性が求められ、足が見えるスカートが普及した。性差縮小の要求に伴い、豊かなバストやヒップを伴う「女性的」な体型に代わり、「中性的」な体型が理想とされ、一九二〇年代から三〇年代初頭にかけて、短髪、釣り鐘型の帽子、直線的なシルエットのスカートを特徴とする「ギャルソンヌ」スタイルが流行した。リンドグレーンはこのスタイルをいち早く取り入れ、ヴィンメルビューで最初に短髪にした女性である。[12] スカートが短くなると靴下が人目に触れる。綿やウールの厚く黒い靴下に代わり、ジュディーが高級品として憧れた絹の靴下[13]や、絹に似せた化学繊維であるレーヨンやライル糸(第二次世界大戦後はナイロン)の靴下が各階層に普及し、色も素足に近いベージュやペールオレンジが人気を博した。

短い服と細い脚の先進性に対し、ピッピの靴下は時代遅れだ。文中には素材に関する記述はないが、ニイマンの挿絵の長靴下は綿や毛などの厚い素材に見える。リンドグレーンの文章では、靴下の色は左右で異なり、片方は前時代に一般的だった「黒」と書かれている。もう片方は、娘の誕生日プレゼント版、初版、第一五版(一九六四)を底本とする大塚訳、自作朗読(スウェーデン・テレビで一九八四年に放映)では「茶色」、二〇一五年版では「黄色」である。黒、茶、黄の含意の可能性はさまざまだが[14]、本稿では有色人種の肌の色と仮定する。白人であるエフライムが「黒人王」になる設定や、「ベルギー領コンゴには本当のことを言う人間はひとりもいない」(p.15/一巻二二頁)、「アルゼンチンでは勉強は厳しく禁止されている」(p.45/一巻九四頁)などの文言に顕著な通り、『ピッピ』には人種差別的な表現が多い。スウェーデンではこのことが繰り返し議論され、二〇一

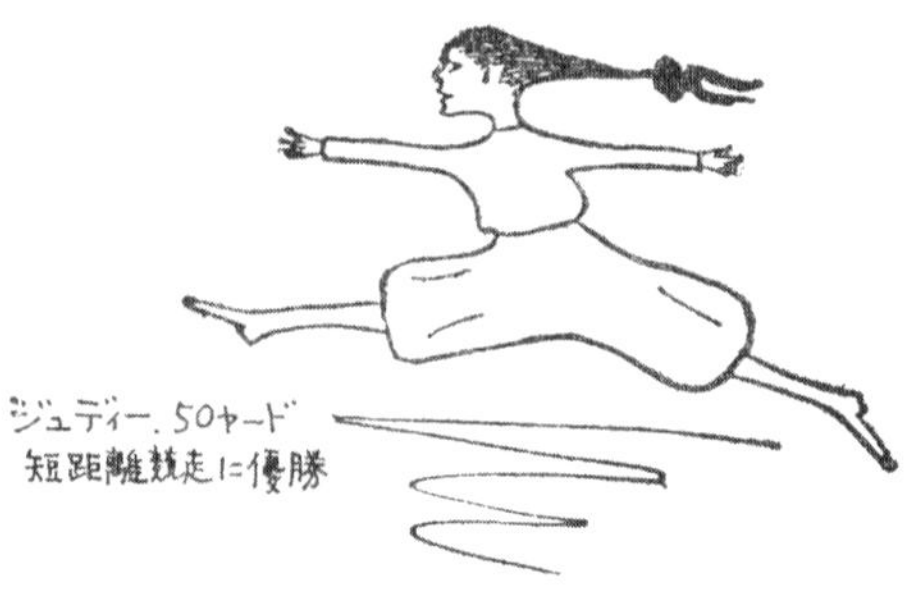

（上）作者ウェブスターによる、ジュディーが描いたという設定の挿絵（『あしながおじさん』一二五頁）。バスケットボールやスケート、走り高とびなども挿絵付きで報告されている。挿絵では普段着としても短いスカートが描かれる。スケートをする場面を除くすべての場面でジュディーは裸足で描かれ、孤児院時代の絵のみ鋲のついたブーツを履いている。（左）アニメ『私のあしながおじさん』（一九九〇）で、孤児院時代のジュディは実写版ピッピをモデルにデザインされた。(15) キャラクターデザイン：関修一（「THE 世界名作劇場展」（二〇一五）グッズの葉書）。

五年版では「黒人 neger」という語が削除される一方、地名は残され、挿絵のクレドット人も濃い色の肌をしている。本稿では、その差別性は認識した上で、ピッピが有色人種と同じ言動を目指すことを、長靴下と脚に関連づける。

ピッピは、嘘をつく、勉強しないなど、道徳や社会の規範に反するときに、それがアジアやアフリカ、南米の習慣だと主張する。加えて、周囲と違う脚や足の動きを釈明する際に有色人種を引き合いに出す。ピッピは、「インドシナでは、みんなと同じように、わたし、逆立ちで歩いてたのよ」（p.29／一巻二一頁）。足指の可動性ゆえに大きな靴を履くと答え、足を枕にのせて布団に入り、「グアテマラではみんなこうやって寝るの」と足指を動かし続ける（p.29／一巻五三〜五五頁）。トミーとアンニカの前に初めて姿を現す場面は次の通りだ。

ピッピは通りに出てきました。彼女は片足は歩道、片足は側溝を踏んで歩きました。トミーとアンニカは見えなくなるまで彼女を見ていました。しばらくして彼女は戻ってきました。今度は後ろ向きに歩いてきました。家に帰るときに向きを変えたくなかったからです。〔中略〕

——なぜ後ろ向きに歩くかって？　ピッピは言いました。わたしたちは自由な国に住んでるんじゃないの？　歩きたいように歩くのは許されないの？　それから言っておくけど、エジプトでは人間はみんなこの方法で歩いていて、これがちょっとでもおかしいなんて誰も考えないの。(p.14／一巻一九〜二〇頁)

脚が性を象徴するがゆえに、文学における脚のあり方は、その持ち主の性道徳、性道徳を規定するキリスト教との関わり方、キリスト教を根底にすえる家族・社会における立ち位置を象徴する。山羊脚の悪魔や杖をついた魔女、アンデルセン『赤い靴』(一八四五)の主人公は神に呪われ、人魚は結婚から排除される。ロイス・キースによれば、少女小説において、歩けない少女は歩けるようになるか、少女のまま死ぬかである。歩けない少女と対比される活発な主人公は、活発なまま大人になることはなく、広い世界への野望を捨てて家庭に留まる。(16) 適度に動く脚の獲得は家庭内で適度に活動する良妻賢母への成長を意味するのだ。たしかに、『赤毛のアン』の主人公は、少女時代に屋根の棟を歩こうとするが、その結果は、落下して踝を折り、二度と屋根に上らないというものだ。物語の結末では、大学への進学を断念してグリーン・ゲイブルスに留まる選択をし、将来の結婚相手ギルバート・ブライスと和解する。『ハイジ』では、脚部障碍の治癒が生存および成長と表裏一体をなす。クララ・ゼーゼマンは「自分もちゃんと一人前の人間として、人に助けられるばかりでなく、人を助ける立場になりたい、「もっと生きつづけたい」(17) と願った直後に歩くことに成功する。ハイジの夢遊病は、弱い身体や「アーデルハイト」という名前とともに母から受け継いだものとして描かれ、その治癒＝勝手に動く脚の制御は、夭折した母とは違う人生をハイジに約束する。これに対し、ピッピは幾度となく屋根や高い木に登り、高所でダンスを披露する場面もあるが、決して落ちることはない。彼女は、脚を制御するのではなく、黄色と黒の長靴下を履き、非ヨーロッパの「習慣」を踏襲することで、有色人種と同化し、白人の規範から外れる脚の動きを正当化する。有色人種を白人の規範に従わせるのではなく、白人が有色人種に倣うこの姿勢は、有色人種を白人と正反対の存在としてステレオタイプ化する点において、見下す姿勢と同じく差別的である。同時に、白人の規範にあわせた成長を万人に求めて拡張を続ける近代ヨーロッパの価値観から、確実に一歩はみだしている。ピッピは、前に向かってまっすぐ進むのを拒むことで、良妻賢母への成長にも、社会の発展にも、人類の進歩にも背を向けるのだ。

「わたしはおうきくなりたくない」

主人公を模範とする子どもの教化も理想社会の実現も求めないことは、『ピッピ』と戦前児童文学の決定的な違いである。空を飛び、別世界に生きるピーター・パンとは対照的に、ピッピは地上を歩き、スウェーデンで日常生活を送る。しかし、娘の病気と作者の怪我という「不健康」で「異常」な状況下で誕生したピッピが、「健康」で「正常」な日常に根を下ろすことはない。トミーとアンニカは、転地療養のためピッピと南の島へ行き、健康を回復して帰宅する。生存と成長が約束された彼らと違い、ピッピは年を重ねない。三部作冒頭、ある夏の夕方に、九歳のピッピはごたごた荘に引っ越し、第一巻の最後、一一月に誕生日パーティを開く。しかし、「ごたごた荘に住み始めて丸一年」経った次の夏、ピッピは「秋の始めに一〇歳になる」と発言する（p.132／二巻一八五頁）。彼女は冒頭から一年経っても九歳のままなのだ。そして一〇歳になるはずの秋は、「日々が過ぎ、秋になりました。まず秋になって、それから冬になりました」（p.177／三巻八六頁）と、何も描写されずに過ぎ去る。三部作の最後で、日常に戻ったトミーとアンニカの前からピッピは姿を消す。

そう、それはすばらしく安心できる考えでした——ピッピが永遠にごたごた荘にいる。——彼女がこっちを向く気になったら、ぼくたち彼女に手を振ろうね、とトミーは言いました。でもピッピは夢見る目でじっと前を見つめているだけでした。

それから彼女は灯りを消しました。（p.235／三巻二一六頁）

長い間しまわれていた「渦巻丸薬」の効き目をピッピは保証しなかった（p.233／三巻二一〇〜二一一頁）。引用部の後、トミーとアンニカはピッピのいない世界で大人になるはずだ。

『長靴下のピッピ』は、リンドグレーンの娘カーリンが一〇歳の誕生日を迎え、ピッピの年齢を超えたときに本の形になった。本を手にする子どもたちは、トミーやアンニカやカーリンと同じく字を読むことができ、その多くは大人になる。ピッピは、世界にとって理想の子どもになることも、子どもや世界を自分の理想に合致させることもなく、固く編んだ赤毛をまっすぐに突き出し、大きすぎる靴と時代遅れの長靴下を履き、歩道と側溝を踏み、後ろ向きに歩くことで、一人だけ、世界の中の異質な子どもであり続けるのだ。

注

（1）高畑勲、宮崎駿、小田部羊一『幻の「長くつ下のピッピ」』岩波書店、二〇一四、一四五頁。本稿の次段落の記述は、主に同書に基づく。

（2）本稿で扱う作品の日本語訳は、『長くつ下のピッピ』という表記で親しまれてきた。本稿では、論考内での「靴」「靴下」の漢字表記にあわせ、中丸によるスウェーデン語訳および対象作品としてのタイトルに限り、『長靴下のピッピ』と表記する。

(3) ニイマンについては以下を参照。レーナ・テルンクヴィスト「イングリッド・ヴァン・ニイマンからはじまるリンドグレーン絵本の挿絵画家たち」(ふくやま美術館、イデッフ編『世界中で愛されるリンドグレーンの絵本』(展覧会図録)、二〇一〇、八～一五頁)、「イングリッド・ヴァン・ニイマン」(同六二頁)、宮内ちづる「『長くつ下のピッピ』の魅力」(同一二四～一三二頁)、テレサ・ニルセン「イングリッド・ヴァン・ニイマン」(菱木晃子監修『長くつ下のピッピの世界展　リンドグレーンが描く北欧の暮らしと子どもたち』(展覧会図録)東映、東京富士美術館、二〇一八、七二～七五頁)。

(4) Astrid Lindgren & Ingrid Nyman: *Känner du Pippi Långstrump?* Rabén & Sjögren. 2015 (いしいとしこ訳『こんにちは、長くつ下のピッピ』徳間書店、二〇一五)

(5) 『長靴下のピッピ』三部作からの引用は、Astrid Lindgren: *Boken om Pippi Långstrump.* Omslag och Illustrationer av Ingrid Vang Nyman. Rabén & Sjögren. 2015 による。同書は三作を一冊にまとめ、数章を削除した版である。引用部はスウェーデン語から中丸が訳し、スウェーデン語原典のページを「p.」、対応する大塚勇三訳(岩波書店)『長くつ下のピッピ』(一九六四／一巻)、『ピッピ船にのる』(一九六五／二巻)、『ピッピ南の島へ』(一九六五／三巻)の巻数とページ数を「頁」で示す。

(6) 『赤毛のアン』からの引用は、村岡花子訳『赤毛のアン』新潮文庫、二〇〇九により、文中にページ数を( )に入れて示す。以下、他の戦前児童文学作品からの引用も同様とする。

(7) アト・ド・フリース『イメージ・シンボル事典』山下主一郎主幹(共訳)、大修館書店、一九八四、三〇六～三〇七頁

(8) 石井桃子訳『ピーター・パンとウェンディ』福音館書店、一九七二

(9) 河合隼雄「リンドグレーン『長くつ下のピッピ』『ピッピ船にのる』『ピッピ南の島へ』」『子どもの本を読む』光村図書、一九八五、一一二～一二九頁

(10) 坪井郁美訳『あしながおじさん』福音館書店、一九七〇。八〇頁にジャービーの乳児期の髪が赤いという記述がある。

(11) 本稿の女性の服飾史関連の記述は、能澤慧子『二十世紀モード　肉体の解放と表出』講談社選書メチエ、一九九四を参照した。

(12) Jens Andersen: *Denna dagen, ett liv. En biografi över Astrid Lindgren.* Norsteds 2014. p. 24–26

(13) ジュディの絹の靴下への憧れは、孤児院時代の衣類にまつわるつらい思い出は残る生涯に絹のストッキングを履き通しても癒

せない（三四〜三五頁）、裕福なルームメイトのジュリア・ペンドルトンをうらやみ、おじさんからクリスマスにもらったお金で絹のストッキングを購入（四二〜四三頁）、大学のダンスパーティでドレスを新調し、サテンの靴と絹のストッキングを履く（一七四頁）などの文言に見ることができる。

（14）『イメージ・シンボル事典』、各色の項目を参照。

（15）「Special Interview part4 関修一」（ちばかおり『世界名作劇場シリーズ メモリアルブック アメリカ＆ワールド編』新紀元社、二〇〇九）三三二頁

（16）ロイス・キース『クララは歩かなくてはいけないの？ 少女小説にみる死と障害と治癒』藤田真利子訳、明石書店、二〇〇三

（17）矢川澄子訳『ハイジ』福音館書店、一九七四、四四五頁

【読書案内】

アストリッド・リンドグレーン、サラ・シュワルト『リンドグレーンと少女サラ　秘密の往復書簡』石井登志子訳、岩波書店、二〇一五

ふくやま美術館、イデッフ編『世界中で愛されるリンドグレーンの絵本』（展覧会図録）、イデッフ、二〇一〇

ヤコブ・フォッシェル監修『愛蔵版アルバム　アストリッド・リンドグレーン』石井登志子訳、岩波書店、二〇〇七

シャスティーン・ユンググレーン『遊んで、遊んで、遊びました〜リンドグレーンからの贈りもの〜』うらたあつこ訳、ラトルズ、二〇〇五

Astrid Lindgren on Spotify（音楽配信アプリ Spotify でリンドグレーンの自作朗読を聞くことができる）
https://open.spotify.com/artist/3MDsnjqnEd5TJaYsuacX1I

高畑さんからひとこと

シンポジウム「高畑勲の《世界》と《日本》」では、インタビューに先立ち、中丸禎子が「赤毛と靴とストッキング　アストリッド・リンドグレーン『長くつ下のピッピ』と世界の名作」と題する口頭発表を行った。発表に対し、インタビュー冒頭で高畑氏からコメントをいただいた。ご遺族の了承のもと、最低限の編集をして掲載する。

実はこういう会――何か講演しろと言われると行くんですが――学会そのものには全く出席したことがなく、今日初めて聞いて、「あ、こういうものなのか」ってびっくりしたんです。あっ、一回ぐらいあるかな。同僚でもあった池田宏監督の研究発表には参加したことがあります。中丸さんのお話を聞いてて、もちろん中丸さんはよくお分かりのことだろうと思うんですが、ちょっとそういうように聞こえたからっていうことを幾つか。

アニメが始まったころに、名作もの〔海外文学〕の――『ピッピ』やなんかね――受容が始まったということ、それは違うんじゃないかって気がします。日本の場

中丸禎子の発表風景。写真向かって左で司会をする田中琢三の正面・最前列に高畑勲氏の後姿が写っている。

合には、非常に珍しいことに、児童文学は、ほかの国に比べるときちんと翻訳されて、紹介されることがあったと思うんですよ。『ハイジ』みたいな一九世紀終わりごろの古い作品は、戦前からちゃんと公開されていて、「名作劇場」なんて言ってるとおり、翻訳児童文学が名作という扱いを既に受けていたわけ。その上で、それを(テレビアニメとして)やることになった。実際にはあまり読まれていなかったとしても、それだったらみんな知っているだろうということで。

その中に入ってきた『長くつ下のピッピ』が、非常に独特だった。「独特」というのは、全然別の潮流、戦後の潮流として、ああいう新しいものが出てきたんです。僕、さっき掲げてもらってた『ピッピ』を準備したときの本(『幻の「長くつ下のピッピ」』)で、一九四五年よりもっと前に『長くつ下のピッピ』は書かれたようなこと、ひょっとして発言しているかもしれませんが、それだったら僕の間違いでした。そして、(一九四五年以前に刊行されたということが間違いだとしたら)ますますいいんですよ。四五年っていうのはまさに画期であってね。戦後、日本もそうだし、世界的にも児童文学そのものは変わっていくわけで、恐らく『ピッピ』は、その変わり目の第一号だったんですね。ですから、石井桃子さんや大塚勇三さんも含めて、そういう人たちが実に精力的に戦後の新しい児童文学を紹介された上で、『ピッピ』のような作品がアニメとして取り上げられるようになる。『ムーミン』はちょっと違うかもしれません。

それからどうして差があったかということの、端的な表現があったほうがよかったような気がしたので言いますけれど、それは要するに作品の目的が違うんじゃないか。昔のものは、やっぱり子どもを導こうと思って書いている。それに対して戦後の文学は――リンドグレーンが、というんじゃないですよ――「ペダゴジック(教育的)なのは駄目なんじゃないか。そうじゃなくて、子どもの気持ちを解放させなくちゃいけない」ということで書かれて、今から見れば随分子どもを甘やかしているような作品がいっぱい出るわけです。

日本の場合には漫画っていう形ですばらしい文化を持ったわけですね。『ドラえもん』は、子どもたちの心をすごく解放する。日本の場合は、児童文学なんかに頼らなくたっていいわけ。だけどそのきっかけは、『ピッピ』だったんです。トランクいっぱいの金貨を持ってね、馬を持ち上げるような力を持って。先ほども説明があったけれど、親がいらないわけね。庇護、親の保護が必要ない子を設定してしまった。それを読む子どもが憧れるのは当然ですよね。自分たちの仲間が、(一人で好きなように)やっているんだから。そこに大きな違いがあったわけです。そのことは、いくら強調しても強調しすぎないだろうと思う。それからやっぱり、それまでは自然主義的な風土でリアリズムだったけれど――いろいろ非常に真面目に説明されたし、そのこと自体を否定する気は全然ないけれど――でもやっぱり、リンドグレーンのスタートは、リアリズムじゃないと思うんです。そこが大事で。また(そうした観点から)、もうひとつ触れても良かったのは、大人になりたくない子どもの大先輩、ピーター・パンですね。

もう一つ最後に。これは質問です。トミーとアンニカ、あのあと読み直していないから分からないですけど、(年齢は)どっちが上なんでしょうか。アンニカがお姉さんで、トミーが弟なんじゃないかなって、勝手に僕は思ってたけど。しかし、何も書いていないんです、確かね。だからどう考えていいのか分からない。向こうの人は、そういうことって平気なんですかね。きょうだいがどっちが上かというようなこと。

本書掲載の論考「「わたしはおうきくなりたくない」」では、右のコメントを受け、『ピーター・パンとウェンディ』との比較を加筆した。

シンポジウムでは、欧米の児童書は明治後期から翻訳され、「児童」概念の構築に寄与したことを補足。トミーとアンニカの年齢については、高畑氏の指摘通り作品内に明確な記述はないが、二人が同じ教室で授業を受けていること、ニイマンの挿絵で体の大きさが同じであることから、同年齢(双子)の可能性を指摘した。なお、スウェーデンでは、年齢の上下を問わずきょうだいは名前で呼び合う。ただし、年齢を区別しない「兄弟」(bror)、「姉妹」(syster)のほか、「大きい」「小さい」という語と合成した、「兄」(storebror)、「弟・末弟」(lillebror/『やねの上のカールソン』のリッレブルールの通称でもある)、「姉」(storasyster)、「妹・末の妹」(lillasyster)という、英語やドイツ語にはない表現がある。

ブックガイドから見た「世界」の「文学」
――無着成恭の選定と岩波・福音館の児童書

佐藤　宗子

児童文学における「名作」とは

高畑勲のアニメーションを主対象とする研究会の成果を集めた本書の中に、戦後日本の児童文学におけるブックガイドを扱った本論を位置づけるには、「名作」というキーワードを置いてみる必要があるだろう。一九七〇年代から八〇年代にかけて、世代を問わず人気を博したテレビアニメのシリーズとして「世界名作劇場」があること、その一部の作品制作に高畑も関わったことは、周知のことといってよい。そのシリーズで取り上げられた原作の多くが、一九世紀後半から二〇世紀前半にかけて欧米で刊行された古典的な児童文学作品であったことも、よく知られている。しかし、そうした「常識」には、一つの陥穽がある。それらの原作は確かに児童文学史上「古典」の時期に位置するが、それは「世界」の「児童文学」の中での「名作」と、同義であると捉えてよいのか。あるいは、そもそも「児童文学」における「名作」とは、何を指すのか。

一般的な知名度の高い作品が「名作」と呼ばれることもある。その一方、それらとは全く異なる児童文学界の「名作」群もある。本稿では、こうしたズレの存在を浮上させるために、「現代児童文学」出発期における一冊のブックガイドを手掛かりとし、一九六〇年代半ばにおいて、子ども読者を念頭に置いた際に「世界」の「文学」

がどのように提示されていたのかを検証する。それにより、出版・映像等のメディアが伸長を続けていた高度経済成長期に、「児童文学」ジャンルがどのような総体として把握され、推奨されていたのかを概観するとともに、今日まで続く一般的な「名作」イメージの捉え直しの契機を示すこととしたい。

「現代児童文学」出発期のガイドブック

第二次大戦後の日本児童文学史は、戦前の「童話」伝統の批判を経て、一九五九年の「現代児童文学」の出発をもって画期とする。すなわち、佐藤さとる『だれも知らない小さな国』や、いぬいとみこ『木かげの家の小人たち』(いずれも一九五九)など新しい作家たちの手になる長編作品がその時期、陸続と世に送り出され始めた。(なお、その後の七八年乃至八〇年を転換の時期とするのが、通例である。)その際、文学史叙述の対象と考えられているのは、あくまでも「創作」――日本の作家の手による新作群――ということになる。しかし、現実の読者――幼年から高学年以上までを含む――の読書の実態を考えるなら、そこには別の様相が浮かび上がるはずである。彼ら――とくに五〇年代から七〇年代にかけての時期の少年少女読者――は、多くの翻訳作品群を享受していた。それらを対象に含めた「日本語児童文学」全体を概観しようとするなら、当該時期におけるさまざまな叢書類をも視野に入れなければならない。

そのような叢書類のうち、とくに「世界」全体の「地域割」を試みた少年少女向の叢書類については、既にいくつかの論考で内容の検討を加えてきている。そこからは、たとえば「世界少年少女文学全集」(創元社)の果たした役割の大きさや、「岩波少年少女文学全集」(岩波書店)の、他の叢書類に比した異色の度合いなどが見えてきていた。それらはまた、直接に少年少女読者を対象に「教養形成」を図るとともに、普及に携わる媒介者に対する啓蒙の役割も果たしていたとみなせる(1)。

今回は、出発期から展開期にかかる時期である一九六四年に刊行された、一冊の「ブックガイド」に着目したい。即ち、いわば川の上流に位置する指導的な媒介者から、川下にいる多くの普及の最前線にいる媒介者に向けて推奨された児童書群を概括することにより、当該時期における「望ましい児童文学」の実態を解明し、新たな問題を提起する手がかりを得られるのではないかと考える。取り上げたいブックガイドとは、無着成恭(むちゃくせいきょう)『子どもの本220選』(福音館書店、一九六四)である。無着は山形県で教員を務めた際に指導した生活綴方をまとめた『山びこ学校』(一九五一)で知られる教育者だが、その後上京しラジオの「全国こども電話相談室」回答者などとしても活躍した。

具体的な検証に入る前に、同書の成立経緯と今回対象とする版・刷について、簡単に説明をしておこう。「あとがき」によれば、一九六二年三月から翌年三月にかけて、一年一か月にわたり東京放送から毎日三分間放送された「ちびっこライブラリー」というラジオ番組で紹介した本を基本的に収録したという。グレードは四歳から中学三年生まで、一一年分を対象とし、小学校六年対象までは一作品見開きで、中学生対象は各一ページで、合計二二〇点が紹介・解説されており、各ページには関連作品の紹介もある。初版発行は六月一日だが、今回は一〇月一五日刊行の第三刷をもとにした。実はこの二種にはかなりの収録作品の異動がある。特に目立つのは、四歳向け冒頭に置かれることになったのがブルーナ「子どもがはじめてであう絵本」(全八冊)であること、月刊絵本誌『こどものとも』からの選択が、創刊時の縦長・縦組み形式から当時としては斬新な横長・横組み形式に変えられた(一九六一年八月号からスタイル変更)後に刊行された新しい作品に、いくつも差し替えている様子が散見されることなど、版元である福音館の幼児向け刊行物が、より推奨したい新しいものへと変えられている点である。内容的に見て、第三刷のものに拠るほうが妥当と判断した。なお、第一刷は国立国会図書館でデジタル版を閲覧することが可能である。本稿末尾に、簡略化したかたちながら第三刷の全体像を把握できる一覧を付したので、必要に応じて対照されたい。

「岩波少年文庫」からの当落

一覧を概観してまず気づくのは、福音館書店の絵本と岩波書店の刊行物の多さである。児童文学に詳しくないと、版元の刊行物だからだろう、とのみ思われるかもしれない。しかし、戦後日本の絵本史を考えるなら、これは当然といえよう。一九五六年創刊の『こどものとも』は、月刊誌でありつつ一冊の絵本であるという独自のスタイルをとり、日本の創作絵本を独自に発展させていった。また創作絵本の開発と同時に、ハードカバーによる翻訳絵本の紹介もされていく。四歳児から小学校二年までの、いわゆる幼年向け対象で、一九五三年刊行開始の「岩波の子どもの本」を含みつつ福音館オンパレード状態であるのは、当時の状況からすれば無理からぬことなのである。

本稿で目を留めたいことは、むしろ、収録状況全体における岩波書店刊行物の多さ、就中「岩波少年文庫」が突出している点である。同叢書は、一九五〇年の刊行開始から六一年までに第一期一九三冊を刊行し、区切りを迎える。伝承文学や一般文学も含むものの、基本的に一九世紀の古典的作品から第二次大戦後の新しい作品まで、児童文学の翻訳が主体である。その中から八二作品（一作品で複数巻のものあり）が取り上げられているのは、確かに多い。だが、逆に言うなら、半分以下しか選択されてはいないということになる。そこには、どのような規準があったと考えられるだろうか。以下、いくつかのグループに分けて、当落の状況を瞥見してみよう。なお説明の都合上適宜並べた順に述べていく。

第一に、ドイツの作家エーリッヒ・ケストナーの作品について。初代西ドイツペンクラブ会長となった彼の児童文学作品群は、一九七〇年代くらいまで圧倒的な知名度を誇った海外児童文学の代表だったといってよい。『エミールと探偵たち』が入り、『ふたりのロッテ』『点子ちゃんとアントン』が落ちた。なお「岩波の子どもの本」から『どうぶつ会議』、同社「ケストナー少年文学全集」から『飛ぶ教室』、自伝的作品『わたしが子どもだったころ』が入っている。つまり、ケストナー重視の方針は明確であり、高学年向け作品として複数少年主人公のストーリー性ある作品や自伝的作品が選択されたということになる。

第二に、一般文学の作品について。一覧を見ればわかるように、『クリスマス・キャロル』『ドン・キホーテ』『三銃士』『ロビンソン・クルーソー』『ジャン・ヴァルジャン物語』上下、『シャーロック・ホームズの冒険』『トムじいやの小屋』と欧米の古典的作品がいくつも入る中、『ガリヴァー旅行記』が外れた。採択された作品も抄訳のものが多くあるわけで、落ちた理由を作品内容に求めるとするならば、風刺よりは冒険と人間性追求が選ばれたということだろうか。

第三、伝承文学・古典の場合。かなり多くの地域から作品が入っている。同地域の作品はいずれかに絞って入れたようだ。英米のほか日本を含むアジアや北欧の作品が多い。グリム童話などは、一話で絵本化された福音館「世界傑作絵本シリーズ」からの採択が数冊あるため、外されたと考えられる。

第四に、知識・ノンフィクションと、伝記について。採択作品が『人間の歴史(1)』(イリーン、セガール)『エヴェレストをめざして』であり、落ちた作品が『人間の歴史の物語』上下（ヴァン・ローン）『アンナプルナ登頂』であると対比すればわかるように、人間の歴史や登頂ものなど同種の作品は一つに絞ったことが窺える。また考古学関連では、「岩波少年少女文学全集」収録の伝記『夢を掘りあてた人』――トロイア発掘で知られるシュリーマンが被伝者――を優先したとみられる。逆にファーブルの場合は、伝記より『昆虫記』そのものを選んだのだろう。選ばれた伝記はガンジー、リンカーン、ナンセン。『ジェーン・アダムスの生涯』が落ちたのは、なんとも惜しいことである。

第五に、児童文学のフィクションについて。この区分はなかなかに興味深い。古典的作品で見ると、『ジャングル・ブック』『宝島』『クオレ』『黒馬物語』『四人の姉妹』（若草物語のこと）『トム・ソーヤーの冒険』『あしながおじさん』『秘密の花園』上下が選ばれたのに対し、『ミツバチ・マアヤの冒険』『バンビ』『ハイジ』『家なき子』『ふしぎの国のアリス』『ピーター・パン』『フランダースの犬』『小公子』『小公女』『ピノッキオの冒険』『ニールスのふしぎな旅』は落ちている。その一方で、第二次大戦後の新しい作品の採択が目立つ。すなわち、『あらしの前／あらしのあと』『こぐま星座』『町からきた少女』など第二次大戦前後をテーマにしたリアリズム作品、風刺性も帯びた『チポリーノの冒険』もあれば、戦後の子どもを主人公にしたソ連の『ヴィーチャと学校友だち』、中国の『宝のひょうたん』もある。ちなみにこれら採択作品はその後、児童文学ガイド等で取り上げられたり、「世界」を収録対象とする叢書類で収録されたりすることの多い「常連」作品群となっていく。（なお、日本の作品では宮沢賢治、千葉省三、壺井栄の短篇集が採択され、坪田譲治、中野重治、井伏鱒二の短篇集は落ちた。詳述は避けるが当時としては順当な判断といえよう。）

右に作品名を列記したのは、落ちた作品中に一般的知名度の高い「名作」が数多くあることを実感しうるのではないかと考えたためである。編者である無着成恭は、これらを採択しなかった。選ばれた作品群の特徴は何かと考えたとき、現実世界――より現代に近い――を生きる少年少女のすがた・軌跡、ということばが浮かぶ。「岩波少年文庫」からの採択が一気に増えるのは、小学校四年生からで、中三まで多い傾向は変わらないが、特に目を惹くのは小学校六年の、一九冊という採択数である。『東京大空襲――昭和20年3月10日の記録』などで知られる作家・早乙女勝元の、やはり東京大空襲に関わる児童文学作品一冊以外は、すべて「岩波少年文庫」であるという事実からは、この叢書＝「岩波少年文庫」こそが、「児童文学」の中核である、という認識が読み取れるだろう。

グレードごとの特徴

「岩波少年文庫」にまずは注視したため、全体の傾向を概観することが遅れた。ここで、四歳から中三までグレードを追って順次、簡単に特徴を指摘しておきたい。

【四歳】は、前述のように「子どもがはじめてであう絵本」（全八冊）で始まる。ブルーナの「うさこちゃん」シリーズである。おそらくはこのシリーズ刊行が、初刊から僅かの月日でかなりの変更を伴う改刷を決断させたのではないか。「岩波の子どもの本」の二点を除き福音館刊行物で占めるのも、『こどものとも』が横判への判型確定をし、「世界傑作絵本シリーズ」も軌道に乗るなど今日まで続くロングセラー刊行による「絵本」観確立の証とみなせる。続く【五歳】も、無着が関わった『もじのほん』と「岩波の子どもの本」の一点以外は福音館刊行物と、同傾向である。またこの二年分では民話と乗り物の比率が高めである。

【小一】【小二】も、この傾向は続く。これらは「幼年」の範疇——幼稚園から小学校低学年まで——として括りうる。最初に登場する幼年童話が『ぼくは王さま』であるのは、当時としては新鮮な選択であっただろう。

【小三】になると、「現代児童文学」の作家たちの作品がいくつも採択されている。『竜の子太郎』（竜の表記はママ）『ちびっこカムのぼうけん』『北極のムーシカミーシカ』がそれにあたる。はじめて「岩波少年文庫」が採択されるが、二点中一点は民話である。

【小四】で「岩波少年文庫」が一気に一四点に増えるが、うち四点は民話、一点は神話で、この時期に伝承文学作品を文字媒体で読むのが適切だとの判断が窺える。また筑摩書房の叢書三点のうち二点は詩集であるのも、意識的な選択とみてよい。

【小五】【小六】が、児童文学の中心的な読者層といえるが、そこで「岩波少年文庫」は一四点、一九点と圧倒的な占有率を示す。（ちなみに全体のうち日本の作品は、小五で戦後の長編『リンゴ畑の四日間』と短篇集『坂道』、小六で『ゆびきり』といずれも現実世界を描く作品である。）また両学年ともに、戦争もの、歴史ものといえる作品が一定数採択されている。前者は『坂道』『銀のナイフ』『町からきた少女』『パセリ通りの古い家』、そして『ゆびきり』『あらしの前／あらしのあと』、後者は『黒い手と金の心』『メキシコの嵐』が該当する。海外の伝承文学、一般文学、古典的児童文学、戦後の児童文学などを幅広く読み広げてほしいという願いが反映したものと考えられる。

【中一】から【中三】までは、いくつかの点で傾向が変わる。岩波文庫等一般向きの文庫も採択されるし、知識・ノンフィクション、伝記、一般文学の抄訳なども目立つようになる。伝承文学も民話でなく神話と伝説各二点、歴史ものもバウマン三点のほかブルックナー、リュートゲンとドイツの作品が目に付く。その一方、あえて

「岩波の子どもの本」の『百まいのきもの』を中一に入れていることなど、独自な判断も見られる。中一で『わたくしたちの憲法』、中二で『山芋』『やまびこ学校』、中三でイリーンの知識もの三点を入れるなど、各学年の工夫も見てとれる。「現代児童文学」の採択作品の上限は、中一の『うずしお丸の少年たち』となった。

媒介者の功罪、「名作」イメージのずれ

こうしてみてくると、無着の選定は、一九六〇年代前半の、すなわち「現代児童文学」出発期から展開期にかけての、「少年少女」読者への期待が込められたものであることが明らかである。そして、それらの作品推奨は、啓蒙の高い意識を持つ出版社・編集者＝いわば「川上」に存在する媒介者たちから、啓蒙される側である「川下」に存在する媒介者＝学校の教師・家庭の親などに向けられたものであったとみなせよう。この時期はまた、公共図書館が十分に整備される以前に始まった、民間の読書運動――地域文庫・家庭文庫などの開設により、児童書を普及させようとする運動――が発展するときでもあった。熱心な母親層などはまっすぐに「啓蒙」されていく中で、いわゆる「良書」のみをひたすら求める傾向も生み出してしまう。「岩波・福音館信仰」乃至「岩波・福音館帝国主義」と後に揶揄されるような現象の発生に、このブックガイドは、図らずも寄与しているように見える。

他方で、無着のブックガイド刊行からほどなく、好景気の中で児童書出版が「商品化」の時代を迎える中で、児童文学は質量ともに変容を遂げることになる。そこでは、そうした「良書」「芸術的児童文学」とは一線を画した、一九世紀後半から二〇世紀前半の古典的作品群が「名作」として、抄訳・再話のスタイルを取ることも多い

叢書類の形態で一般には普及していくことにもなった。結果的にはそれらの作品群が、一九七〇年代以降のテレビアニメにより、あらためて「世界」の「名作」として権威づけられ、一層の普及と定着を果たすに至るのである。

後掲の一覧に紙幅を多く割いたため、検証作業が駆け足になった。ただし、ここまでの概括からでさえ、注目すべき点がいくつも出てきたと考える。

「児童文学」というジャンルにおいて、「世界」はどのように見えていたのか。この時代、「文学」とは、必ずしも、「フィクション」「物語」と同義ではなかったにもかかわらず、なぜ今日、「児童書」＝「文学作品」＝「物語」といった誤解がはびこりがちであるのか。フィクションと非・フィクションの関係を、改めてどのように捉えるべきか。古典的な作品と現代の創作とを、どのようなバランスで配置すべきか。作品評価における物語性とテーマ性を、いかに捉えるか――などの問題が、まずは挙げられるだろう。これらは単に、「児童文学」において現在でも追究すべき重要な問題であるだけではない。むしろ、世間一般におけるイメージ――「子ども」対象の作品群に「ためになる」乃至「情操に良い」といった「名作」を期待しがちである――と、児童文学関係者たち――「現代児童文学」の流れなども踏まえた専門的な児童文学界――のそれとの落差が、実は大きい。さらに、それが気付かれにくい点がより大きな問題ともいえよう。それは、「子ども」に関する両者間の懸隔の大きさをそのまま現わすものといってよい。即ち、成熟した〈大人〉とは異なる未熟な存在として〈子ども〉を捉え、ゆえに一方で愛おしみつつ他方で教育すべきとする、いわゆる近代的「子ども」観が、一般にはいまだ広く常識として存することを示している。(2)

五五年前の一冊のブックガイドを、当時の状況を照らす手がかりとするのみならず、現在の問題追究につなげたところで、本稿をとじることとしたい。

出版社・シリーズごとの採択数（表示による）

出版社	シリーズ	4歳	5歳	小1	小2	小3	小4	小5	小6	中1	中2	中3	計	出版社計
福音館書店	こどものとも	12	13	9	5								39	65
	世界傑作絵本シリーズ	5	4	5	7								21	
	世界傑作童話シリーズ		1			2	1						4	
	その他	1											1	
岩波書店	岩波の子どもの本	2	1	6	6	6				1			22	117
	岩波おはなしの本					4							4	
	岩波少年文庫					2	14	16	19	12	10	9	82	
	岩波少年少女文学全集									3			3	
	岩波文庫									1		1	2	
	その他										2	2	4	
麦書房			1										1	1
講学館					1	1							2	2
理論社	高倉テル名作選											1	1	6
	その他				1	3			1				5	
筑摩書房	新版小学生全集					1	3						4	5
	世界ノンフィクション全集											1	1	
講談社	少年少女世界文学全集						1						1	3
	その他					1				1			2	
牧書店								1					1	1
光文社							1						1	1
あかね書房	世界児童文学全集							2					2	3
	その他							1					1	
有斐閣										1			1	1
新潮社・新潮文庫										1	4	3	8	8
偕成社・少年少女現代日本文学全集											1		1	1
評論社											1		1	1
百合出版											2		2	2
岩崎書店												2	2	2
青木書店・青木文庫												1	1	1

4歳

題名		出版社・シリーズ等
子どもがはじめてであう絵本（全8）	ディック・ブルーナ 文・画	福音館書店
きつねとねずみ	ヴィタリー・ビアンキ 文	福・こ
おおきなかぶ	内田莉莎子 訳 佐藤忠良 画	福・こ
ちいさなねこ	石井桃子 文 横内襄 画	福・こ
かばくん	岸田衿子 文 中谷千代子 画	福・こ
かばくんのふね	岸田衿子 文 中谷千代子 画	福・こ
ぐりとぐら	中川李枝子 文 大村百合子 画	福・こ
おやすみなさいのほん	マーガレット・ブラウン 文 ジャン・シャロー 画	福・世傑絵
たろうのばけつ	渡辺桂子 文 堀内誠一 画	福・こ
あかずきん	大塚勇三 文 宮脇公実 画	福・こ
三びきのこぶた	グリム 作 瀬田貞二 訳	福・こ
ばけくらべ	松谷みよ子 文 瀬川康男 画	福・こ
とらっくとらっくとらっく	渡辺茂男 文 山本忠敬 画	福・こ
きしゃはずんずんやってくる	瀬田貞二 文 寺島龍一 画	福・こ
もりのなか	マリー・ホール・エッツ 文・画	福・世傑絵
どうぶつのこどもたち	サムイル・マルシャーク 文	岩・子
まりーちゃんとひつじ	フランソワーズ 文・画	岩・子
しずかなおはなし	サムイル・マルシャーク 文 ウラジミル・レーベデフ 画	福・世傑絵
どろんこハリー	ジーン・ジオン 文 マーガレット・ブロイ・グレアム 画	福・世傑絵
ゆかいなかえる	ジュリエット・キープス 文・画	福・世傑絵

5歳

題名		出版社・シリーズ等
もじのほん（にっぽんご1）	明星学園国語部　著	麦書房
いやいやえん	中川李枝子　作　大村百合子　画	福・世傑童
かもときつね	ヴィタリー・ビアンキ　文 山田三郎　画	福・こ
てんからふってきたたまごのはなし	カレル・チャペック　原作 三好碩也　文・画	福・こ
ゆきむすめ	内田莉莎子　再話　佐藤忠良　画	福・こ
こぶじいさま	松居直　再話　赤羽末吉　画	福・こ
3びきのくま	レフ・トルストイ　文 バスネツォフ　画	福・世傑絵
あまがさ	ヤシマ　タロウ　文・画	福・世傑絵
でてきておひさま	内田路子　案　丸木俊子　画	福・こ
こねこのぴっち	ハンス・フィッシャー　文・画	岩・子
そらいろのたね	中川李枝子　文　大村百合子　画	福・こ
たぐぼーとのいちにち	小海永二　文　柳原良平　画	福・こ
しょうぼうていしゅつどうせよ	渡辺茂男　文　柳原良平　画	福・こ
ピー、うみへいく	瀬田貞二　文　山本忠敬　画	福・こ
とんだよ、ひこうき	松居直　文　寺島龍一　画	福・こ
しょうぼうじどうしゃじぷた	渡辺茂男　文　山本忠敬　画	福・こ
やまのきかんしゃ	松居直　文　太田忠　画	福・こ
一〇〇まんびきのねこ	ワンダ・ガアグ　文・画	福・世傑絵
おおきなかぬー	大塚勇三　再話　土方久功　画	福・こ
ブレーメンのおんがくたい	グリム　文 ハンス・フィッシャー　画	福・世傑絵

小学1年生

題名		出版社・シリーズ等
おかあさんだいすき	マージョリー・フラック　文・画	岩・子
ひとまねこざる／じてんしゃにのるひとまねこざる	H・A・レイ　文・画	岩・子
マーシャとくま	エフゲーニ・ラチョフ　画	福・世傑絵
ごきげんならいおん	ルイーズ・ファティオ　文 ロジャー・デュボアザン　画	福・世傑絵
とんだトロップ	おのかおる　文・画	福・こ
おしゃべりなたまごやき	寺村輝夫　文　長新太　画	福・こ
やまなしもぎ	平野直　案　佐藤忠良　画	福・こ
てんぐのこま	岸なみ　案　山中春雄　画	福・こ
かさじぞう	瀬田貞二　案　赤羽末吉　画	福・こ
ちびくろさんぼ	ヘレン・バンナーマン　文 フランク・ドビアス　画	岩・子
のうさぎのフルー	リダ　文　ロジャンコフスキー　画	福・世傑絵
かにむかし	木下順二　文　清水昆　画	岩・子
ぴかくんめをまわす	松居直　文　馬場のぼる　画	福・こ
きかんしゃ、やえもん	阿川弘之　文　岡部冬彦　画	岩・子
ふしぎなたいこ	岩波編集部　文　清水昆　画	岩・子
ねむりひめ	グリム　作　フェリクス・ホフマン　画	福・世傑絵
たなばた	君島久子　再話　初山滋　画	福・こ
うちゅうの七にんきょうだい	三好碩也　文・画	福・こ
うさぎのみみはなぜながい	北川民次　文・画	福・世傑絵
ふしぎなたけのこ	松野正子　文　瀬川康男　画	福・こ

小学2年生

題名		出版社・シリーズ等
花のすきなうし	マンロー・リーフ 文	岩・子
ぼくは王さま	寺村輝夫 作	理論社
ねずみとおうさま	スペイン民話 土方重巳 画	岩・子
あふりかのたいこ	瀬田貞二 文 寺島龍一 画	福・こ
スーホのしろいうま	大塚勇三 案 赤羽末吉 画	福・こ
つきをいる	君島久子 訳 瀬川康男 画	福・こ
シナの五にんきょうだい	クレール・ビショップ クルト・ビーゼ 画	福・世傑絵
かわ	加古里子 文・画	福・こ
だいくとおにろく	松居直 再話 赤羽末吉 画	福・こ
アルプスのきょうだい	ゼリナ・ヘンツ 文 アロワ・カリジエ 画	岩・子
ちいさいおうち	バージニア・バートン 文・画	岩・子
もりのようふくや	オクターフ・パンク＝ヤシ 文 エフゲーニ・ラチョフ 画	福・世傑絵
アンディとらいおん	ジェームズ・ドーハーティ文・画	福・世傑絵
いたずらきかんしゃちゅうちゅう	バージニア・バートン 文・画	福・世傑絵
やまのこどもたち	石井桃子 文 深沢紅子 画	岩・子
九月姫とウグイス	サマセット・モーム 文 武井武雄 画	岩・子
たぬき学校	今井誉次郎 作	講学館
ほしになったりゅうのきば	君島久子 再話 赤羽末吉 画	福・世傑絵
チムとゆうかんなせんちょうさん	エドワード・アーディゾーニ 文・画	福・世傑絵
はたらきもののじょせつしゃけいてぃー	バージニア・バートン 文・画	福・世傑絵

小学3年生

題名		出版社・シリーズ等
海のおばけオーリー	マリー・ホール・エッツ 文・画	岩・子
おそばのくきはなぜあかい	日本民話 初山滋 画	岩・子
ききみみずきん	木下順二 文 初山滋 画	岩・子
木馬のぼうけん旅行	アーシュラ・ウィリアムズ 文 中川宗弥 画	福・世傑童
竜の子太郎	松谷みよ子 作	講談社
村にダムができる	クレーヤー・ロードン 文 ジョージ・ロードン 画	岩・子
ちびっこカムのぼうけん	神沢利子 作	理論社
エルマーのぼうけん	ルース・スタイルス・ガネット 文 ルース・クリスマン・ガネット 画	福・世傑童
ながいながいペンギンの話	いぬいとみこ 作 山田三郎 画	理論社
山の上の火 岩波おはなしの本	ハロルド・クーランダー／ウルフ・レスロー 文	岩波書店
りこうなおきさき 岩波おはなしの本	モーゼス・ガスター 文	岩波書店
トンボソのおひめさま 岩波おはなしの本	マリュース・バーボー／マイケル・ホーンヤンスキー 文	岩波書店
かぎのない箱 岩波おはなしの本	ジェイムズ・ボウマン 文	岩波書店
ごんぎつね 新版小学生全集	新美南吉 作	筑摩書房
ゆかいな吉四六さん	冨田博之 作	講学館
みんなの世界	マンロー・リーフ 文・画	岩・子
どうぶつ会議	エーリヒ・ケストナー 文 ワルター・トリヤー 画	岩・子
北極のムーシカミーシカ	いぬいとみこ 作	理論社
黒ちゃん白ちゃん	クロード・アヴリーヌ 作	岩・少文
ウサギどんキツネどん	ジョーエル・ハリス 作	岩・少文

小学4年生

題名		出版社・シリーズ等
ドリトル先生アフリカゆき	ヒュー・ロフティング 作	岩・少文
空想男爵の冒険　少年少女世界文学全集	ゴットフリート・ビュルガー 作	講談社
山のトムさん	石井桃子 作	光文社
くろんぼノビの冒険	ルートヴィヒ・レン 作	岩・少文
山にのまれたオーラ	ビエルン・ロンゲン 作	岩・少文
ネギをうえた人	金素雲 編	岩・少文
日本民話選	木下順二 再話	岩・少文
とらちゃんの日記	千葉省三 作	岩・少文
クマのプーさん	アラン・ミルン 作	岩・少文
三月ひなのつき	石井桃子 作　朝倉摂 画	福・世傑童
星のひとみ	Z・トペリウス 作	岩・少文
ふしぎなオルガン	リヒャルト・レアンダー 作	岩・少文
太陽の東月の西	ペテル・アスビョルンセン 再話	岩・少文
竜のきば	ナサニエル・ホーソン 作	岩・少文
りこうすぎた王子	アンドリュー・ラング 作	岩・少文
黒馬物語	アンナ・シュウエル 作	岩・少文
セロ弾きのゴーシュ	宮沢賢治 作	岩・少文
新しい詩の本　新版小学生全集	丸山薫 編	筑摩書房
タカの子　新版小学生全集	坪田譲治 編	筑摩書房
たあんきぽおんき　新版小学生全集	与田準一 著	筑摩書房

小学5年生

題名		出版社・シリーズ等
ヴィーチャと学校友だち	ニコライ・ノーソフ 作	岩・少文
エミールと探偵たち	エーリヒ・ケストナー 作	岩・少文
リンゴ畑の四日間	国分一太郎 著	牧書店
クオレ　上・下	エドモンド・デ・アミーチス	岩・少文
コウノトリと六人の子どもたち	マインダート・ディヤング 作	岩・少文
十八番目はチボー先生	フランソワ・モーリヤック 作	岩・少文
宝のひょうたん	張天翼 作　松枝茂夫／君島久子 訳	岩・少文
ビーバーの冒険	アルベルト・マンツィ 作	あかね書房
ノンニの冒険　世界児童文学全集	ヨーン・スウェンソン 作	あかね書房
床下の小人たち	メアリー・ノートン 作	岩・少文
アラビアン・ナイト　上・下	E・ディクソン 作	岩・少文
砂の妖精　世界児童文学全集	イーディス・ネスビット 作	あかね書房
小ネズミのピーク	ヴィタリー・ビアンキ 作	岩・少文
シャーロック・ホームズの冒険	コナン・ドイル 作	岩・少文
星の王子さま	サン・テグジュペリ 作	岩・少文
ムギと王さま	エリナー・ファージョン 作	岩・少文
坂道	壺井栄 作	岩・少文
銀のナイフ	ヤン・セレリヤー 作	岩・少文
町からきた少女	リュボーフィ・ヴォロンコーワ 作	岩・少文
パセリ通りの古い家	マルゴット・ベナリイ=イスベルト 作	岩・少文

小学6年生

題名		出版社・シリーズ等
宝島	ロバート・スティーヴンスン 作	岩・少文
海底二万里 上・下	ジュール・ヴェルヌ 作	岩・少文
ロビンソン・クルーソー	ダニエル・デフォー 作	岩・少文
ジャングル・ブック 上・下	ジョセフ・キプリング 作	岩・少文
白いタカ	エリオット・アーノルド 作	岩・少文
とぶ船	H・リュイス 作	岩・少文
黒い手と金の心	グイド・ファビアーニ 作	岩・少文
メキシコの嵐	カルル・ブルックナー 作	岩・少文
ふくろ小路一番地	イーヴ・ガーネット 作	岩・少文
風にのってきたメアリー・ポピンズ	パメラ・トラヴァース 作	岩・少文
名犬ラッド	アルバート・ターヒューン 作	岩・少文
秘密の花園 上・下	フランシス・バーネット 作	岩・少文
トム・ソーヤーの冒険	マーク・トウェイン 作	岩・少文
ゆかいなホーマー君	ロバート・マックロスキー 作	岩・少文
あしながおじさん／続・あしながおじさん	ジーン・ウエブスター 作	岩・少文
オタバリの少年探偵たち	セシル・デイ・ルイス 作	岩・少文
名探偵カッレくん	アストリッド・リンドグレーン 作	岩・少文
チポリーノの冒険	ジャンニ・ロダーリ 作	岩・少文
ゆびきり	早乙女勝元 作	理論社
あらしの前／あらしのあと	ドラ・ド・ヨング 作	岩・少文

中学1年生

題名		出版社・シリーズ等
古事記物語	福永武彦 著	岩・少文
大昔の狩人の洞穴	ハンス・バウマン 作	岩・少文
夢を掘りあてた人 岩波少年少女文学全集	ヴィーゼ 作	岩波書店
黄金のパラオ 岩波少年少女文学全集	K・ブルックナー 作	岩波書店
ギリシア・ローマ神話 岩波少年少女文学全集	ブルフィンチ 作	岩波書店
十五少年漂流記	ジュール・ヴェルヌ 作	新潮文庫
ハックルベリィ・フィンの冒険	マーク・トウェイン 作	岩波文庫
ツバメ号とアマゾン号 上・下	アーサー・ランサム 作	岩・少文
うずしお丸の少年たち	古田足日 作	講談社
エヴェレストをめざして	ジョン・ハント 作	岩・少文
わたくしたちの憲法	宮沢俊義／国分一太郎／堀文子 共著	有斐閣
ジャン・ヴァルジャン物語 上・下	ビクトル・ユーゴー 作	岩・少文
ワショークと仲間たち	ワレンチ・オセーエワ 作	岩・少文
ロビン・フッドの愉快な冒険 正・続	H・パイル 作	岩・少文
イワンのばか	レフ・トルストイ 作	岩・少文
こぐま星座 上・下	ムサトフ 作	岩・少文
百まいのきもの	エリノア・エスティーズ 作	岩・子
クリスマス・キャロル	チャールズ・ディケンズ 作	岩・少文
アーサー王物語	ロウジャー・グリーン 作	岩・少文
長い冬 上・下	ローラ・ワイルダー 作	岩・少文

中学2年生

題名		出版社・シリーズ等
山芋	大関松三郎 作　寒川道夫 編	百合出版
オオカミに冬なし　上・下	クルト・リュートゲン 作	岩・少文
飛ぶ教室　ケストナー少年文学全集	エーリヒ・ケストナー 作	岩波書店
勇敢な仲間	チャールズ・フィンガー 作	岩・少文
四人の姉妹　上・下	ルイザ・オールコット 作	岩・少文
エジプトの少年	ミリツア・マチエ 作	岩・少文
ファーブルの昆虫記　上・下	アンリ・ファーブル 作	岩・少文
植物とわたしたち	ニコライ・ヴェルジーリン 作	岩・少文
赤毛のアン	ルーシー・モンゴメリ 作	新潮文庫
シートン動物記（全六巻）	アーネスト・シートン 作	評論社
大空にいどむ	ジョン・テイラー 作	岩・少文
二十四の瞳	壺井栄 作	新潮文庫
畜犬談　少年少女現代日本文学全集	太宰治 作	偕成社
小さき者へ	有島武郎 作	新潮文庫
わたしが子どもだったころ　ケストナー少年文学全集	エーリヒ・ケストナー 作	岩波書店
ドン・キホーテ	ミゲール・デ・セルバンテス 作	岩・少文
路傍の石	山本有三 作	新潮文庫
三銃士	アレクサンドル・デューマ 作	岩・少文
西遊記　上・中・下	呉承恩 作　伊藤貴麿 編訳	岩・少文
山びこ学校	無着成恭 編	百合出版

中学3年生

題名		出版社・シリーズ等
人間の歴史	M・イリーン／E・セガール 作	岩・少文
すばらしきもの人間	M・イリーン 作	岩崎書店
書物の歴史	M・イリーン 作	岩崎書店
水滸伝　上・下	施耐庵 作	岩・少文
大原幽学　高倉テル名作選	高倉テル 著	埋論社
草原の子ら　上・下	ハンス・バウマン 作	岩・少文
コロンブスのむすこ	ハンス・バウマン 作	岩・少文
海に育つ	リチャード・アームストロング 作	岩・少文
コン・ティキ号（探検記）　世界ノンフィクション全集	ソール・ハイエルダール 作	筑摩書房
伊豆の踊子	川端康成 作	新潮文庫
桜の実の熟する時	島崎藤村 作	岩波文庫
雲の墓標	阿川弘之 作	新潮文庫
中野重治詩集	中野重治 編	新潮文庫
原爆の子	長田新 編	岩波書店
蝦球物語上・中・下	黄谷柳 作	青木文庫
偉大なる道　上・下	アグネス・スメドレー 作	岩波書店
トムじいやの小屋	ハリエット・ストウ夫人 作	岩・少文
エイブ・リンカーン	吉野源三郎 作	岩・少文
ガンジー伝	ジャネット・イートン 作	岩・少文
ナンセン伝	アナ・ガートルード・ホール 作	岩・少文

【表の略号】

福音館書店　こどものとも→福・こ
　世界傑作絵本シリーズ→福・世傑絵
　世界傑作童話シリーズ→福・世傑童
岩波書店　岩波の子どもの本→岩・子
　岩波少年文庫→岩・少文
新潮社　新潮文庫→新潮文庫
青木書店　青木文庫→青木文庫

題名・著者名等の表記は原則として『子どもの本220選』に従うが、一部作成者で修正した。

注

（1）『千葉大学教育学部研究紀要』の二〇〇九年以降刊行の巻に掲載してきた小稿を参照されたい。

（2）フィリップ・アリエス著、杉山光信・杉山恵美子訳『〈子供〉の誕生――アンシァン・レジーム期の子供と家族生活』（みすず書房、一九八〇）を参照。

【読書案内】

宮川健郎『現代児童文学の語るもの』、日本放送出版協会、一九九六

佐藤宗子「選ばれた名作――「岩波少年文庫」と「世界名作全集」の共通書目」、『千葉大学教育学部研究紀要』四六巻（人文・社会科学編）、一九九八

子どもの本・翻訳の歩み研究会編『図説　子どもの本・翻訳の歩み事典』、柏書房、二〇〇二

幻燈劇としてのゲーテ『ファウスト』
――視覚文化史をみわたしつつ

縄田　雄二

序

われわれはデジタル動画に囲まれて暮らしている。スマートフォンが見せるYoutube。デジタル波によるテレビ放送。アニメーション映画のＤＶＤ。これらは突如あらわれたのではなく、前史あってこそあらわれ得た。デジタル動画は、二〇世紀に生まれたデジタル技術に基づくが、一七世紀に由来する映写技術、幻燈をも先祖のひとつとする。幻燈の技術の一端は、古代にさえさかのぼる。

この歴史を古代から現代へとたどりなおそう。そのなかで、いまに伝わる幻燈作品の傑作をとりあげよう。傑作とは、ドイツ語で書かれた文学の最高の峰と多くの者がみなすゲーテの戯曲『ファウスト』（"Faust"）である。『ファウスト』と幻燈の関係は深い。『ファウスト』という峰に拠り、視覚文化史を見わたし、幻燈のありさまを見てとり、アニメーション動画の世界をも見はるかそう。

『ファウスト』につき私が説こうとするのは、『ファウスト』という文字で書かれた戯曲が、いかに映像とかかわるかである。戯曲のことばを、ことばの世界のなかに立てこもり分析するドイツ文学研究を繰り広げよう、というのではない。『ファウスト』がゆたかなイメージを喚起することは、それが手塚治虫などにより漫画化されてきた事実も示唆する。[1] この点を論じようというのである。

視覚文化史の輪郭

フリードリヒ・キットラー（一九四三―二〇一一）は、文学を含む文化の歴史を、活字・タイプライター・コンピューターなど、文化を担うテクノロジーの歴史に組み込み分析、文学研究・文化研究に画期的な方法をもたらした。彼の学は、作者の意図を敷衍するたぐいの文学研究・文化研究からかけはなれた、テクノロジー史論としての文学史論・文化史論であった。

キットラーは、テクノロジーの観点から文化を三領域に分かつ。文化に関わるテクノロジーは、音響テクノロジー、図像・映像テクノロジー、文字というテクノロジーの三種に分けられるからである。中世から近世にかけヨーロッパが産みヨーロッパ文化を根底から変えたテクノロジーは、線譜（はじめ三線譜、のちに五線譜）や平均律（いわゆる十二平均律など）、遠近法（近くを大きく遠くを小さく描く、いわゆる線遠近法）、活字であった。これらは二〇世紀前半に、蓄音機・映画・タイプライターという三幅対にとってかわられる。こうキットラーは見る。[2]

この文化史観を基盤に置き、視覚文化史を見渡すならば、どうなるか。

はるかむかし、地球のさまざまな地域において、人類は洞窟に住むことをはじめた。描くことも覚えた。砂地ならば絵はすぐに消えた。洞窟の壁に消えぬ塗料により描いた絵はしかし遺った。（ヨーロッパのみならずボルネオ島からも洞窟壁画の早い例が見つかり、洞窟壁画が複数の起源を持つらしいと近年も話題になったが[3]）三次元の事物を二次元に定着する技術が、地球のさまざまな場所から生まれたらしいのである。

それらの洞窟に、小さな一点のみを通じ細い光が射し入ることは稀であったかもしれない。しかし地球のあちらこちらで人類が建物を立て、部屋をつくり、空間を閉めきることを知るようになると、締めきったはずのとびらがささやかな穴から外光を通すことがあちらこちらで生じたろう。暗い部屋の壁に、あかるく太陽を浴びる木が孔を通じ映り込むとき、高いいただきは、なかごろの高さの孔を通じ、みずからのすがたを、斜め下へ、壁の低い部分へと映し、低い根方は、同じ孔を通じ、みずからのすがたを、斜め上へ、壁の高い部分へと映す。その前を動物が通れば、倒立し動く姿が映画の如くに投影される。こうしたことが、さまざまな地域で偶然に生じたはずだ。建築のみならず、筆記という技術も発達すると、穿孔投影の現象が書き残されるようになる。中国の戦国時代の墨翟（ぼくてき）の著作を後世が増補した『墨子』が、「景到」（像の倒立）を、「若射」（射るがごとく）直進する光線が「端」（小さな孔）を通る現象として説明したのが早い例である。(4)

はじめは偶然の現象を珍しがるのみであった。しかし一四一〇年ころのイタリア、フィレンツェにおいて、偶然から確かな技術が生まれた。教会の扉を閉ざすと、その扉の向こうにある洗礼堂が、扉にあいた孔を通じ、暗室に仕立てた教会内の一角に映り込む。ブルネレスキは、平面を置き、映りこんだ洗礼堂のすがたをなぞった。それは、後世が線遠近法と称することになる技法そのもので描かれた絵となった。ブルネレスキはそれにとどまらなかった。絵に鏡を向き合わせ、絵のまんなかにあけた穴に絵の裏から目を当て、鏡を観た。そこには洗礼堂が浮かんだ。二次元の鏡なのに三次元の空間を観るかのようであった。こう美術史家・辻茂は著書『遠近法の誕生』(5)において、推理小説のように線遠近法の誕生を解き明かしてみせた。それは、暗室に映り込んだ穿孔投影を写しとる所謂カメラ・オブスクラの技術により生まれた。三次元立体を二次元平面にうつし、うつした絵をみ

Kircher 1646：806と807の間の図版。イエズス会士にして自然科学者キルヒャーの著書（1646年の初版）より。外景が孔を通じ上下逆さにカメラ・オブスクラ（暗室）に映り込んだのをなぞる画家。線遠近法はこのように生まれたと思われる。

るならば、三次元をみているかの錯覚を起こす、3Dの技術として発明されたのである。

暗室の外の物体を孔を通じ暗室に映し込み絵になぞったカメラ・オブスクラをちょうど逆にし、暗箱の中の絵を孔を通じ暗箱の外に映し出す技術がヨーロッパで生まれ、広まった。(6) 幻燈である。まずは laterna magica と呼ばれ（一七世紀にはじめて記録されたころには必ずしも穿孔投影の技術に拠らない映写道具であったが(7)）、大がかりな phantasmagoria に発達、ゲーテ時代のヨーロッパで人気を博した。本稿では laterna magica も phantasmagoria も幻燈と呼ぼう。

一九世紀後半、これもヨーロッパにおいて、穿孔投影された像を、手で写すのではなく、化学的に平面に定着させられるようになった。写真だ。

連続写真を幻燈と同じ原理により大きく穿孔投影したのが映画である。一九〇〇年頃、これもヨーロッパが生んだ。連続写真を絵に換えてもよい。ア

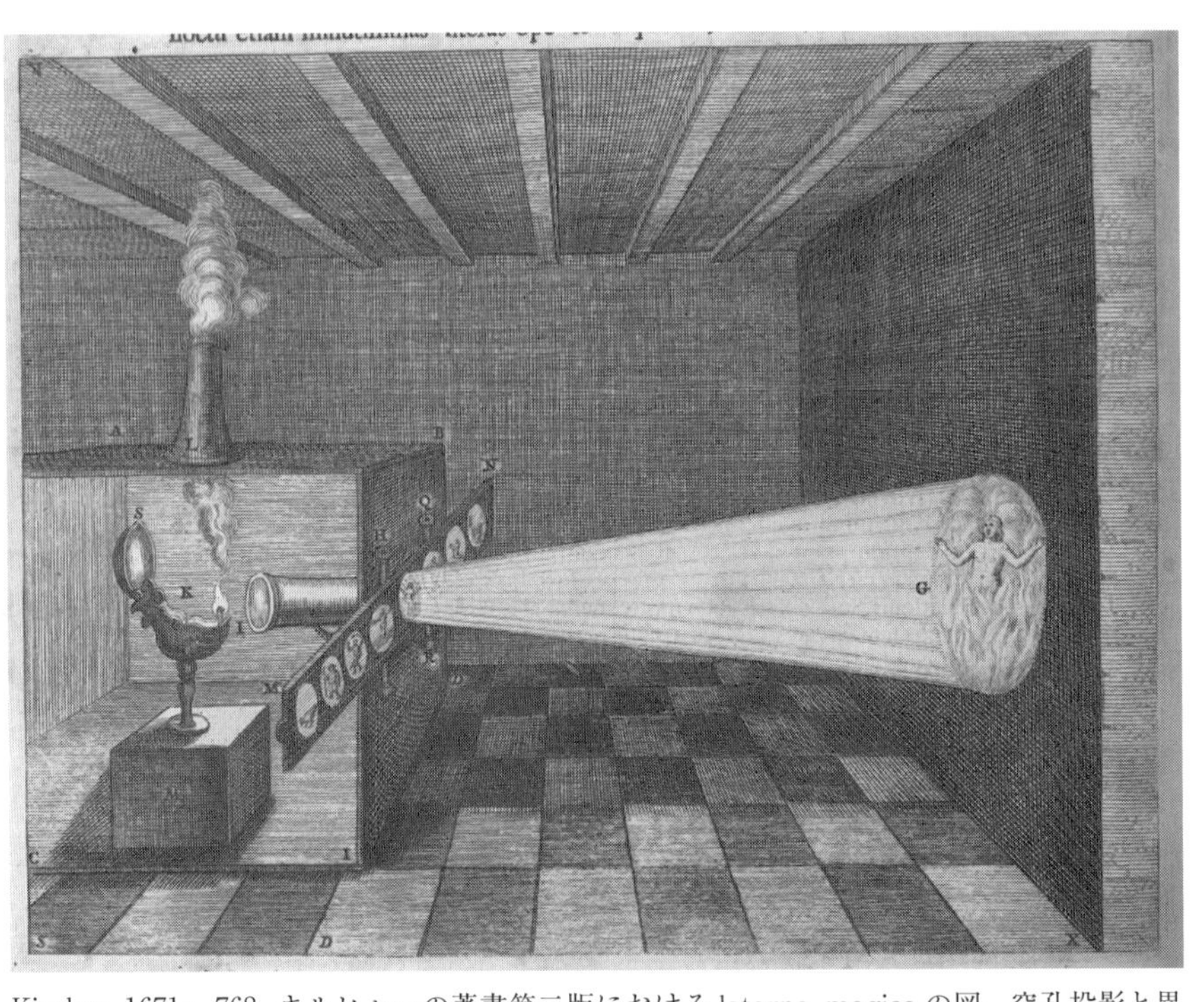

Kircher 1671：768. キルヒャーの著書第二版における laterna magica の図。穿孔投影と異なる技術により正立像を映す。種絵のスライドをずらしてゆき効果を高めた。

ニメーション映画である。

遠近画法も、幻燈も、写真も、映画も、すべて穿孔投影の技術であるが、みな地球全体に伝播した。デジタル技術に基づく現在の映像技術も、これらの系譜を継承発展させたものである。視覚文化の歴史はこう書けないであろうか。三次元立体を二次元平面に写し、定着さす技術が地球のさまざまな場所で発生したあと、一五世紀以後、ヨーロッパの産んだもろもろの穿孔投影技術が地球全体に広まり、その系譜上にたつデジタル映像技術がインターネットを介して世界中で用いられている、と。偏ってはいるが、ひとつの歴史ではあろう。映画の初期につくられはじめ、世界で制作・視聴されているアニメーション映画も、このなかに位置づけられる。

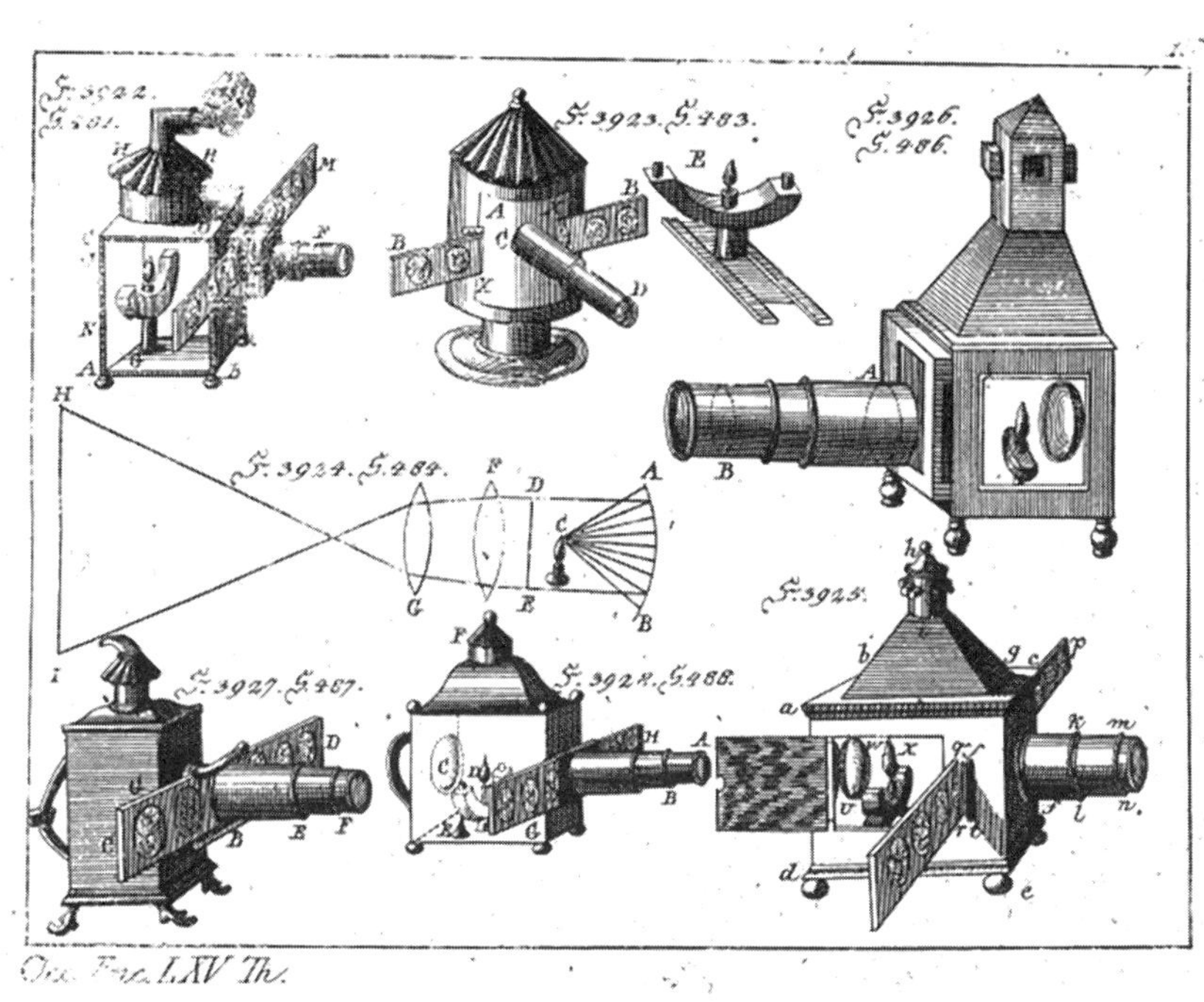

クリューニッツの百科事典（1773 - 1858）の第65巻（Krünitz 1794）巻末に付せられたlaterna magicaの図版（Zglinicki 1956の図版の部でも紹介）。穿孔投影による仕組みを示した幻燈断面図では、光源Cから出た光が凹面鏡ABに反射、種絵DEを透り、レンズと孔を抜け、HIとして種絵の倒立像を映す。

ゲーテ『ファウスト』

視覚文化の歴史はしかし、文字文化の歴史から独立してはいない。ゲーテの戯曲『ファウスト』が好例である。

『ファウスト』は二部に分かれる。第一部は一八〇八年に、第二部は一八三二年に公にされた。「一体此世界を奥の奥で統べてゐるのは何か。／それが知りたい。そこで働いてゐる一切の力、一切の種子は何か。／それが見たい。」（鷗外訳、三八二―三八四行）[8] 学問によりこの望みをかなえようとしてかなわなかった学者ファウストは、悪魔メフィストフェレスと談合、メフィストフェレスが

Robertson 1831：口絵．ゲーテの同時代人ロベールソンによる phantasmagoria。煙をスクリーンにつかい化け物を投影。

望みを満たせば魂を譲ることを約した上で世間へ出る。第一部においてファウストが遊んだのは現世的世界、そこで彼がした冒険はグレートヒェンとの恋。ファウストとのあいだの子をグレートヒェンはあやめ、獄にくだる。第二部は五幕から成り、幻想的なさまざまな時空をめぐった挙句、ファウストは、メフィストフェレスに魂を奪われることなく、グレートヒェンの霊により天に引き上げられる。

『ファウスト』はヨーロッパで広く読まれ、ドラクロワは版画にし、グノーは歌劇に仕立て、視覚的にも聴覚的にも享受された。しかし他者が視覚的聴覚的次元を加える前に、『ファウスト』という戯曲自体がオーディオヴィジュアルな性格をゆたかに備えていた。この戯曲が響きとイメージに富むのは、ハンブルク版全集の注[9]を俟つまでもなく、原文で読む誰しも感ずることであろう。『ファウスト』は韻文である。書かれた文字は美しい音として感受される（『ファウスト』引用に際し鷗外訳を選んだが、それは鷗外がドイツ語韻文をところどころ日本語韻文として訳し、この作の重要な性格を日本語に移すことを試みたからである）。韻文の響きは視覚的イメージを呼び起こす。『ファウスト』は、文飾のための文飾を弄する作ではない。言語は常にイメージを読者が思い描くために仕える。そのイメージは群を抜いてあざやかで、ゆたかである（この点においてヨーロッパ文学史上比肩しうるものは、ダンテ『神曲』のほかにいくつあろうか）。『ファウスト』の文字は音へ、映像へと解消する。それは音と映像を愉しむ、アニメーション映画の如きものであった。

ゲーテの当時はアニメーション映画は無かった。幻燈はあった。ゲーテの時代には phantasmagoria として大衆化していた。例えばドイツ・ロマン派の作家E・T・A・ホフマンの「ある座長の奇妙な悩み」という対話篇（“Seltsame Leiden eines Theater-Direktors” 一八一八年）には、「真に劇的なるもの（das wahrhaft Dramatische）」に「夢遊病の状態で幻燈芝居（Fantasmagorien）ばかり観たがる」困った観客が対比されている。[10] したがってゲーテは『ファウスト』を幻燈の如きものと認めたくはなかったかもしれない。しかし『ファウスト』は幻燈の如きものである。『ファウスト』の文辞にもそれが折々あらわれる。三例を挙げる。

「劇場にての前戯」

第一部第二部に先立つ「劇場にての前戯（ぜんき）」[11] という場面では、『ファウスト』上演につき、座長、道化、詩人の三者が天上で論じ合う。この作品を、劇場、役者、台本作者という三つの視点から比べた、『ファウスト』のなかの『ファウスト』論である。座長は観客の味方、「見る」原理の味方である。「みんなは見に来るのです。見ることが大好きなのです。／見物が驚いて、口を開いて見てゐるやうに、／目の前でいろんな事が発展して行くやうにすれば、／多数が身方になつてくれることは受合です。」（九〇―九三行）座長は大道具小道具に予算を惜しまぬことを確約する。
　ですからこん度の為事では
計画や道具に御遠慮はいらない。
上明(うはあかり)も大小ともにお使ひ下さい。
星も沢山お光らせなすつて宜しい。
水為掛も好い。火焰も好い。岩組なども結構です。
鳥もお飛ばせなさい。獣もお駈けらせなさい。
造化万物何から何まで
狭い舞台にお並べ下さい。（二三三二―二四〇行）

地を駈ける獣あるいは岩組、水仕掛け、火焰、大気を飛ぶ鳥は、地水火風の四元素に対応するとも見做せよう。『ファウスト』の座長は、劇場機構と舞台テクノロジーにより、全世界というマクロコスモスを劇場空間というミクロコスモスに反映させようとする。

「計画」「道具」の原語は“Prospekte”“Maschinen”(12)、注を参照すれば前者は書割、後者は勿論機械である(13)。「機械」は当然幻燈も含むであろう。「星も沢山お光らせなすつて宜しい」とあるのは、ゲーテが『ファウスト』の別の箇所で星明りと幻燈を結びつけたことを考えれば、幻燈による演出と推せられる。

　丁度幻燈でもしてゐるやうに、
遠い所でぴか〱してゐる。色々の星が
迷ひ歩いて光つてゐる。［…］（五五一六―五五一八行）

見物の目を楽しませる幻燈を使うのをためらうな、と詩人に対し座長に言わせているのは、畢竟劇場人ゲーテが詩人ゲーテに対し述べたのである。『ファウスト』は幻燈の使用を明らかに想定している。研究者は長らく、詩人ゲーテの記した戯曲としてのみ読み、演劇人ゲーテのつくる芝居としての面を見過ごした。しかし劇場に備えられた幻燈が出番を待つのを思い浮かべながら再読するならば、そこここに幻燈の効果が透けて見える。

「ワルプルギスの夜」

幻燈はしばしば化け物を投影するのに用いられた。『ファウスト』にあらわれる魔女たちとの相性も良い。魔女たちが闇に集う宴「ワルプルギスの夜」は、第一部にも第二部にも設けられた場だが、双方とも、さまざまな韻律がさまざまな幻影を生む愉しみを極めた娯楽の場面であり、幻燈を用いた上演が想定されていたろう。第一部の「ワルプルギスの夜」から引く。

　　合唱する魔女等

ブロッケンの山へ魔女(まぢよ)が行く。
苗は緑に、刈株黄いろ。
おほ勢そこに寄つて来る。
ウリアン(Urian)様が辻にゐる。
木の根、岩角越えて行く。
魔女は□をこく。山羊(やぎ)は汗搔く。（三九五六―三九六一行）

伏字には尾籠な一文字が入る。

鷗外がこの歌を、なるべく七音五音を用いて訳した工夫に意をお留めくださりたい。こう訳してこそ、歌は文字から音へ昇華し、歌は歌となる。その歌が想像させるのは夜の山のすさまじい光景である。上演における幻燈の効果をゲーテは期待したろう。観客も読者も、音と映像に酔えばよい。

第二部の「ワルプルギスの夜」には、「蟻（大いなる形のもの。）」（七一〇四行の手前）も登場する。ゲーテの時代には、幻燈で虫を大きく映すことが、地球のあちこちで行われた。そのさまは、E・T・A・ホフマンの小説『蚤の親方』（"Meister Floh"，一八二二年）のみならず、日本の漢詩でも描写された。[14]「ワルプルギスの夜」の大蟻も、ゲーテは幻燈による投影を想い描いたろう。「宙を飛ぶ者、微細な生き物や巨大な生き物、想像上の神話的形象、自然の変異」――「ワルプルギスの夜」を含む『ファウスト』第二部に登場するこれらは、当時のヨーロッパにおいて幻燈が好んで映し出すものであった。[15] 幻燈の映す化け物は、しかし『ファウスト』第一部にも、はるか日本にも、現れていた。

「ヘレネ――古典的・ロマン的幻燈芝居」

第二部第三幕の題名役（タイトルロール）は古代ギリシア随一の美女ヘレネ。ギリシアの英雄メネラオスの妻であったヘレネは、トロヤに身を置いていたが、ギリシア軍がトロヤを陥落させてのち、ギリシアに帰還する。魔女フォルキアデスに扮したメフィストフェレスがヘレネとファウストを結ぶ。ファウストはヘレネとのあいだに子をなすが、結局ヘレネも子も失う。

ゲーテはこの幕を「ヘレネ――古典的・ロマン的幻燈芝居　『ファウスト』幕間劇」（Helena / klassisch-romantische Phantasmagorie, Zwischenspiel zu Faust）との題のもと一八二七年に印刷、[16] のちに『ファウスト』

第二部に第三幕として組み込んだ。思い出されるのは、ドイツの作家メーリケが一八三二年に出版した長編小説『画家ノルテン』（"Maler Nolten"）に、「幻燈による幕間劇」（Ein phantasmagorisches Zwischenspiel）と銘打った戯曲を挿入したことである。小説中ではこの戯曲は幻燈を用いて上演される。この幕間劇をメーリケはゲーテの影響下に書いたのかもしれない。いずれにせよこのころは、幻燈を用いて芝居を上演することが当たり前に行われ、幻燈の観客層とゲーテやメーリケの読者層は重なった。読者はこれらを読みながら、幻燈の使用を想像したろう。しかし時代とともに、『ファウスト』のヘレネ劇が初出時になぜ幻燈芝居と題されたのかは分からなくなり、ヘレネの古代ギリシア世界とファウストの中世ドイツ世界との融合の幻想性を指すとのみ解されるようになった（これも題の含意のひとつではある）。『ファウスト』は読むためにのみ書かれた戯曲として専ら読まれ、研究者も映写テクノロジーとの関連に思いを致さなかった。ようやく一九七九年にフラックスが、『ファウスト』第二部と当時の舞台テクノロジーとの関連を分析した論文で、この幕はメフィストフェレスがファウストを幻燈によって楽しませる"magic show"[18]、メフィストフェレスが演出する劇中劇、と見抜き、初出時の題の"Phantasmagorie"は文字通り幻燈を大道具とする芝居を意味するとあきらかにした。但しゲーテは、幻燈の使用を明確に指示したのではない。舞台テクノロジーの使用をゲーテは寧ろおおまかに想い描いた。このことにもフラックスの論は触れている[19]。フラックスの研究は、未だに凌駕されない点を多く含む基礎文献と思うが、代表的な『ファウスト』注釈者は顧みず、"Phantasmagorie"との題を誤解しつづけ[20]、『ファウスト』と幻燈を含む舞台テクノロジーとの関係についての研究[21]のあゆみも滞りがちであった。

妖術使いメフィストフェレスは、古代ギリシアから美女ヘレネを呼び出し、ファウストと交わらせ、幻燈という魔法によりさまざまな幻でつつむ。ヘレネとともにギリシアに送られた「捕はれたるトロヤの女等の群」（八四八八行の手前）が斉唱することばを読もう。読む者の脳裡には砦(とりで)の幻が浮かぶ。書くゲーテは幻燈による幻の映写をも想定したろう。場面転換は、書割の交換ではなく、投影映像の切り替えによって行われる。(22)

おや、急に暗くなつたわ。濃い鼠色な、壁のように茶色な
霧が光を見せずに立つて逃げて、楽(らく)に前の見える目に、石垣の立つてゐるのが見えるわ。
中庭だらうか。深い濠(ほり)の中だらうか。兎に角
気味の悪い所だわ。皆さん。わたし達は捕虜になつてよ。
これまでにない、ひどい捕虜になつてよ。

（中世式の空想的なる、複雑なる建物に囲繞せられたる、砦の中庭。）（九一二二行から、
九一二六行に続く舞台書きまで）

第三幕の幕が下りたあとに、驚くべきト書きが続く。

闇の女フオルキア［デ］ス舞台の前端にて、巨人の如き姿をなして立ち上がり、屐を脱ぎ、仮面と面紗とを背後へ掻い遣り、メフイストフエレスの相を現じ、事によりては、後序を述べ、この脚本に解釈を加ふることあるべし。（一〇〇三八行に続くト書き）

魔女に扮した女形メフィストフェレスが、フォルキアデスという役から、メフィストフェレスに戻り、この幕をふりかえり、解説を加える、というのである。かぶき役者が、幕がおりたあと、幕と客席のあいだで、花道も使って演ずる「幕外(まくそと)」のようではないか。かぶきの舞台において、役者が役を演ずることをやめ、「まず今日はこれぎり」と観客に切り口上を述べる様子にも似ないか。Aという名の役者がBという名の役を演ずるとき、Aの次元を消しBに徹するのではなく、Aの次元を観客に意識させる芝居がある。かぶきはそうした芝居である。

しかし『ファウスト』のこの幕もそうである。中村橋之助（A）が不破伴左衛門という役（B）を演ずる幕で、芝居を中断し襲名の口上を述べるとき、Bという次元をひとたび消しAに戻る。それと同じように、フォルキアデスという役の次元（B）を突き放し、メフィストフェレスはメフィストフェレスという次元（A）に戻る。この幕はかぶきめく。現代を代表する『ファウスト』注釈を書いたシェーネは、幕切れのト書きにつき「『ファウスト』という文学作品の、全く謎である箇所のひとつ」とし、理解しかねた。[23] 独文学者よりもかぶきの見物の方が分かりやすい箇所なのかもしれない。

『ファウスト』はしかしかぶきではない。かぶきと異なり、『ファウスト』のこの幕においては、B次元は、それが幻燈を助けに借りた幻であるからこそ、消されうる。劇中劇というしかけは、幻燈によりもたらされるのであり、その種を明かすのが幕切れの趣向である。このように幻燈というテクノロジーは、この幕の根幹の性格を定めている。

結び

『ファウスト』は幻燈芝居である。しかし現実の幻燈の使用をゲーテが想い描いたという意味で『ファウスト』は幻燈芝居であった、というにはとどまらない。『ファウスト』の観客は、役者の口から韻文を聴きながら、（ゲーテの想定では）幻燈も用いた光景を楽しむ。読者は、韻文を音として感受しながら、それが喚起する幻想に酔う。似たことだ。この意味において読む戯曲としての『ファウスト』は幻燈的である。シェーネは第二部第三幕の題「ヘレネ――古典的・ロマン的幻燈芝居（ファンタスマゴリー）

『ファウスト』幕間劇」にこう注する。「Phantasmagorieというジャンル表記はここでは比喩として理解すべきである。幻燈の投影ではなく、詩的想像力の投影を比喩的に示したのである。[24]」幻燈の投影ではないというのは誤読である。幻燈芝居という副題は字義通りに受け取るべきだ。しかし幻燈は詩的想像力の比喩でもありうる。この限りにおいてシェーネは当を得ている。但し詩的想像力の比喩としての幻燈劇であるのは、第二部第三幕に限らない。『ファウスト』全篇が一種の幻燈であり、文字は音と幻を生み読者を幻惑する。

『ファウスト』にとどまらない。一八〇〇年前後のドイツ文学全般についてキットラーがhalluzinierbar（幻覚可能、幻が見られる）と述べたのは、その幻燈的性格を指摘したとも言える。[25]キットラーはさらにヨーロッパの視覚メディア史を論じながら、動画を観る欲望はまず幻燈が満たし、次いで広義のロマン主義文学がその役を担った、ヨーロッパや北アメリカの読者は、映画発明以前は本を読みながら映画を見ていたようなものなので、映画があらわれたときに、動く映像と現実とを混同せずに済んだ、他の文化圏はそうはいかなかったろう、と述べた。[26]

おなじことはしかしヨーロッパや北アメリカの外でも生じた。私は『ファウスト』と同時代の朝鮮半島や日本列島に同様の幻燈的文学が存在したことを、別の場で論じた。[27]当時の東アジアに幻燈は入り込んでいた。文字を忘れ音と像に酔う読み方も広まっていた。世界の文化史は、すでに同期（シンクロナイズ）する度合いを深めていた。

エミール・コールの制作に係る最初期のアニメーション映画（一九〇八年）は〝Fantasmagorie〟と題された。アニメーション映画は幻燈劇の後継者としてこそ名乗りをあげた。然れば高畑のアニメーション映画を論ずる巻の一隅を幻燈劇論が占めても許されよう。『ファウスト』を再読した所以である。

注

(1) 手塚1994.

(2) Kittler 1998：10–11, Kittler/ Bolz/ Zons 2000：121–155, Kittler 1986.

(3) Aubert et al. 2018.

(4) 墨子1993：499–500、ニーダム1977：108–109.

(5) 辻1995.

(6) Krünitz 1794：467–522, 特に467–468；Kittler 2002：82–111.

(7) 荒俣2019.

(8) 以下『ファウスト』からの引用に際しては鷗外訳（森1972）を用い、全篇の本文（ト書きや舞台書きを除く部分）に通しでつけられた行番号を示す。

(9) Goethe 1981：474–494.

(10) Hoffmann 1985–2004, Bd. 3：504.

(11) 「ぜんき」のふりがなは森1972：22のままである。

(12) Goethe 1994, Bd. 7/1：20.

(13) Goethe 1994, Bd. 7/2：160.

(14) Nawata 2016：63–64.

(15) Flax 1979：157.

(16) Goethe 1994, Bd. 7/2（Schöne の『ファウスト』注釈）：75, 578–587.

(17) Mörike 1967–71, Bd. 3：99–148；ゲーテのヘレネ劇との連関は Bd. 5：213の注が指摘。

(18) Flax 1979：158.

(19) Flax 1979：165.

(20) Goethe 1994, Bd. 7/2：584, Gaier 2002：208.

(21) Goethe 1994, Bd. 7/2: 479–484, Schanze 1989: 173–189, Burwick 1990, Burwick 1991: 240–243, Bayerdörfer 2005, Denton 2007, Kirsch 2012.

(22) Schanze 1989: 179–181.

(23) Goethe 1994, Bd. 7/2: 638.

(24) Goethe 1994, Bd. 7/2: 584.

(25) Kittler 1995.

(26) Kittler 2002: 111–154.

(27) 縄田2018.

文献

Aubert, M. et al.: Palaeolithic cave art in Borneo. In: Nature, 564 (2018): 254–257. https://doi.org/10.1038/s41586-018-0679-9 (二〇一九年八月一三日確認)

Bayerdörfer, Hans-Peter: Bildzauber um *Helena*: Anmerkungen zur Bühnengeschichte von Goethes *Phantasmagorie*. In: Dieter Heimböckel / Uwe Werlein (Hg.): Der Bildhunger der Literatur: Festschrift für Gunter E. Grimm. Würzburg: Königshausen & Neumann, 2005: 125–137.

Burwick, Frederick: Romantic Drama: From Optics to Illusion. In: Stuart Peterfreund (ed.): Literature and Science: Theory and Practice. Boston: Northeastern University Press, 1990: 167–208.

Burwick, Frederick: Illusion and the Drama: Critical Theory of the Enlightenment and Romantic Era. Pennsylvania: Pennsylvania State University Press, 1991.

Denton, Eric Hadley: The Technological Eye: Theater Lighting and *Guckkasten* in Michaelis and Goethe. In: Evelyn K. Moore / Patricia Anne Simpson (eds.): The Enlightened Eye: Goethe and Visual Culture. Amsterdam / New York: Rodopi, 2007:

239–264.

Flax, Neil M.: Goethe's *Faust II* and the Experimental Theater of His Time. In: Comparative Literature, 31.2 (1979): 154–166.

Gaier, Ulrich: Kommentar zu Goethes Faust. Stuttgart: Reclam, 2002.

Goethe, Johann Wolfgang von: Werke. Hamburger Ausgabe. Bd. 3: Dramatische Dichtungen I. Kommentiert von Erich Trunz. 11. Aufl. München: Beck, 1981.

Goethe, Johann Wolfgang: Sämtliche Werke, Briefe, Tagebücher und Gespräche. 40 Bde. Hg. von Hendrik Birus u. a. Abt. 1, Bd. 7: Faust. Hg. von Albrecht Schöne. Frankfurt am Main: Deutscher Klassiker Verlag, 1994.

Hoffmann, E. T. A.: Sämtliche Werke. 6 Bde. Hg. von Hartmut Steinecke und Wulf Segebrecht. Frankfurt am Main: Deutscher Klassiker Verlag, 1985–2004.（"Meister Floh"の日本語訳はE・T・A・ホフマン著、深田甫訳「蚤の親方」『ホフマン全集9 蚤の親方・最期の物語集Ⅱ』創土社（東京）一九七四年、七―二九四ページ）

Kircher, Athanasius: Ars Magna Lucis et Umbrae. Rome: Sumptibus H. Scheus, 1646. http://www.cineressources.net/consultationPdf/web/o000/159.pdf（Bibliothèque numérique du cinéma 上でスキャンを公開、二〇一九年八月一二日確認）

Kircher, Athanasius: Ars Magna Lucis et Umbrae. Amsterdam: Janssonius à Waesberge & Weyerstraet, 1671. https://katalog.ub.uni-heidelberg.de/titel/68219548 DOI: doi:10.11588/diglit.37590（Universitätsbibliothek Heidelberg 所蔵、同図書館のウェッブサイトでスキャンを公開、二〇一九年八月一二日確認）

Kirsch, Sebastian: Es wird ein Mensch gemacht: Zu Laurent Chétouanes "Tanzstück #2: Antonin Artaud liest den zweiten Akt von Goethes 'Faust II' und". In: Kati Röttger (Hg.): Welt - Bild - Theater: Bildästhetik im Bühnenraum. Tübingen: Narr, 2012: 49–61.

Kittler, Friedrich: Grammophon Film Typewriter. Berlin: Brinkmann & Bose, 1986.（フリードリヒ・キットラー著、石光泰夫・石光輝子訳『グラモフォン・フィルム・タイプライター』筑摩書房（東京）一九九九年）

Kittler, Friedrich: Die Laterna magica der Literatur: Schillers und Hoffmanns Medienstrategien. In: Athenäum, 4 (1994): 219–237.

Kittler, Friedrich: Aufschreibesysteme 1800 / 1900. 3. Aufl. München: Fink, 1995.
Kittler, Friedrich: Daten - Zahlen - Codes. Leipzig: Institut für Buchkunst, 1998.
Kittler, Friedrich / Norbert Bolz / Raimar Zons (Hg.): Weltbürgertum und Globalisierung. München: Fink, 2000.
Kittler, Friedrich: Optische Medien: Berliner Vorlesung 1999. Berlin: Merve, 2002.
Krünitz, Johann Georg: Oekonomisch-technologische Encyklopädie. 65. Teil. Berlin: Pauli, 1794.
Lindberg, David C.: The Theory of Pinhole Images from Antiquity to the Thirteenth Century. In: Archive for History of Exact Sciences, 5.2 (1968): 154–176.
Mörike, Eduard: Maler Nolten. In: ders.: Werke und Briefe. Historisch-kritische Gesamtausgabe. Hg. von Hans-Henrik Krummacher u. a. Bd. 3–5. Stuttgart: Klett, 1967–1971.（メーリケ著、手塚富雄訳「画家ノルテン」『世界文学大系七九　メーリケ　ケラー』筑摩書房（東京）一九六四年、五—二四〇ページ）
Nawata, Yûji: Kulturwissenschaftliche Komparatistik: Fallstudien. Berlin: Kadmos, 2016.
Robertson, E. G.: Mémoires: Récréatifs, Scientifiques et Anecdotiques. Paris: Chez l'auteur et à la Librairie de Wurtz, 1831.(Library of Congress 所蔵、Harry Houdini Collection, https://lccn.loc.gov/32006148（二〇一九年八月一二日確認））
Schanze, Helmut: Goethes Dramatik. Theater der Erinnerung. Tübingen: Niemeyer, 1989.
Zglinicki, Friedrich von: Der Weg des Films: Die Geschichte der Kinematographie und ihrer Vorläufer. Berlin: Rembrandt, 1956.
荒俣宏「幻灯」『世界大百科事典』（改訂新版第六刷　平凡社（東京）二〇一四年）の項目（データベース「ジャパンナレッジ」上で二〇一九年八月一三日確認）
辻茂『遠近法の誕生　ルネサンスの芸術家と科学』朝日新聞社（東京）一九九五年
手塚治虫『ファウスト』朝日新聞社（東京）一九九四年
縄田雄二「一八二七年の幻燈文学——中緯、ゲーテ、馬琴」『三田文学』第九七巻第一三四号（二〇一八年）一八九—一九六ページ
ジョゼフ・ニーダム『中国の科学と文明』一一巻　思索社（東京）一九七四—八一年　『第一巻　序篇』一九七四年、『第七巻　物理学』一九七七年

墨子『墨子　下』山田琢訳注　明治書院（東京）一九八七年
森林太郎『鷗外全集』第一二巻　岩波書店（東京）一九七二年
早稲田大学坪内博士記念演劇博物館編『幻燈スライドの博物誌　プロジェクション・メディアの考古学』青弓社（東京）二〇一五年

本研究はＪＳＰＳ科研費ＪＰ２５３７０３７２の助成を受けた。

【読書案内】

フリードリヒ・キットラー著、原克ほか訳『ドラキュラの遺言　ソフトウェアなど存在しない』産業図書（東京）一九九八年
フリードリヒ・キットラー著、石光泰夫・石光輝子訳『グラモフォン・フィルム・タイプライター』筑摩書房（東京）一九九九年
辻茂『遠近法の誕生　ルネサンスの芸術家と科学』朝日新聞社（東京）一九九五年
森鷗外『森鷗外全集一一　ファウスト』筑摩書房（東京）一九九六年（ちくま文庫）
早稲田大学坪内博士記念演劇博物館編『幻燈スライドの博物誌　プロジェクション・メディアの考古学』青弓社（東京）二〇一五年

高畑勲とフランス文学
――『ことばたち』と『木を植えた男を読む』をめぐって

田中　琢三

はじめに

高畑勲は東京大学文学部仏文科（以下「東大仏文」）の出身であり、フランス語やフランス文学とは非常に縁が深い。高畑の卒業論文のテーマはジャック・プレヴェール（一九〇〇～一九七七）で、池田宏によると、そのプレヴェールが脚本を担当したアニメ映画『やぶにらみの暴君』（日本公開は一九五五年。後に『王と鳥』に改作）を見たことがきっかけで「大学院でのプレヴェール研究を止めて、アニメーション監督の道を選んだ」のだという。[1] ここで注目したいのは、学生時代の高畑が大学院に進学して文学研究者になるという将来を見据えていたということであり、こうしたプレヴェールあるいはフランス文学研究に対する彼の強い思い入れは、後年になって優れた仕事として結実することになる。

本稿では、高畑が発表したフランス文学関連の重要な著作、つまりプレヴェールの詩の翻訳と注解（『ことばたち』、ぴあ、二〇〇四年）、さらに、これまでの高畑研究ではあまり言及されてこなかった『木を植えた男』の翻訳と解説（『木を植えた男を読む』、徳間書店、一九九〇年）を検討したい。そして高畑とフランス文学の関わりを通して、この映画監督の文化人としての多彩な活動の一側面を掘り下げてみたいと思う。

プレヴェールと高畑勲

まず指摘しておきたいのは、高畑が東京大学に在学した一九五〇年代（正確には一九五四年から一九五九年まで）の日本では、知識層のみならず大衆レベルにおいてもフランス発の文化が熱狂的に受容されていたことである。当時は東大仏文のいわば黄金期で、ここから著名な知識人や文化人が多く輩出されており、高畑の同期にも、大江健三郎、小中（こなか）陽太郎、海老坂武らがいた。大学における仏文学研究の活況を支えていたのが、一般層におけるフランス文学の人気であり、特にジャン＝ポール・サルトルの実存主義が注目を集めていた。さらに、この頃は『天井桟敷の人々』や『禁じられた遊び』などのフランス映画が公開され人気を博すと同時に、フランスの人気歌手が来日してシャンソン・ブームが巻き起こっており、ラジオの音楽番組ではシャンソンが盛んに流されていた。このブームの立役者であり、日本のシャンソン歌手第一号とされる高英男（こうひでお）は一九五三年に『枯葉』をヒットさせ、以来この曲は我が国のシャンソンのスタンダードとなっている。

ジャック・プレヴェールは『天井桟敷の人々』などの映画のシナリオ作家として、あるいは『枯葉』などのシャンソンの作詞家として、一九五〇年代の日本でその名前がよく知られていたが、詩人としては、サルトルのようにその作品が広く一般に読まれたり、アカデミックな研究の対象になったりすることはなかった。本国フランスでは、一九四六年に発売されたプレヴェールの『パロール』（原題は *Paroles*。定訳はないが「パロール」と訳されることが多い）が、詩集としては空前のベストセラーとなり、「プレヴェールとサルトルの名前は、戦後のパリを二分するものとなった(2)」という。しかし我が国でプレヴェールが詩人として本格的に紹介されるのは一九五六年に書肆ユリイカから出版された小笠原豊樹訳『ジャック・プレヴェール詩集』以降のことであり、サルトルに比べると日本の読者は圧倒的に少なかったのである。

詩人の飯島耕一はこの頃の状況について「サルトルはやけに愛読者が多かったけれど、プレヴェールは熱心な愛読者が二、三百人はいてもなかなか日本に浸透しないところがある」と語り、また「サルトルを受け入れた人間はいっぱいいいるけど、それらの人々がプレヴェールのプの字も口にしたことがなかったな。存在も知らないいんじゃないかと思う」とも述べている。(3) 今日ではプレヴェールの詩の翻訳は何冊も刊行されてはいるものの、我が国のアカデミズムの世界ではこの詩人の作品がいまだ本格的に研究されていないのが現状である。

高畑は当時「二、三百人」しかいなかったという希少なプレヴェール愛読者の一人であった。フランス文学者の中条省平との対談(4)において、彼自身が語っているように、高畑のプレヴェールの詩との出会いは先述した小笠原豊樹訳の詩集であり、それ以来プレヴェールの原書が出るたびに購入していたという。そして多忙な映画製作の仕事の合間にプレヴェールの詩を訳し続け、日本初となる『パロール』の全訳とその注解を約一〇年かけて完成させて『ことばたち』というタイトルで二〇〇四年に出版する。また二〇〇六年には奈良美智の絵をつけたプレヴェールの詞華集『鳥への挨拶』も刊行している。学生時代に出会ってからこれらの翻訳の刊行までの約五〇年間、そしておそらくその後も高畑の人生はプレヴェールの詩とともにあったといえるだろう。

他方で、学生時代の高畑が、当時流行していたサルトルよりもプレヴェールに魅かれたのは、この詩人が彼の人生に決定的な影響を与えた『やぶにらみの暴君』の脚本家であったこと以上に、フランス語の詩やシャンソンに対して深い愛着があったからだと思われる。それは、例えば宮崎駿監督の『紅の豚』で使用されたシャンソン「さくらんぼの実る頃」の訳詞を担当したことからも察せられるが、高畑が演出した『太陽の王子 ホルスの大冒険』（一九六八年公開）を自身が解説した著作においては、ヒロインの人物像をエディット・ピアフが歌ったシャンソン「いつかの二人」の歌詞を用いて説明しており、いかにフランスの詩歌が彼の血肉になっていたかがうかがえる。[5] 高畑はジャンルを問わず音楽には造詣が深いが、シャンソン・ブームのさなかに仏文の学生として青春期を過ごしたこともあり、フランスの文学的なシャンソンには特に親しみがあったのではないだろうか。なお高畑は自ら選曲したプレヴェールの詩によるシャンソンを集めたCD『私は私　このまんまなの〜プレヴェールのうた〜』（訳詞、解説も担当）を『ことばたち』と同年に発売している。

『ことばたち』の「解説と注解」

『ことばたち』は高畑のライフワークのひとつといえるプレヴェールの詩をめぐる思索と研究の集大成である。この仕事については、先述した高畑と中条省平の対談や、國枝考弘の論考[6]においてすでに多くのことが語られているが、以下では『ことばたち』に付された注釈を中心に取り上げて、この労作について検討したい。

高畑による詩の翻訳の特徴は、プレヴェール独特の言葉遊びや言い回しのニュアンスを可能な限り掬い取り、日本語で正確に伝えようとしていることにある。訳語、語順、句読点の位置が考えに考え抜かれているのはそのためである。他方で、成句や比喩的表現を直訳する傾向があり、その結果、ややもすると不自然さや硬さを感じさせる訳となっているが、これはプレヴェールの詩の意味合いを正確に伝えようとする高畑の意図的な戦略にほかならない。端的に言えば、高畑は原文を最高度に尊重した訳出を行っているのである。

しかし、高畑の文学研究者としての能力が遺憾なく発揮されているのは、日本語としては決して流麗とはいえない詩の翻訳ではなく、『ことばたち』の別冊「解説と注解」に収められた詩の注釈のほうである。ここには、原文の言葉遊び、比喩、成句、慣用句、語呂合わせ、韻律あるいはフランス語の難解な文法や構文などの解説、別のヴァージョンへの言及、固有名詞や専門用語の説明、それぞれの詩が踏まえている歴史的事件、政治的背景、キリスト教的な文脈に関する詳しい注釈だけではなく、関連する詩、映画、シャンソンへの言及、先行する翻訳への批判、この詩人の作品全体を知悉していなければ書けないであろうテーマ系の分析、あるいは独立した研究論文に発展しうるようなプレヴェールの詩に対する独自の解釈なども行われている。特筆すべきは、高畑がこの充実した「解説と注解」を、アニメの制作という多忙な本職の傍らでいわば余技として長時間の孤独な作業の末に完成させていることである。これは彼の完璧主義的な性格のなせるわざであろうが、時間や労力を厭わずに正確な解釈を粘り強く、根気よく追求するという研究者としての極めてストイックな姿勢にはやはり驚かされる。

『ことばたち』の別冊「解説と注解」の表紙と裏表紙

高畑はそれぞれの詩を注釈する際に、「なぜこのように訳したのか」という自らの訳に対する説明を頻繁に行っているが、こうした説明において彼がおもに参照しているのは、フランスで最も権威ある叢書とされるプレイヤード版の『ジャック・プレヴェール全集』第一巻（一九九二年）に付された注解である。ただし全面的に依拠しているわけではなく、プレイヤード版の解釈に異論を唱えて独自の見解を示すような箇所も複数見受けられる。学術論文のように参考文献の情報を網羅的に明示しているわけではないので、高畑が参照した書物の全てを把握することはできないが、プレイヤード版以外にも、プレヴェールの研究書や評伝、あるいは『パロール』の教科書版の解説、さらにはこの詩集のスペイン語の翻訳にまで当たって訳出の参考にしている。

この「解説と注解」が興味深いのは、専門の研究者による学術的な注釈とは異なり、詩の分析からは脱線した高畑自身の思いや好みが反映された記述がところどころに見出されることである。例えば、「血だらけの歌」という詩の「パパやママにしずかに拷問されるこどもたちの血」という一節については、「心に起因する少年犯罪が多発する現代日本の我々に直接響いてはこないだろうか」(7)と記し、また暴虐な君主を寓話化した「スルタン」という詩に関しては「スターリンの粛清どころか、カンボジアのロンノル、ウガンダのアミンその他、ルワンダやボスニアでの民族浄化など、この寓話がけっして過去のおとぎ話ではなく、現代でも立派に通用することはじつに悲しく情けないことである」(8)と嘆いている。

また高畑が愛読する日本の詩人たちもところどころに言及されている。『ことばたち』の冒頭の詩「フランス・パリにおける頭の晩餐会を描写する試み」に見られる「奇蹟の漁」という表現に関する注では「金子みすゞ「大漁」的状況」(9)と書き、「象牙を取り戻しに」という表現に関する注では「階級闘争的な比喩であるが、象自体への敬意もある。プレヴェールは「象よ…」という素晴らしい詩などで何度もその敬意を表明している。ちなみに宮澤賢治の「オツベルと象」は1925年に書かれた。」と記している。[10] プレヴェールの詩は一九三一年に発表されており両作品の時期的な近さもあるが、何よりも「階級闘争」というテーマに関連して、資本家に対する労働者の勝利の物語とも読める『オツベルと象』が言及されているのであろう。また、農民の祭りを主題にした詩「脱穀機」の注では、『狼森と笊森、盗森』の一節が引用されている。[11]

「解説と注解」においてプレヴェールの思想について高畑は以下のように紹介している。「なによりもまず自由と友愛の詩人であり、反権力・反カトリックの詩人だった。しかも彼の反カトリックは、単に政治的社会的なものではなく、一神教的な世界観そのものに対する抗議でもあったことを見過ごしたくない。現代の自然尊重を先取りするように、海や大気の汚染、森林伐採などを告発し、早くから太陽や月や大地や海への敬愛や、草木や動物たちへの連帯と自由意志尊重を、子どもの心とユーモアで歌った。そこにはどこか東洋の考えに通ずるものがあった」。[12] 高畑自身も、『柳川堀割物語』や『平成狸合戦ぽんぽこ』に見られるように、「一神教的な世界観」ではなく「東洋」的なアニミズム的感覚を有していたし、「森林伐採」をはじめとする環境やエコロジーの問題を扱ってきた。そして、高畑がバブル期の一九九〇年に『木を植えた男』の翻訳と解説を刊行したのは、まさにこの問題に一石を投じるためであった。

『木を植えた男』と高畑勲

『木を植えた男』の作者ジャン・ジオノ（一八九五～一九七〇）は、生地であるプロヴァンス地方の田舎町マノスクに終生とどまって、この地方の人間や自然を主たる題材とする数々の小説を書いた作家である。日本では

バックによるイラストが印象的な『木を植えた男を読む』の表紙

もっぱらフレデリック・バックによるアニメ映画『木を植えた男』（一九八七年公開）の原作者として知られるが、本国フランスではジオノは押しも押されもせぬ大作家であり、現代文学を代表する小説家のひとりとして高い人気を誇り、研究書や伝記も数多く出版されている。それに対して我が国では、ジオノが紹介されるのはバックの映画が話題になって以降、つまり一九八〇年代の終わり以降のことであり、近年はジオノ研究者の山本省（さとる）が精力的に訳書や関連書を刊行しているとはいえ、フランスでの人気や評価の高さを考えると、日本のアカデミズムはプレヴェールと同様にジオノを冷遇してきたといわざるをえない。また、プレヴェールとジオノには多くの共通点があることも指摘すべきであろう。世紀転換期に生まれた二人は全くの同世代であり、それぞれ状況は異なるものの二度の大戦を体験し、反カトリシズム、反戦思想、汎神論的な世界観、アニミズム的感性を共有しているのである。

『木を植えた男』は、妻子を亡くした主人公エルゼアール・ブフィエが、たった一人で荒れ果てた高原にどんぐりを植え続け、ついには広大な森林を生み出すという物語である。この短い作品はフィクションであるが、もともとは一九五三年にアメリカの『リーダーズ・ダイジェスト』誌から「私がこれまで出会ったなかで最も忘れがたい人物」というシリーズのために依頼を受けたジオノが、実話と偽って書いたものである。その後、五〇年代から六〇年代にかけて英訳が英米の雑誌に掲載されて話題となったが、フランスで紹介され始めるのはジオノの死後の七〇年代半ばのことであり、単行本として刊行されるのは一九八三年を待たなければならなかった。そして、八〇年代後半には、フレデリック・バックによるアニメ化の成功によって、この作品の知名度は世界的なものとなった。

　高畑が『木を植えた男』に興味を持ち、翻訳と解説を行うきっかけとなったのもバックの映画であった。学生時代から長年愛読していたプレヴェールとは違い、高畑にとってジャン・ジオノはほとんど未知の作家であり、一九五八年公開のフランス映画『河は呼んでいる』の脚本家として認識している程度であったと思われる[13]。しかも高畑が『木を植えた男』の訳解に着手した一九八〇年代の終わりは、先述したように日本でジオノの紹介が始まったばかりであり、彼自身が最初の紹介者のひとりであるといっても過言ではない。実際、高畑による翻訳以前に出版されていたジオノ作品の邦訳は、一九三六年刊行の葛川篤訳『運命の丘』（第一書房、表題作の他に『ボオミューヌ村の男』を収録）と一九八九年に刊行された原みち子訳『木を植えた人』（こぐま社）と絵本版『木を植えた男』（あすなろ書房、寺岡襄訳、フレデリック・バック絵）のみであった。

　『木を植えた男』の解説を書くために高畑が参考にしたのは、これら三冊の翻訳本のほかに、底本にしたと思われるガリマール社のフォリオ・カデ版とその解説、アメリカのチェルシー・グリーン社の英訳版とそのノーマ・グッドリッチによる解説、バックのアニメーションのLD版の解説、『新世界大百科事典』（平凡社）および『世界大百科全書』（小学館）のジオノの項目などであり、加えて仏文学者の梅比良眞史からも助言を得たようである。指摘すべきは、当時すでに刊行されていた『木を植えた男』を収録するプレイヤード叢書『ジャン・ジオノ小説全集』第五巻（一九八〇年）を参照した形跡がないことである。この版のジオノ研究者ピエール・シトロンによる解説は、『木を植えた男』に関する貴重な情報が含まれており、例えば、高畑は、少年時代のジオノが父親と共にどんぐりを埋め、楢の木に成長するのを喜んだというエピソードの出典が分からないとしているが、[14]シトロンの解説においてその出典は明らかにされている。[15]もし高畑がこのプレイヤード版の解説に目を通していたら、作品に対する解釈が多かれ少なかれ違ったものになっていたであろう。

高畑による『木を植えた男』の翻訳と解説は、フランス語に忠実な日本語訳や丹念な注釈という点で『ことばたち』と共通するが、アカデミックな文学研究に近い『ことばたち』の「解説と注解」とはかなり性格を異にするものである。『木を植えた男を読む』の主眼は、バックのアニメーションの原作を介して、環境保護やエコロジーの問題を提起することにあり、作品そのものを分析することではない。この本の構成は以下のようなものである。まずジオノの『木を植えた男』のフランス語原文がバックのアニメから抜粋されたいくつかの場面とともに掲載され、次にその翻訳および解説が続く。さらに「自然と人間を見つめるバックの眼差」と題されたバックのアニメーションに関する論考があり、最後に『アニメージュ』の一九八八年九月号に掲載された高畑とバックの対談が再録されている。

『木を植えた男を読む』の「あとがき」で高畑は以下のように記している。「これまでジヨノ（原文ママ）を読んできたわけでもなく、仏文学や林学の分野でもまったくの素人にすぎない私のようなものが図々しく翻訳したり解説を書いたのは、『木を植えた男』を読むか見た人のなかに、私と同じように興奮したり、とまどったり、混乱してつまずいたりした人がいるにちがいないと考えたからです[16]」。ここで高畑が「とまどったり、混乱してつまずいたりした」のは、実話だと信じていたジオノの小説がフィクションだと分かって非常なショックを受けたからにほかならない。同じようにバックも当初はこの物語を実話だと思っていたが、アニメーションの製作中に作り話であることを知ってかなりの衝撃を受けたという。[17] 興味深いのは、巻末に再録された二人の対談が行われた一九八八年の時点では、バックはすでにこの事実を知っており、高畑は知らなかったことである。対談では物語が虚構であることは話題にならなかったようだが、[18] おそらくバックにとっては触れたくない話題であったに違いない。

「寛大な嘘」をめぐって

「寛大な嘘に秘められた真実」と題された高畑による『木を植えた男』の解説は、なぜジオノがフィクションを実話と偽って発表したのかという問いが一貫したテーマとなっている。この解説の特に前半部から感じられるのは、物語が実話ではなかったことに対する高畑の憤りであり、その落胆ぶりが行間からひしひしと伝わってくる。森林再生というテーマにひかれてバックの映画を見た高畑は、主人公ブフィエが独力で成し遂げた大事業に衝撃を受け、「この偉人に心から感謝し、たとえ微力でも具体的に何かをはじめなければブッフィエ（原文ママ）に申しわけがたたない」[19] とまで思ったという。しかし、「偉人」が実在しない人物であると判明したとき、「それが一瞬にして崩れた」[20] のである。

高畑の怒りがよく表れているのは以下の文章である。「森林が甦り、水をはぐくみ、土壌をつくり、人間に幸せをもたらす道すじがこれほど鮮やかにとらえられている物語はない。これほど信じられる物語がなぜフィクションなのか。なぜ実話ではないのか。私はいまもそれが残念でたまらない」[21]。ここから分かるように、彼が憤りを感じたのは、単に騙されたという悔しさだけでなく、この物語が実話であってほしいという切なる願いがあったからにほかならない。なぜなら実話であればこそ、森林再生が実現可能であるというメッセージが強い説得力を持つのであり、実際、当初は主人公の実在を疑うことがなかった高畑も「何かをはじめなければ」という思いにかられたのである。

こうした自らの読書体験から、ジオノがなぜ実話だと嘘をついたのかという問いに対する答えが導き出される。高畑は「寓話としてではなく、実話として読んではじめてジョノ（原文ママ）の真意を理解できるのではないだろうか」[22]としたうえで、その「真意」は、人々にこの物語を実話と信じさせることで彼らを具体的な行動に駆り立てることにあったと主張する。そしてジオノの意図通りにバックのアニメーションが上映されたカナダでは、現実に植樹運動が盛んになったことを強調している[23]。高畑によると「ジョノはこの物語によって、私たちに生き方を改め、現実を変えるための行動を起こすことをねがった」のであり、この意図を理解することが、「『木を植えた男』が実在しないことを知ってしまった私たちに課せられた、重い重い課題[24]」なのである。

また、高畑はジオノは「自分の思想と名誉を賭けて、『木を植えた男』を実在の人物であると嘘をついた[25]」、と解釈しているが、ジオノ研究者の山本省によると、ジオノの小説はすべて創作であり、日常生活においてもかなりの「法螺吹き」であって、家族や友人たちは彼の「作り話」を警戒していたほどだという[26]。したがって実際には『木を植えた男』をめぐるジオノの嘘にそれほど深い意味があったとは思われないが、高畑はこれを「寛大な嘘」と呼び、そこに高潔な意図を見出そうとするのである。

「寛大な嘘」はもともとジオノ自身が自らの欠点を言い表すために用いた言葉であるが[27]、「寛大な」と訳されているフランス語の形容詞「ジェネルー」あるいはその名詞形「ジェネロジテ」は「無私無欲」というニュアンスがあり、小説内で主人公を形容する際に用いられるキーワードでもある。注目すべきは、この語に関連して宮澤賢治が想起されていることで、「人々を冷害から救うために自分の身を犠牲にしたグスコーブドリの献身をもし翻訳するとすれば、ブッフィエに対してと同様、ジェネロジテという言葉を使うことになるだろう(28)」と記している。さらに『木を植えた男』の主人公と賢治の『虔十公園林』の主人公の両者に見られる「無償の行為として木を植え、人々に幸せをもたらし自分も喜んだが、まったく目立つことのなかった(29)」という共通点も鋭く指摘している。

もし高畑がもっとジオノの文学に触れていたならば、プレヴェールや賢治を愛したように、ジオノの愛読者になっていたに違いない。いずれにせよ、高畑による『木を植えた男』の解説においては、ジオノに関する情報が不足していたがゆえに、作品の解釈に高畑自身の願望や理想が強く反映されることになった。その結果、『木を植えた男を読む』は単なる『木を植えた男』の解説ではなく、極めてメッセージ性のある著作となっているのである。

おわりに

フランス語の「アンガージュマン」は、知識人や芸術家が現実の問題に取り組み、社会運動などに参加することを意味するが、『ことばたち』の訳解がストイックで完璧主義的な研究者としての高畑の仕事であるとすれば、『木を植えた男を読む』は、まさに「アンガージュマン」を実践する知識人としての仕事であるといえるだろう。研究と「アンガージュマン」というふたつの側面は、映画監督としての、あるいは文化人としての高畑の多彩な活動の両輪をなすものである。本稿の最後に、もともとサルトルの実存主義の概念であり、フランス文学と馴染み深いこの「アンガージュマン」の高畑における実践について述べておきたい。

高畑が映画監督として理想としていた作品は、プレヴェールが脚本を書いた『やぶにらみの暴君』がそうであるように、「ただのプロパガンダでもなければ、ただの奇想天外でもない（中略）人にとって『役に立つ』映画」であった。[30]高畑のいう「役に立つ」とは、広い意味での「アンガージュマン」であり、現実世界に何らかの実際的な影響を及ぼすことにほかならない。しかし、高畑によると、あからさまに「プロパガンダ」の機能を担った作品や、あまりにも現実離れした「奇想天外」な物語ではあってはならず、あくまで芸術性を保ちつつ、現実に立脚した社会的メッセージを発しなければならないのである。修辞技法を駆使して自由や反戦を訴えたプレヴェールの詩や、森林の再生を鮮やかに描き、現実にカナダで植樹を増やす原動力になった『木を植えた男』はまさに「役に立つ」作品だといえるだろう。

他方で、高畑のこのような読み方に否定的な見解もあり、例えば、山本省は『木を植えた男』には「人間の環境にとって樹木は大切だ、だから樹木の無益な伐採はいけない、樹木は植えなければならないというような、高所からの議論ではなく、読者にごく単純に樹木を眺めることが好き、樹木を植えることが好き、森林のなかを歩くのが好きというふうになってほしい[31]」というジオノの思いが込められているとする。しかし高畑は、クリエーターとしてだけではなく、フランス文学の研究者・紹介者としても「役に立つ」メッセージを人々に伝えるために、あえて「高所からの議論」を真摯に行っているように思われる。そして、こうした文学を介した現実世界への働きかけは、東大仏文出身で戦後知識人の一典型である高畑ならではの「アンガージュマン」の実践にほかならないのである。

注

（1）「アニメーション作家・高畑勲さんとの特異な出会いと知られざる教育活動」、『ユリイカ　総特集：高畑勲の世界』、青土社、二〇一八年七月、一二三頁。

（2）柏倉康夫『思い出しておくれ、幸せだった日々を　評伝ジャック・プレヴェール』、左右社、二〇一一年、四五六頁。

（3）「明るさと残酷さと：プレヴェールのいない〝戦後〟」（座談会　岩田宏・飯島耕一・清水昶）、『現代詩手帖　特集：ジャック・プレヴェール』一九七九年三月号、一一四頁、一一六頁。

（4）「プレヴェールというリアル：高畑勲訳および注解『ことばたち』をめぐって」、『ユリイカ　特集：宮崎駿とスタジオジブリ』二〇〇四年一二月号、『ユリイカ　総特集：高畑勲の世界』に再録。

（5）高畑勲『「ホルス」の映像表現』、徳間書店、一九八三年、一四八頁～一五〇頁。

（6）「高畑勲のジャック・プレヴェール翻訳『ことばたち』」、『ユリイカ　総特集：高畑勲の世界』に収録。

（7）「解説と注解」、四〇頁。

（8）同書、六四頁。

（9）同書、二五頁。

（10）同書、一八頁。

（11）同書、五七～五八頁。

（12）同書、九〇頁。

（13）この映画は『木を植えた男を読む』の一〇三～一〇四頁で言及されている。

（14）『木を植えた男を読む』、一〇〇～一〇二頁の注四〇。

（15）『ジャン・ジオノ小説全集』第五巻、一四〇三～一四〇四頁。

（16）『木を植えた男を読む』、一四一頁。

（17）同書、八四頁。

（18）同書、八四頁の注六。

(19) 同書、八四頁。
(20) 同書。
(21) 同書、八六頁。
(22) 同書、九二頁。
(23) 同書、九二〜九三頁。
(24) 同書、一〇二頁。
(25) 同書、九〇頁。
(26) 山本省、「解説」、『木を植えた男』、山本省訳、彩流社、二〇〇六年、七五〜八四頁参照。
(27) 『木を植えた男を読む』、九〇頁参照。
(28) 同書、一〇六頁。
(29) 同書。
(30) 『漫画映画の志「やぶにらみの暴君」と「王と鳥」』、岩波書店、二〇〇七年、二六九〜二七〇頁。
(31) 山本省、前掲書、一〇八頁。

【読書案内】

ジャック・プレヴェール『ことばたち』(高畑勲訳および注解、ぴあ、二〇〇四年)
高畑勲訳著『木を植えた男を読む』(徳間書店、一九九〇年)
『現代詩手帖　特集:ジャック・プレヴェール』(思潮社、一九七九年三月号)
ジャン・ジオノ『木を植えた男』(山本省訳、彩流社、二〇〇六年)

高畑勲　関連年表

田中　琢三

一九三五年（〇歳）	一〇月二九日、三重県宇治山田市（現・伊勢市）に生まれる。父は中学校校長。
一九四三年（八歳）	父の転勤により岡山市に転居。
一九四五年（一〇歳）	岡山市で空襲に遭い九死に一生を得る。
	アストリッド・リンドグレーンの童話『長くつ下のピッピ』刊行。
一九四六年（一一歳）	ジャック・プレヴェールの詩集『ことばたち』刊行。
一九五四年（一九歳）	東京大学教養学部に入学。
一九五五年（二〇歳）	映画『やぶにらみの暴君』に感銘を受け、アニメーション制作を志す。
一九五六年（二一歳）	東京大学文学部仏文科に進学。
一九五九年（二四歳）	東映動画（現・東映アニメーション）に演出助手として入社。
一九六一年（二六歳）	初めて演出助手を担当した映画『安寿と厨子王丸』公開。
一九六七年（三二歳）	野坂昭如の短編小説『火垂るの墓』発表。
一九六八年（三三歳）	初めて演出を担当した映画『太陽の王子　ホルスの大冒険』公開。
一九七一年（三六歳）	Aプロダクション（現・シンエイ動画）に移籍。
	『長くつ下のピッピ』のテレビアニメ化の企画が流れる。
一九七二年（三七歳）	映画『パンダコパンダ』（演出を担当）公開。
一九七三年（三八歳）	映画『パンダコパンダ 雨ふりサーカスの巻』（演出を担当）公開。
	ズイヨー映像に移籍。
一九七四年（三九歳）	テレビアニメ『アルプスの少女ハイジ』（演出を担当）放映。
一九七五年（四〇歳）	ズイヨー映像の改組により日本アニメーションに移籍。
一九七六年（四一歳）	テレビアニメ『母をたずねて三千里』（演出を担当）放映。

一九七九年（四四歳）	テレビアニメ『赤毛のアン』（演出と脚本を担当）放映。
一九八一年（四六歳）	テレコム・アニメーションフィルムへ移籍。
一九八二年（四七歳）	映画『じゃりン子チエ』（脚本・監督を担当）公開。
一九八三年（四八歳）	映画『セロ弾きのゴーシュ』（脚本・監督を担当）公開。
	テレコム・アニメーションフィルムを退社しフリーとなる。
一九八四年（四九歳）	映画『風の谷のナウシカ』（プロデューサーを担当）公開。
一九八五年（五〇歳）	スタジオジブリの設立に参加。
一九八六年（五一歳）	映画『天空の城ラピュタ』（プロデューサーを担当）公開。
一九八七年（五二歳）	映画『新文化映画　柳川堀割物語』（脚本・監督を担当）公開。
一九八八年（五三歳）	映画『火垂るの墓』（脚本・監督を担当）公開。
	フレデリック・バックと対談。
一九九〇年（五五歳）	著書『木を植えた男を読む』（ジャン・ジオノの小説『木を植えた男』の翻訳・解説）を刊行。
一九九一年（五六歳）	映画『おもひでぽろぽろ』（脚本・監督を担当）公開。
一九九二年（五七歳）	パリ近郊のコルベイユ＝エッソンヌで開催された「こどものための映画祭」に参加するため、初めてフランスを訪問。
一九九四年（五九歳）	映画『総天然色漫画映画　平成狸合戦ぽんぽこ』（原作・脚本・監督を担当）公開。
一九九八年（六三歳）	紫綬褒章を受章。
一九九九年（六四歳）	映画『ホーホケキョ　となりの山田くん』（脚本・監督を担当）公開。
	著書『十二世紀のアニメーション―国宝絵巻物に見る映画的・アニメ的なるもの―』刊行。
	小説版および絵本版『キリクと魔女』（翻訳を担当）刊行。
二〇〇三年（六八歳）	ミシェル・オスロ監督の映画『キリクと魔女』（日本語吹替版の翻訳・演出を担当）公開。
	映画『連句アニメーション　冬の日』（「名残表十句　芭蕉」の演出を担当）公開。
二〇〇四年（六九歳）	プレヴェールの詩集『ことばたち』の翻訳・解説・注解を刊行。
	CD『私は私　このまんまなの―プレヴェールのうた―』（選曲・訳詞・解説を担当）発売。

二〇〇六年（七一歳）
映画『王と鳥』（日本語字幕の翻訳を担当）公開。
プレヴェールの詩のアンソロジー『鳥への挨拶』（翻訳・編集を担当）刊行。

二〇〇七年（七二歳）
ミッシェル・オスロ監督の映画『アズールとアスマール』（日本語吹替版の監修・翻訳・演出を担当）公開。

二〇一三年（七八歳）
映画『かぐや姫の物語』（原案・脚本・監督を担当）公開。

二〇一五年（八〇歳）
九月一日、シンポジウム「高畑勲の《世界》と《日本》」（東京理科大学神楽坂キャンパス）開催。

二〇一八年
四月五日、肺がんのため死去。享年八二歳。

あとがき

「図々しいですけど、一言で言ったら、作るときには子どものことなんか考えていないです」―シンポジウムの席上、私がもっとも衝撃を受けた高畑勲氏の言葉である。この発言は「自分が作ったアニメーションは、子どもにとってどんなものであって欲しいか」という聴衆からの質問に対する回答である。氏の発言は次のように続く。「僕だけじゃないでしょうけど、とにかく、みんな作りたいものを作っているんですよ」―誰のためでもなく、自分たちのために作った作品。「子ども騙し」という言葉があるが、子どもほど騙せないものはない。私が子どもだった頃、高畑作品を夢中になって見ていた理由が、すとんと胸におちた瞬間だった。

ここで、個人的な思い出を語ることをお許し願いたい。私が好きだった高畑作品は、『アルプスの少女ハイジ』と『赤毛のアン』である。「ハイジ」TVシリーズは、私が生まれる前年、一九七四年に放映されていたため、私がはじめて見た「ハイジ」は、劇場版（一九七九年）だった。トロ～リとろけるヤギのチーズ、ふかふかの藁のベッド、雄大なアルプスの大自然…おそらく「ハイジ」を見た人、誰もが魅了されたものだろう。また同じく一九七九年に放映された『赤毛のアン』では、赤毛でそばかす、やせっぽっちという容姿にコンプレックスを持ち、ダイアナのような黒髪に憧れるアンに対し、ちりちりのくせ毛で、サラサラのストレートヘアになりたかった私は、ひどく共感した。そんなアンも内面の成長とともに、輝くように美しくなっていく。その姿に、自分もアンのようにきれいになりたい、と思ったものだ。ハイジとアンは、私の少女時代の、いわば二大スターだったのである。その生みの親である高畑氏から、まさか直接、その誕生にまつわる様々なエピソードを伺えるとは…

もしタイムマシンがあったら、子どもの頃の私に、色々話してあげたい気持ちでいっぱいである。

高畑氏の作品や著書、周囲の人々が語る氏のエピソード、さらにシンポジウムでのインタビューを通じて、私が抱いた氏の印象は「あらゆることに誠実かつ真摯に向き合う人」というものであった。よりよい作品を作るため、作品の原作やその背景を徹底的に調べ上げ、そこからどのようなアニメーション表現が可能か、とことん考え抜くという姿勢。そのような氏の足跡は、二〇一九年夏に開催された「高畑勲展―日本のアニメーションに遺したもの」における数々の制作ノートに示され、それらを目にした私は、ただただ圧倒された。その一つに、高畑氏が作成した『赤毛のアン』原作に基づくアンの年譜があった。アン○歳、○月の出来事…と、原作を丁寧にひもといて作られた詳細な年譜。四〇年前、私が胸を躍らせながら見ていた「アン」は、こうした綿密な調査をもとに作り上げられていったのか。その軌跡に感じ入るとともに、私はふと、三重・松阪市の本居宣長記念館に展示されていた宣長による『源氏物語』年譜を思い出した。奇しくも高畑氏が生まれたのも三重県。国学の大成者とされる宣長の学問に対する姿勢と、高畑氏の作品づくり、知に対する探究心は、ある意味、通じるものがあるのではないだろうか。

高畑氏は、平成の末に亡くなった。今、この令和という時代を見たら、高畑氏は何とおっしゃるだろう。「平和」という言葉から益々遠くなってゆく世界情勢、日本国内の政治、教育、文化…今こそ「高畑大人(うし)」の意見を聞いてみたいと思う。

本書の制作にあたっては、高畑氏逝去後、シンポジウムにおけるインタビュー掲載をご快諾いただいた高畑氏の奥様・高畑かよ子氏、また座談会という形式に快く応じてくださり、高畑氏とのアニメ制作当時のエピソードをざっくばらんに語ってくださった小田部羊一氏、中島順三氏に心から感謝したい。本書は、この二つのインタビューが核になっていることは言うまでもない。そして高畑氏はじめ小田部・中島両氏とコンタクトを取っていただいた、ちばかおり氏、シンポジウム当日、貴重な資料を提供して下さった故・桜井利和氏、また桜井氏の遺志を継ぎ、その資料整理およびコレクションリストを寄せていただいた大谷泰三氏、この日本ハイジ児童文学研究会の三名の方々にも御礼申し上げたい。シンポジウムおよび本書は、同会のお力添えによって初めて可能となったものである。こうして実施されたシンポジウムには、予想をはるかに超える多くの方々にご参加いただいた。改めて感謝申し上げるとともに、高畑氏の〈世界〉を参加者の皆さんと共有できたこと、本当に貴重な空間、嬉しい時間であった。

また本書編集にあたり校正作業を担って下さった厚見浩平氏、鍵山綾子氏、籠碧氏、齋藤萌氏、髙田成平氏、藤原美沙氏、宮下みなみ氏、情報提供をしてくださった岩﨑佑太氏、小澤純氏、その他ここにはお名前を掲げきれない沢山の方々にご助力を賜った。そして出版事情の厳しい昨今、粘り強く、いつも的確なアドバイスによって刊行に導いてくださった三弥井書店・吉田智恵氏に、心から感謝申し上げます。

最後に、本書を高畑勲氏に捧げます。

令和二年（二〇二〇）　あたたかな大寒の日に

兼岡理恵

＊田中琢三（たなか・たくぞう）

1973年生まれ。フランス文学・比較文学。お茶の水女子大学准教授。

Zola et le roman psychologique（Atelier National de Reproduction des Thèses, 2005)、「ポール・ブールジェ「死」と二つの世界大戦―戦時下の日本における仏文学受容の一側面―」(『比較日本学教育研究センター研究年報』第７号、2011年３月、お茶の水女子大学比較日本学教育研究センター)、「中原淳一のパリ交遊録」(『ユリイカ』2013年11月号、青土社)。

千葉香織（ちば・かおり）

児童文学およびアニメーション研究。日本ハイジ児童文学研究会、元児童書編集者。

『世界名作劇場への旅』(2015年、新紀元社)、『ハイジが生まれた日』(2017年、岩波書店)、奥田実紀・ちばかおり著『図説・ヴィクトリア朝の子どもたち』(2019年、河出書房新社）他。

中野貴文（なかの・たかふみ）

1973年生まれ。日本中世文学。東京女子大学教授。

『徒然草の誕生―中世文学表現史序説―』(2019年、岩波書店)、今井久代・中野貴文・和田博文編著『女学生とジェンダー―女性教養誌『むらさき』を鏡として―』(2019年、笠間書院)。

＊中丸禎子（なかまる・ていこ）

1978年生まれ。スウェーデン文学・ドイツ文学。東京理科大学准教授。

小澤実・中丸禎子・高橋美野梨編著『アイスランド・グリーンランド・北極を知るための65章』(2016年、明石書店)、「「父の娘」のノーベル文学賞　セルマ・ラーゲルレーヴ『ニルスの不思議な旅』が描く国土と国民のカノン」(『文学』2016年９・10月号、岩波書店)、「歌って踊って空を飛ぶ　ヨーロッパの人魚とアリエル」(ミュージカル『リトルマーメイド』東京・名古屋共通プログラム、2016年、劇団四季)。

縄田雄二（なわた・ゆうじ）

1964年生まれ。ドイツ文学・ドイツ現代思想・比較文化史。中央大学教授。

Vergleichende Mediengeschichte. Am Beispiel deutscher und japanischer Literatur vom späten 18. bis zum späten 20. Jahrhundert（『比較メディア史　一八世紀後期から二〇世紀後期までのドイツ文学・日本文学を例に』München : Fink, 2012)、*Kulturwissenschaftliche Komparatistik. Fallstudien*（『文化学による比較文学　ケーススタディ』Berlin : Kulturverlag Kadmos, 2016)、縄田雄二編、磯崎康太郎・安川晴基・縄田雄二訳『詩と記憶　ドゥルス・グリューンバイン詩文集』(2016年、思潮社)。

西岡亜紀（にしおか・あき）

1973年生まれ。日本文学・日仏比較文学、声と図像のメディア、文章表現教育。立命館大学文学部教授。

『福永武彦論―「純粋記憶」の生成とボードレール』(2008年、東信堂)、「福永武彦におけるボードレール―研究と創作のあいだ」(坂巻康司編『近代日本とフランス象徴主義』、2016年、水声社)、「モスラが来る！―「発光妖精とモスラ」における文学の運命の隠喩」(『中村真一郎手帖』14号、2019年４月、中村真一郎の会)。

細馬宏通（ほそま・ひろみち）

1960年生まれ。視聴覚文化研究、相互行為研究。早稲田大学文学学術院教授。

『二つの「この世界の片隅に」』(2017年、青土社)、『絵はがきの時代／増補新版』(2020年、青土社)、『ミッキーはなぜ口笛を吹くのか』(2013年、新潮社)。

著者紹介（＊は編者）

井上征剛（いのうえ・せいごう）

1974年生まれ。音楽史・音楽学・児童文学。山梨英和大学教授。

「前衛音楽としての「カナリア・オペラ」と英国社会――『ドリトル先生のキャラバン』の音楽史的検証から見えてくるもの――」（『児童文学研究』第50号、2018年、日本児童文学学会）、『アレクサンダー・ツェムリンスキーの《夢見るゲルゲ》――現実ともうひとつの世界をめぐる歌劇』（博士論文、2012年、一橋大学大学院言語社会研究科）、「音楽を描く児童文学、その諸相」（『日本児童文学』2011年11・12月号、小峰書店）。

大谷泰三（おおたに・たいぞう）

1969年生まれ。日本ハイジ児童文学研究会。桜井利和氏の収集したハイジ関連資料を管理。

ちばかおり、川島隆著『図説アルプスの少女ハイジ』（2013年、河出書房新社）執筆協力、ちばかおり著『世界名作劇場への旅』（2015年、新紀元社）制作、チューリヒ国立博物館　ハイジ展ブックレット『Heidi in Japan』（2019年）制作他。

＊加藤敦子（かとう・あつこ）

1962年生まれ。日本近世文学。都留文科大学教授。

「『釈迦如来誕生会』における槃特」（小峯和明編『東アジアの仏伝文学』、2017年、勉誠出版）、「五代目市川団十郎「小倉百句」注釈（四）」（『国文学論考』第53号、2017年３月、都留文科大学国語国文学会）、「転生の物語の背景―『桜姫東文章』と「バンジージャンプする」」（『アジア遊学　日本近世文学と朝鮮』2013年５月、勉誠出版）。

＊兼岡理恵（かねおか・りえ）

1975年生まれ。日本古代文学。千葉大学准教授。

『風土記受容史研究』（2008年、笠間書院）、「その後の『風土記』:『風土記』をめぐる人々のものがたり」（『別冊太陽　風土記　古代の日本をひらく』2018年12月、平凡社）、「十九世紀末における風土記享受―カール・フローレンツを中心に」（『國語と國文学』第96巻11号、2019年11月、明治書院）。

佐藤宗子（さとう・もとこ）

1955年生まれ。児童文学・比較文学。千葉大学教授。

『「家なき子」の旅』（1987年、平凡社）、『自分なりの読み方をしよう――探険・文学のたのしみ』（1994年、ポプラ社）、『〈現代児童文学〉をふりかえる』（1997年、久山社）。

鈴木　彰（すずき・あきら）

1969年生まれ。日本中世文学・軍記物語。立教大学教授。

『平家物語の展開と中世社会』（2006年、汲古書院）、日下力監修、鈴木彰・三澤裕子編著『いくさと物語の中世』（2015年、汲古書院）、鈴木彰・林匡編著『アジア遊学　島津重豪と薩摩の学問・文化――近世後期博物大名の視野と実践――』（2015年、勉誠出版）。

高畑勲をよむ　文学とアニメーションの過去・現在・未来

令和２（2020）年11月26日　初版２刷発行
令和２（2020）年４月13日　初版発行

定価はカバーに表示してあります。

発行者　吉 田 敬 弥
発行所　株式会社 三 弥 井 書 店
〒108－0073東京都港区三田3－2－39
電話03－3452－8069
振替00190－8－21125

ISBN978-4-8382-3366-3　C0090　製版・印刷　亜細亜印刷